Allgemeine Geschäftsbedingungen

Europäische Hochschulschriften
Publications Universitaires Européennes
European University Studies

Reihe II
Rechtswissenschaft

Série II Series II
Droit
Law

Bd./Vol. 3964

PETER LANG
Frankfurt am Main · Berlin · Bern · Bruxelles · New York · Oxford · Wien

Jörg Schultheiß

Allgemeine Geschäftsbedingungen im UN-Kaufrecht

Eine vergleichende Analyse des Einheitsrechts mit dem Recht Deutschlands, Österreichs, der Schweiz, Frankreichs und der USA

PETER LANG
Europäischer Verlag der Wissenschaften

Bibliografische Information Der Deutschen Bibliothek
Die Deutsche Bibliothek verzeichnet diese Publikation in der Deutschen Nationalbibliografie; detaillierte bibliografische Daten sind im Internet über <http://dnb.ddb.de> abrufbar.

Zugl.: Saarbrücken, Univ., Diss., 2003

Gedruckt auf alterungsbeständigem,
säurefreiem Papier.

D 291
ISSN 0531-7312
ISBN 3-631-52299-1

Printed in Germany 1 2 3 4 5 7

www.peterlang.de

Meinen Eltern

und

Frau Janine Kopmeier

Vorwort

An dieser Stelle möchte ich mich bei Herrn Prof. Dr. Filippo Ranieri und Herrn Prof. Dr. Claude Witz für die schnelle Begutachtung der Dissertation bedanken. Weiterhin möchte ich mich auch ganz herzlich für die Betreuung während der Ausarbeitung der Dissertation bedanken. Mein Dank gilt auch den Herren Joachim Schultheiß, Karl Kopmeier, Vincenzo Truglio und Jörg Hennies für die verschiedentliche Hilfe.

Inhaltsverzeichnis

Literaturverzeichnis

Achilles, Wilhelm-Albrecht: Kommentar zum UN - Kaufrechtsübereinkommen (CISG); Neuwied, Kriftel 2000 (zit.: *Achilles*, CISG)

Aden, Menno: Auslegung und Revisibilität ausländischer AGB am Beispiel der Schiedsverfahrensordnung der Internationalen Handelskammer; RIW / AWD 1989, 607-610

Audit, Bernard: La vente internationale de marchandises, Convention des Nations - Unies du 11 avril 1980; Paris 1990 (zit.: *Audit*, La vente internationale de marchandises)

Baird / Weisberg: Rules, Standards, and the Battle of Forms - A Reassessment of 2-207; 68 Va.L.Rev. (1982), 1217-1262

Baudenbacher, Carl: Braucht die Schweiz ein AGB - Gesetz ? ; ZBJV 123 (1987), 505-531

Baumbach, Adolf / Lauterbach, Wolfgang / Albers, Jan / Hartmann, Peter: Zivilprozeßordnung mit Gerichtsverfassungsgesetz und anderen Nebengesetzen, Beck`sche Kurzkommentare Band 1 ; 59. Auflage, München 2001 (zit.: *Baumbach/Lauterbach/Albers/Hartmann*, ZPO)

Berger, Klaus Peter: Formalisierte oder „schleichende" Kodifizierung des transnationalen Wirtschaftsrechts, Zu den methodischen und praktischen Grundlagen der lex mercatoria; Berlin, New York 1996 (zit.: *Berger*, Formalisierte oder „ schleichende " Kodifizierung des transnationalen Wirtschaftsrechts)

Berger-Walliser, Gerlinde: Mißbräuchliche Klauseln in Verbraucherverträgen nach Inkrafttreten des Code de la consommation und Umsetzung der EG - Richtlinie 93/13 in Frankreich; RIW 1996, 459-463

Berner Kommentar zum schweizerischen Privatrecht, herausgegeben von Arthur Meier - Hayoz, Band VI, 1.Abteilung, 1.Teilband (Allgemeine Einleitung in das schweizerische Obligationenrecht und Kommentar zu Art.1-18 OR); Bern 1986 (zit.: *Berner Kommentar/Bearb.*, ZGB VI)

Berner Kommentar zum schweizerischen Privatrecht, herausgegeben von Arthur Meier - Hayoz, Band VI, 1.Abteilung, 2.Teilband, Unterband 1a (Art. 19 - 22 OR); Bern 1991 (zit.: *Berner Kommentar / Bearb.*, ZGB VI/1)

Bernstorff, Christoph: Der Abschluss elektronischer Verträge; RIW 2002, 179-182

Bianca, Cesare Massimo / Bonell, Michael Joachim: Commentary on the International Sales Law - The 1980 Vienna Sales Convention; Mailand 1987 (zit.: *Bianca/Bonell/Bearb.*, CISG)

Boele-Woelki, Katharina: Die Anwendung der UNIDROIT - Principles auf internationale Handelsverträge; IPRax 1997, 161-171

Bonell, Michael Joachim: UN - Kaufrecht und das Kaufrecht des Uniform Commercial Code im Vergleich; RabelsZ 58 (1994), 20-39

ders.: Die Bedeutung der Handelsbräuche im Wiener Kaufrechtsüber - einkommen von 1980; öst. JBl. 1985, 385-395

ders.: An International Restatement of Contract Law, The UNIDROIT Principles of International Commercial Contracts; Second Edition, New York 1997 (zit.: *Bonell*, An International Restatement of Contract Law)

Bridge, Michael G.: The International Sale of Goods: Law and Practice; New York 1999 (zit.: *Bridge*, The International Sale of Goods)

Brunner, Alexander: Die Kontrolle Allgemeiner Geschäftsbedingungen in der aktuellen schweizerischen Lehre und Praxis; ZSR 1999, 305-333

Bucher, Eugen: Schweizerisches Obligationenrecht, Allgemeiner Teil ohne Deliktsrecht; 2.Auflage, Zürich 1988 (zit.: *Bucher*, OR)

Burkart, Fabian: Interpretatives Zusammenwirken von CISG und UNIDROIT Principles, Grundlagen und Schwerpunkte des Privatrechts in europäischer Perspektive, Band II; Baden - Baden 2000 (zit.: *Burkart*, Interpretatives Zusammenwirken von CISG und UNIDROIT Principles)

Caemmerer, Ernst von / Schlechtriem, Peter: Kommentar zum Einheitlichen UN - Kaufrecht, Das Übereinkommen der Vereinten Nationen über Verträge über den internationalen Warenkauf; 2.Auflage, München 1995 (zit.: *Caemmerer/Schlechtriem/Bearb.*, CISG)

Calais-Auloy, Jean / Steinmetz, Frank: Droit de la consommation; 5. édition, Paris 2000 (zit.: *Calais-Auloy/Steinmetz*, Droit de la consommation)

dies.: Droit de la consommation; 4. édition, Paris 1996 (zit.: *Calais - Auloy/Steinmetz*, Droit de la consommation (4.édition))

Calamari, John D. / Perillo, Joseph M.: The Law of Contracts; 4. Auflage, St.Paul, Minn. 1998 (zit.: *Calamari/Perillo*, The Law of Contracts)

Carbonnier, Jean: Droit civil 4, Les Obligations; Paris 1992 (zit.: *Carbonnier*, Droit civil)

Czerwenka, Beate: Rechtsanwendungsprobleme im internationalen Kaufrecht, Das Kollisionsrecht bei grenzüberschreitenden Kaufverträgen und der Anwendungsbereich der internationalen Kaufrechtsübereinkommen; Berlin 1988 (zit.: *Czerwenka*, Rechtsanwendungsprobleme)

Coester, Michael: Gesetz zur Regelung des Rechts der Allgemeinen Geschäftsbedingungen (AGBG), in: Staudinger, Julius von Staudingers Kommentar zum Bürgerlichen Gesetzbuch mit Einführungsgesetz und Nebengesetzen; 13. Bearbeitung, Berlin 1998 (zit.: *Staudinger/Coester*, AGBG)

Del Pilar Perales Viscasillas, Maria: „Battle of Forms" under the 1980 United Nations Convention on Contracts for the International Sale of Goods: A Comparison with Section 2 - 207 UCC and the UNIDROIT Principles; 10 Pace International Law Review (1998), 97 - 155, im Internet unter *www.cisg.law.pace.edu/cisg/biblio/pperales.html* abrufbar

Delebecque, Philippe: Les clauses de responsabilité à l`épreuve de l`obligation essentielle du contrat; Recueil Daloz Sirey 1997 II, Sommaires 175

ders.: Anmerkungen zu Cass. Civ. 1ère, 28.04.1987; Recueil Dalloz Sirey 1988 II, Jurisprudence 1-5

ders.: Clauses d` allègement des obligations, in: *B. Oppetit / E. Dolley*, Juris Classeur Commercial, Contrats - distribution; Paris 1992 ( zit.: *Delebecque*, Clauses d`allègement des obligations)

Delforge, C.: La Formation des contrats sous un angle dynamique. Réflexions comparatives, in: *Fontaine, Marcel* (Hrsg.), Le processus de formation du contrat: constributions comparatives et interdisciplinaires à l`harmonisation du droit européen, Seite 139 - 553; Brüssel 2002 (zit.: *Delforge*, La Formation)

Detzer, Klaus / Thamm, Manfred: Überblick über das neue UN-Kaufrecht; BB 1992, 2369-2381

Dittrich, Robert / Tades, Helmuth: Das Allgemeine bürgerliche Gesetzbuch samt den einschlägigen Gesetzen und Verordnungen, verweisenden und erläuternden Anmerkungen, Literaturangaben und einer Übersicht über die Rechtsprechung der Gerichte, insbesondere des Obersten Gerichtshofes; 35.Auflage, Wien 1999 (zit.: *Dittrich/Tades*, ABGB)

Dölle, Hans: Kommentar zum Einheitlichen Kaufrecht, Die Haager Kaufrechtsübereinkommen vom 1. Juli 1964; München 1976 (zit.: *Dölle/Bearb.*, EKG)

Dore, Isaak I.: Choice of Law under the International Sales Convention: A U.S. Perspective; Am.J.Int.`l L. 77 (1983), 521-540

Dore, Isaak I. / Defranco, James E.: A Comparison of the non - substantive Provisions of the UNCITRAL Convention on the International Sale of Goods and the Uniform Commercial Code; Harv. Int.`l L. 23 (1982), 49-67

Drasch, Wolfgang: Einbeziehungs - und Inhaltskontrolle vorformulierter Geschäftsbedingungen im Anwendungsbereich des UN - Kaufrechts; Zürich 1999 (zit.: *Drasch*, Einbeziehungs- und Inhaltskontrolle)

Dutoit, Bernard: Droit international privé suisse, commentaire de la loi fédérale du 18 décembre 1987; 2.édition, Basel, Frankfurt / Main 1997 (zit.: *Dutoit*, Droit international privé suisse)

Ebenroth, Carsten Thomas: Internationale Vertragsgestaltung im Spannungsverhältnis zwischen AGBG, IPR-Gesetz und UN-Kaufrecht; öst. JBl 1986, 681-695

Elsing, Siegfried H. / Van Alstine, Michael P.: US-amerikanisches Handels- und Wirtschaftsrecht; 2.Auflage, Heidelberg 1999 (zit.: *Elsing/Van Alstine*, US-amerikanisches Handels- und Wirtschaftsrecht)

Enderlein, Fritz / Maskow, Dietrich / Strohbach, Heinz: Internationales Kaufrecht; Berlin 1991 (zit.: *Enderlein/Maskow/Strohbach*, CISG)

Erman, Walter: Handkommentar zum Bürgerlichen Gesetzbuch in zwei Bänden, mit AGBG, EGBGB, etc., 2. Band, hrsg. von Harm-Peter Westermann; 10.Auflage, Münster, Köln 2000 (zit.: *Erman/Bearb.*, BGB)

Ernst, Stefan: Der Mausklick als Rechtsproblem - Willenserklärungen im Internet; NJW-CoR 1997, 165-167

Fasching, Hans: Lehrbuch des österreichischen Zivilprozeßrechts, Lehr- und Handbuch für Studium und Praxis; 2.Auflage, Wien 1990 (zit.: *Fasching*, Zivilprozeßrecht)

Ferid, Murad / Sonnenberger, Hans Jürgen: Das französische Zivilrecht, Band 2, Die einzelnen Schuldverhältnisse, Sachenrecht; 2.Auflage, Heidelberg 1986 (zit.: *Ferid/Sonnenberger*, Das französische Zivilrecht)

Ferrari, Franco: Der Begriff des „internationalen Privatrechts“ nach Art. 1 Abs. 1 lit.b) des UN-Kaufrechts; ZEuP 1998, 162-172

ders.: Zum vertraglichen Ausschluß des UN-Kaufrechts; ZEuP 2002, 737-746

ders.: „Forum shopping“ trotz internationaler Einheitssachrechtskonventionen; RIW 2002, 169-179

Fialka, Georg: Grundsätzliche Abgrenzungsfragen im Zusammenhang mit AGB aus österreichischer Sicht, in: DACH, Europäische Anwaltsvereinigung, Allgemeine Geschäftsbedingungen in der europäischen Rechtspraxis, 14. Tagung in Baden bei Wien vom 9. - 11. Mai 1996; Wien 1997 (zit.: *Fialka*, Grundsätzliche Abgrenzungsfragen)

Franke, S.: UN-Kaufrecht; StWK 2002, Heft Nr.10 vom 31.05, 355-368

Freitag, Robert / Leible, Stefan: Grundlagen der Einbeziehung Allgemeiner Geschäftsbedingungen in Verträge; JA 2000, 887-896

Frense, Astrid: Grenzen der formularmäßigen Freizeichnung im Einheitlichen Kaufrecht; Heidelberg 1993 (zit.: *Frense*, Grenzen der Freizeichnung)

Gabriel, Henry D.: The Battle of the Forms: A Comparison of the United Nations Convention for the International Sale of Goods and the Uniform Commercial Code; 49 Bus.Law. (1994), 1053-1064

Gauch, Peter / Schluep, Walter René: Schweizerisches Obligationenrecht, Allgemeiner Teil, 2 Bände; 6.Auflage, Zürich 1995 (zit.: *Gauch/Schluep*, Schweizerisches Obligationenrecht)

Gaus, Werner: Rechtsprechungsübersicht - Das UN-Kaufrecht im Jahre 1996; Wib 1997, 181-185

Ghestin, Jacques / Desché, Bernard: Traité des contrats, La vente; Paris 1990 (zit.: *Ghestin/Desché*, Traité des contrats)

Ghestin, Jacques: Traité du droit civil, Les obligations, Le contrat: Formation; 2.Auflage, Paris 1988 (zit.: *Ghestin*, Traité de droit civil)

ders.: Les clauses abusives dans les contrats types en France et en Europe; Paris 1991 (zit.: *Ghestin/Bearb.*, Les clauses abusives)

Giger,Hans: Geltungs- und Inhaltskontrolle allgemeiner Geschäftsbedingungen; Zürich 1983 (zit.: *Giger*, Geltungs- und Inhaltskontrolle)

Guhl, Theo: Das schweizerische Obligationenrecht mit Einschluss des Handels - und Wertpapierrechts; 9.Auflage, Zürich 2000 (zit.: *Guhl*, OR)

Gutschke, Wilfried: Geschichtliche Entwicklung und heutige Erscheinungsform der consideration-Lehre des anglo-amerikanischen Rechts; ZfRV 1967, 39-49

Hausmann, Rainer: Zum teilweisen Ausschluß der Einheitlichen Kaufgesetze durch Allgemeine Geschäftsbedingungen; WM 1980, 726-737

Hay, Peter: US-Amerikanisches Recht; 2.Auflage, München 2002 (zit.: *Hay*, US-Amerikanisches Recht)

Heinrichs, Helmut: Das Gesetz zur Änderung des AGB-Gesetzes; NJW 1996, 2190-2197

Hennemann, Marc Samuel: AGB-Kontrolle im UN-Kaufrecht aus deutscher und französischer Sicht; Stuttgart 2001 (zit.: *Hennemann*, AGB-Kontrolle)

Herber, Rolf / Czerwenka, Beate: Internationales Kaufrecht, Kommentar zu dem Übereinkommen der Vereinten Nationen vom 11.April 1980 über Verträge über den internationalen Warenkauf; München 1991 (zit.: *Herber/Czerwenka*, CISG)

Heuzé, Vincent: La vente internationale de marchandises, Droit uniforme; Paris 1992 (zit.: *Heuzé*, La vente internationale de marchandises)

Hippel, Eike: Zur richterlichen Kontrolle unlauterer Geschäftsbedingungen in den Vereinigten Staaten; RabelsZ 33 (1969), 564-568

Hofer, Peter: Allgemeine Geschäftsbedingungen, Gesetz und Praxis in der Schweiz, in : DACH, Europäische Anwaltsvereinigung, Allgemeine Geschäftsbedingungen in der europäischen Rechtspraxis, 14.Tagung in Baden bei Wien vom 9. - 11. Mai 1996; Wien 1997 (zit.: *Hofer*, AGB, Gesetz und Praxis in der Schweiz)

Holl, Volker H. / Keßler, Oliver: „Selbstgeschaffenes Recht der Wirtschaft“ und Einheitsrecht - Die Stellung der Handelsbräuche und Gepflogenheiten im Wiener UN-Kaufrecht; RIW 1995, 457-460

Holthausen, Rüdiger: Vertraglicher Ausschluß des UN-Übereinkommens über internationale Warenkaufverträge; RIW 1989, 513-518

Honnold, John: Documentary History of the Uniform Law for International Sales. Studies, Deliberations and Decisions that led to the 1980 United Nations Conventions with Explorations; Deventer 1989 (zit.: *Honnold*, Documentary History)

ders.: Uniform Law for International Sales under the 1980 United Nations Convention; 3.Auflage, Deventer 1999 (zit.: Honnold, Uniform Law)

Honsell, Heinrich (Hrsg.): Kommentar zum UN - Kaufrecht, Übereinkommen der Vereinten Nationen über Verträge über den Internationalen Warenkauf (CISG); Berlin, Heidelberg, New York, Barcelona, Budapest, Honkong, London, Mailand, Paris, Santa Clara, Singapur, Tokio 1997 (zit.: *Honsell/Bearb.*, CISG)

Honsell, Heinrich / Vogt, Nedim Peter / Wiegand, Wolfgang: Kommentar zum Schweizerischen Privatrecht, Obligationenrecht I (Art. 1 - 529 OR); 2.Auflage, Basel, Frankfurt am Main 1996 (zit.: *Honsell/Vogt/Wiegand/ Bearb.*, OR I)

Huber, Ulrich: Der UNCITRAL - Entwurf eines Übereinkommens über internationale Warenkaufverträge; RabelsZ 43 (1979), 413-526

Hübner, Ulrich / Constantinesco, Vlad: Einführung in das französische Recht; 4.Auflage, München 2001 (zit.: *Hübner/Conszantinesco*, Einführung)

Jäggi, Peter / Gauch, Peter: Züricher Kommentar zum Obligationenrecht, Allgemeiner Teil, Teilband V 1 b; 3.Auflage, Zürich 1980 (zit.: *Jäggi/ Gauch*, Züricher Kommentar)

Jauernig, Othmar: Bürgerliches Gesetzbuch mit Gesetz zur Regelung des Rechts der Allgemeinen Geschäftsbedingungen; 8. Auflage, München 1997 (zit.: *Jauernig/Bearb.*, BGB)

Jetzer, Rolf / Zindel, Gaudenz: EG-Richtlinie über missbräuchliche Klauseln in Verbraucherverträgen; SJZ 90 (1994), 432-436

Kallenborn, Gerald: Das Sprachenproblem bei Vertragsabschlüssen mit ausländischen Verbrauchern; Mikrofiche Ausgabe, Rostock 1997 (zit.: *Kallenborn*, Das Sprachenproblem)

Karollus, Martin: UN - Kaufrecht: Hinweise für die Vertragspraxis; öst. JBl 1993, 23-33

ders.: UN-Kaufrecht, Eine systematische Darstellung für Studium und Praxis; Wien, New York 1991 (zit.: *Karollus*, UN-Kaufrecht)

ders.: Der Anwendungsbereich des UN-Kaufrechts im Überblick; JuS 1993, 378-382

Kerameus, Konstantinos: Revisibilität ausländischen Rechts; ZZP Band 99, 166-184

Kindler, Peter: Die Anwendungsvoraussetzungen des Wiener Kaufrechts - übereinkommens der Vereinten Nationen im deutsch - italienischen Rechtsverkehr; RIW 1988, 776-782

Klima, Peter: Frankreich: Mißbräuchliche Klauseln in Verträgen; RIW 1992, 98-102

Koch, Robert: Wider den formularmäßigen Ausschluß des UN - Kaufrechts; NJW 2000, 910-915

Köhler, Helmut: Die Rechte des Verbrauchers beim Teleshopping (TV - Shopping, Internet-Shopping); NJW 1998, 185-190

Köndgen, Johannes: Grund und Grenzen des Transparenzgebots im AGB - Recht; NJW 1989, 943-952

Kosesnik-Wehrle, Heinz / Lehofer, Hans Peter / Mayer, Gottfried: Konsumen - tenschutzgesetz (KSchG) mit geänderten Bestimmungen des ABGB und den EU-Richtlinien, Kurzkommentar; Wien 1997 (zit.: *Kosesnik-Wehrle/ Lehofer/Mayer*, KSchG)

Kötz, Hein: Europäisches Vertragsrecht, Band I; Tübingen 1996 (zit.: *Kötz*, Europäisches Vertragsrecht I)

Koziol, Helmut / Welser, Rudolf: Grundriß des bürgerlichen Rechts, Band I, Allgemeiner Teil und Schuldrecht; 10.Auflage, Wien 1995 (zit.: *Koziol / Welser*, Grundriß des bürgerlichen Rechts)

Kramer, Ernst: Allgemeine Geschäftsbedingungen: Status quo, Zukunftsperspektiven; SJZ 81 (1985), 17-25

ders.: Das schweizerische Schuldrecht vor der Herausforderung des Europarechts; ZEuP 1995, 500-506

Krampe, Christoph: Aufrechterhaltung von Verträgen und Vertragsklauseln; AcP 194 (1994), 12-41

Krejci, Heinz: Handbuch zum Konsumentenschutzgesetz; Wien 1981 (zit.: *Krejci/Bearb.*, Handbuch zum KSchG)

Kröll, Stefan / Hennecke, Rudolf: Kollidierende Allgemeine Geschäftsbedingungen in internationalen Kaufverträgen; RIW 2001, 736-743

Kropholler, Jan: Internationales Privatrecht einschließlich der Grundbegriffe des Internationalen Zivilverfahrensrecht; 4.Auflage, Tübingen 2001 (zit: *Kropholler*, Internationales Privatrecht)

Lando, Ole / Beale, Hugh: Principles of European Contract Law, Parts I and II; London, Boston 2000 (zit.: *Lando/Beale*, European Contract law)

Lando, Ole: The 1985 Hague Convention on the Law Applicable to Sales; RabelsZ 51 (1987), 60-85

Le Tourneau, Philippe: Conformités et garanties en droit francais de la vente, in: Les ventes internationales de marchandises (problèmes juridiques d`actualité ), colloque de la fondation internationale pour l`enseignement du droit des affaires (faculté de droit d`Aix en Provence, 7 et 8 mars 1980); Paris 1981 (zit.: *Le Tourneau*, Conformités et garanties)

Licari, Francois-Xavier: La protection du distributeur intégré en droit francais et allemand. Une constribution à l` étude de la compensation du déséquilibre contractuel dans les contrats de concession et de franchise commerciale; Paris 2002 (zit.: *Licari*, La protection)

Lindbach, Jochen: Rechtswahl im Einheitsrecht am Beispiel des Wiener UN - Kaufrechts ; Aachen 1996 (zit.: *Lindbach*, Rechtswahl im Einheitsrecht)

Loewe, Roland: Anwendungsgebiet, Auslegung, Lücken, Handelsgebräuche, in: Schweizerisches Institut für Rechtsvergleichung (Hrsg.), Lausanner Kolloquium 19. / 20. November, S. 11 - 13; Zürich 1985 (zit.: *Loewe* in: Lausanner Kolloquium)

Löhnig, Martin: Die Einbeziehung von AGB bei Internet-Geschäften; NJW 1997, 1688-1689

Ludwig, Katharina S.: Der Vertragsschluß nach UN-Kaufrecht im Spannungs - verhältnis von Common Law und Civil Law: dargestellt auf der Grundlage der Rechtsordnungen Englands und Deutschlands, Studien zum vergleichenden und internationalen Recht, Band 24; Frankfurt/Main, Berlin, Bern, New York, Paris, Wien 1994 (zit. : *Ludwig*, Der Vertragsschluß nach UN - Kaufrecht im Spannungsverhältnis von Common Law und Civil Law)

Lüderitz, Alexander: Übereinkommen der Vereinten Nationen über Verträge über den internationalen Warenkauf (CISG), in: Soergel, Kommentar zum Bürgerlichen Gesetzbuch mit Einführungsgesetz und Nebengesetzen, Band 13: CISG; 13.Auflage, Stuttgart, Berlin, Köln 2000 (zit.: *Soergel / Lüderitz/Bearb.*, CISG)

Lukes, Rudolf: Grundprobleme der Allgemeinen Geschäftsbedingungen; JuS 1961, 301-308

Magnus, Ulrich: Das UN-Kaufrecht - aktuelle Entwicklungen und Rechtsprechungspraxis; ZEuP 2002, 523-541

ders.: Wiener UN - Kaufrecht (CISG) in: Staudinger, Julius von Staudingers Kommentar zum Bürgerlichen Gesetzbuch mit Einführungsgesetz und Nebengesetzen; Neubearbeitung, Berlin 1999 (zit.: *Staudinger/Magnus*, CISG)

ders.: Das UN-Kaufrecht: Fragen und Probleme seiner praktischen Bewährung; ZEuP 1997, 823-846

ders.: Wesentliche Fragen des UN-Kaufrechts; ZEuP 1999, 642-662

ders.: Das UN-Kaufrecht tritt in Kraft; RabelsZ 51 (1987), 123-129

Mankowski, Peter: Überlegungen zur sach- und interessengerechten Rechtswahl für Verträge des internationalen Wirtschaftsverkehrs; RIW 2003, 2-15

Mann, F. A.: Anmerkung zu : BGH, 04. 12. 1985 - VIII ZR 17 / 85, mit Anmerkungen von Rehbinder; JZ 1986, 646-647

Mayer, Ulrich: Die Vereinbarung Allgemeiner Geschäftsbedingungen bei Geschäften mit ausländischen Kontrahenten; Stuttgart 1984 (zit.: *Mayer*, Die Vereinbarung von AGB)

Mehren, Arthur Taylor: The „Battle of Forms“: A Comparative View; Am.J. Comp.L. 38 (1990), 265-298

ders.: The Formation of Contracts , in : International Encyclopedia of Comparative Law, Chapter 9, Volume VII : Contracts in General; Tübingen, Dordrecht, Boston, Lancaster 1999 (zit.: *Mehren*, The Formation of Contracts)

Mehrings, Josef: Internet-Verträge und internationales Vertragsrecht; CR 1998, 613-621

ders.: Verbraucherschutz im Cyberlaw: Zur Einbeziehung von AGB im Internet; BB 1998, 2373-2380

Minuth, Peter C.: Der amerikanische Uniform Commercial Code und das deutsche Recht; Münster 2000 (zit.: *Minuth*, UCC und deutsches Recht)

Müller, Jürg: Entwicklungen im Immaterialgüterrecht und Lauterkeitsrecht / Le point sur le droit de la propriété intellectuelle et de la concurrence déloyale; SJZ 94 (1998), 357-359

Münchener Kommentar zum Bürgerlichen Gesetzbuch, hrsg. von Kurt Rebmann, Franz Jürgen Säcker und Roland Rixecker, Band 10, Einführungsgesetz zum Bürgerlichen Gesetzbuch (Art.1-38), Internatio - nales Privatrecht; 3. Auflage, München 1998 (zit. : *Münchener Kommentar/Bearb.*)

Münchener Kommentar zum Bürgerlichen Gesetzbuch, hrsg. von Gerhard Lüke und Peter Wax, Band 2, Zivilprozeßordnung mit Gerichtsverfassungs - gesetz und Nebengesetzen (§§ 355 - 802) ; München 2000 (zit. : *Münchener Kommentar/Bearb.*, ZPO II)

Münchener Kommentar zum Bürgerlichen Gesetzbuch, hrsg. von Kurt Rebmann und Franz Jürgen Säcker, Band 1, Allgemeiner Teil (§§ 1-240), AGB-Gesetz; 4.Auflage, München 2001 (zit.: *Münchener Kommentar/Bearb.*, BGB I)

Neumayer, Karl-H.: Contracting Subject to Standard Terms and Conditions, in: International Encyclopedia of Comparative Law, Chapter 12, Volume VII: Contracts in General; Tübingen, Dordrecht, Boston, Lancaster 1999 (zit.: *Neumayer*, Contracting Subject to Standard Terms and Conditions)

Neumayer, Karl-H. / Ming, Catherine: Convention de Vienne sur les Contrats de vente internationale de marchandises, Commentaire édité par Francois Dessemontet; Lausanne 1993 (zit.: *Neumayer/Ming*, CISG)

Niebling, Jürgen: Allgemeine Geschäftsbedingungen, Einführung in Rechts - fragen und Gestaltung; 4.Auflage, Stuttgart, München, Hannover, Berlin, Weimar, Dresden 1996 (zit.: *Niebling*, AGB)

Niggemann, Friedrich: Die Bedeutung des Inkrafttretens des UN-Kaufrechts für den deutsch-französischen Wirtschaftsverkehr; RIW 1991, 372-378

Otto, Hans-Hermann: Allgemeine Geschäftsbedingungen und Internationales Privatrecht, Abhandlung zum Handels-, Gesellschafts-, Wirtschafts- und Arbeitsrecht; Göttingen 1984 (zit.: *Otto*, AGB und IPR)

Paisant, Gilles: Essai sur la notion de consommateur en droit positif (Réflexions sur un arrêt du 25 mai 1992 de la première chambre civile de la Cour de cassation); Semaine Juridique 1993, édition générale, I Nr.3655, 99-105

Palandt, Otto: Kommentar zum Bürgerlichen Gesetzbuch ; 61. Auflage, München 2002 (zit.: *Palandt/Bearb.*, BGB)

ders.: Gesetz zur Modernisierung des Schuldrechts, Ergänzungsband zu Palandt, Bürgerliches Gesetzbuch, 61. Auflage; München 2002 (zit. : *Palandt/Bearb.*, Ergänzungsband)

Petzinger, Walter F.: „Battle of Forms" und Allgemeine Geschäftsbedingungen im amerikanischen Recht; RIW 1988, 673-680

Piltz, Burghard: UN - Kaufrecht: Gestaltung von Export- und Importverträgen, Wegweiser für die Praxis; 3. Auflage, Heidelberg 2001 (zit.: *Piltz*, UN-Kaufrecht)

ders.: Neue Entwicklungen im UN-Kaufrecht; NJW 2000, 553-561 *ders.*: Internationales Kaufrecht, Das UN-Kaufrecht (Wiener Übereinkommen von 1980) in praxisorientierter Darstellung; München 1993 (zit.: *Piltz*, Internationales Kaufrecht)

Pötter, Sebastian / Hübner, Oliver: Einbeziehung von AGB, Vertragsschluß nach UN-Kaufrecht, Kommentar zu BGH, 31.10.2001 - VIII ZR 60/01; EWiR 2002, 339-340

Ramstein, Christoph: Allgemeine Geschäftsbedingungen in der Schweiz; RIW 1988, 440-446

Ranieri, Filippo: Europäisches Obligationenrecht; 2.Auflage, Wien, New York 2003 (zit.: *Ranieri*, Obligationenrecht)

Rehbinder, Eckard: Vertragsschluß nach dem UN-Kaufrecht im Vergleich zum EAG und BGB, in: Schlechtriem: Einheitliches Kaufrecht und nationales Obligationenrecht, Referate und Diskussionen der Fachtagung Einheitliches Kaufrecht der Gesellschaft für Rechtsvergleichung, Freiburg i. Br. 16/17.02.1987; Baden - Baden 1987 (zit.: *Rehbinder*, Vertragsschluß nach UN-Kaufrecht)

Reich, Norbert: Tribunal de Grande Instance (Landgericht) Brest (Frank - reich), Urteil vom 21.12.1994 mit Anmerkungen von Norbert Reich; VuR 1995, 218-223

Reinhart, Gert: UN-Kaufrecht, Kommentar zum Übereinkommen der Vereinten Nationen vom 11. April 1980 über Verträge über den internationalen Warenkauf; Heidelberg 1991 (zit.: *Reinhart*, CISG)

ders.: Verwendung fremder Sprachen als Hindernis beim Zustandekommen von Kaufverträgen ?; AWD/RIW 1977, 16-20

Reithmann, Christoph / Martiny, Dieter: Internationales Vertragsrecht - Das internationale Privatrecht der Schuldverträge; 5.Auflage, Köln 1996 (zit.: *Reithmann/Martiny*, Internationales Vertragsrecht)

Remien, Oliver: AGB-Gesetz und Richtlinie über mißbräuchliche Verbraucher - vertragsklauseln in ihrem europäischen Umfeld; ZEuP 1994, 34-66

Ring, Gerhard / Klingelhöfer, Thomas: Das neue AGB-Recht; Bonn 2002 (zit.: *Ring/Klingelhöfer*, Das neue AGB-Recht)

Roth, Herbert: Vertragsänderung bei fehlgeschlagener Verwendung von Allgemeinen Geschäftsbedingungen ; Tübingen 1994 (zit. : *Roth*, Vertragsänderung)

Rudolph, Helga: Kaufrecht der Export - und Importverträge, Kommentierung des UN - Übereinkommens über internationale Warenkaufverträge mit Hinweisen für die Vertragspraxis; Freiburg i. Br., Berlin 1996 (zit. : *Rudolph*, CISG)

Rummel, Peter: Kommentar zum Allgemeinen bürgerlichen Gesetzbuch mit IPR - Gesetz, Ehegesetz, etc. in zwei Bänden, 1. Band (§§ 1 bis 1174 ABGB); 3.Auflage, Wien 2000 (zit.: *Rummel/Bearb.*, ABGB I)

Rüßmann, Helmut: Verbraucherschutz im Internet; K&R 1998, 129-137

Schlechtriem, Peter: Internationales UN - Kaufrecht. Ein Studien - und Erläuterungsbuch zum Übereinkommen der Vereinten Nationen über Verträge über den internationalen Warenkauf (CISG); Tübingen 1996 (zit.: *Schlechtriem*, Internationales UN-Kaufrecht)

ders. (Hrsg.) : Kommentar zum einheitlichen UN - Kaufrecht - Das Übereinkommen der Vereinten Nationen über Verträge über den Internationalen Warenkauf; 3. Auflage, München 2000 (zit. : *Schlechtriem/Bearb.*, CISG)

ders.: Das Wiener Kaufrechtsübereinkommen von 1980 (Convention on the International Sale of Goods); IPRax 1990, 277-283

ders.: Einheitliches UN-Kaufrecht; JZ 1988, 1037-1048

ders.: Kommentar zu OLG Köln, 02.10.1992 - 19 U 28/92; EWiR 1992, 987 - 988

Schlosser, Peter: Gesetz zur Regelung der Allgemeinen Geschäftsbedingungen (AGBG), in: Staudinger, Julius von Staudingers Kommentar zum Bürgerlichen Gesetzbuch mit Einführungsgesetz und Nebengesetzen; 13. Bearbeitung, Berlin 1998 (zit.: *Staudinger/Schlosser*, AGBG)

Schluchter, Anne-Kathrin: Die Gültigkeit von Kaufverträgen unter dem UN - Kaufrecht; Baden - Baden 1996 (zit.: *Schluchter*, Die Gültigkeit von Kaufverträgen unter dem UN-Kaufrecht)

Schlünder, Bertold: AGB Prüfung und Gestaltung; München 1994 (zit.: *Schlünder*, AGB Prüfung und Gestaltung) *ders.*: AGB-Gesetz in Leitsätzen; 2. Auflage, München 1992 (zit.: *Schlünder*, AGBG in Leitsätzen)

Schmidt-Kessel, Martin: Einbeziehung von Allgemeinen Geschäftsbedingungen unter UN-Kaufrecht; NJW 2002, 3444-3446

Schmitz, Dirk: UN - Kaufrecht (CISG) und Datentransfers via Internet; MMR 2000, 256-260

Schnyder, Anton K. / Grolimund, Pascal: „ Opting in " oder „ Opting out " ?, Anwendung der UNIDROIT Principles of International Commercial Contracts in schiedsgerichtlichen Verfahren, in: Festschrift für Peter Schlechtriem, 395 - 411; Tübingen 2003 (zit.: *Schnyder / Grolimund*, „Opting in" oder „Opting out")

Schuhmacher, Wolfgang: Zur Wirksamkeit von Abtretungsverboten in Einkaufs- und Auftragsbedingungen; WBl 1993, 279-287

Schwarz, Eckhard: Das „Sprachrisiko" im internationalen Geschäftsverkehr - ein deutsch-portugiesischer Fall; IPRax 1988, 278-280

Schwarz, Jörg: Allgemeine Geschäftsbedingungen im schweizerischen internationalen Privatrecht, in: DACH, Europäische Anwaltsvereinigung, Allgemeine Geschäftsbedingungen in der europäischen Rechtspraxis, 14. Tagung in Baden bei Wien vom 9. - 11. Mai 1996; Wien 1997 (zit.: *Schwarz*, AGB im schweizerischen Privatrecht)

Schwenzer, Ingeborg: Das UN - Abkommen zum internationalen Warenkauf; NJW 1990, 602-607

Schwimann , Michael (Hrsg.) : Praxiskommentar zum ABGB samt Nebengesetzen, Band V, §§ 859-1089 ABGB, WucherG, UN-Kaufrecht; 2.Auflage, Wien 1997 (zit.: *Schwimann/Bearb.*, ABGB V)

Seriaux, Alain: Anmerkungen zu Cass. Com., 22.10.1996; Recueil Dalloz Sirey 1997 I, Jurisprudence 121-123

Sieg, Oliver: Allgemeine Geschäftsbedingungen im grenzüberschreitenden Geschäftsverkehr; RIW 1997, 811-819

Siehr, Kurt: Der internationale Anwendungsbereich des UN - Kaufrechts; RabelsZ 52 (1988), 587-616

Soergel, Hans Th.: Bürgerliches Gesetzbuch mit Einführungsgesetz und Nebengesetzen, Band III: Schuldrecht II (§§ 433 - 515), AGB-Gesetz, AbzG, EAG, EKG, UN-Kauf Abk., neu hrsg. von W. Siebert; Stuttgart, Berlin, Köln 1991 (zit.: *Soergel/Bearb.*, BGB III)

Sonnenberger, Hans Jürgen: Das französische Recht der Allgemeinen Geschäftsbedingungen (conditions générales); RIW 1990, 165-174

Sonnenberger, Hans Jürgen / Autexier, Christian: Einführung in das französische Recht; 3. Auflage, Heidelberg 2000 (zit.: *Sonnenberger/ Autexier*, Einführung in das französische Recht)

Stadie, Volker / Nietzer, Wolf M.: CISG - Das UN - Kaufrecht in der Anwaltspraxis; MDR 2002, 428-433

Stahl, Hans: Widerspruch zwischen Lieferungs- und Einkaufsbedingungen; DB 1956, 681

Statistisches Jahrbuch 2001, Für die Bundesrepublik Deutschland, herausgegeben vom Statistischen Bundesamt; Wiesbaden 2001

Statistisches Jahrbuch 2002, Für die Bundesrepublik Deutschland, herausgegeben vom Statistischen Bundesamt; Wiesbaden 2002

Stauder, Bernd: Neuere Entwicklungen des schweizerischen Konsumenten - rechts 1993-1995; VuR 1995, 426-431

Steinle, Edgar: Konkludente Rechtswahl und objektive Anknüpfung nach altem und neuem deutschen Internationalen Vertragsrecht; ZVglRWiss 1994, 300-322

Stern, Elisabeth: Erklärungen im UNCITRAL - Kaufrecht; Wien 1990 (zit.: *Stern*, Erklärungen im UNCITRAL-Kaufrecht)

Stoffel, Walter A.: Ein neues Recht des internationalen Warenkaufs in der Schweiz; SJZ 86 (1990), 169-179

Stoll, Hans: Internationalprivatrechtliche Fragen bei der landesrechtlichen Ergänzung des einheitlichen Kaufrechts, in: Festschrift für Murad Ferid zum 80.Geburtstag am 11.04.1988, Seite 495-518; Frankfurt/Main 1988 (zit.: *Stoll*, Internationalprivatrechtliche Fragen)

ders.: Regelungslücken im Einheitlichen Kaufrecht und IPR; IPRax 1993, 75-79 *ders.*: Internationaltprivatrechtliche Probleme bei der Verwendung Allgemeiner Geschäftsbedingungen, in: Festschrift für Günther Beitzke zum 70. Geburtstag am 26.April 1979, Seite 759 - 785; Berlin, New York 1979 (zit.: *Stoll*, Internationalprivatrechtliche Probleme)

Szönyi, Catherine: Das französische Werbe - und Verbraucherrecht (Bemerkungen zum Code de la consommation); GRUR int. 1996, 83-98

Tangl, Astrid: Die rechtliche Behandlung mißbräuchlicher Klauseln in den USA: Ein Vergleich des jüngsten UCC - Reformvorschlags mit dem österreichischen AGB-Recht; ZfRV 2000, 16-30

Teklote, Stephan: Die einheitlichen Kaufgesetze und das deutsche AGB-Gesetz: Probleme bei der Verwendung allgemeiner Geschäftsbedingungen im CISG und im EKG / EAG; Baden - Baden 1994 (zit.: *Teklote*, Die einheitlichen Kaufgesetze und das deutsche AGB-Gesetz)

Teske, Wolfgang: Die Revisibilität der Auslegung von ausländischen Allgemeinen Geschäftsbedingungen; EuZW 1991, 149-153

Thamm, Manfred / Pilger, Gerhard: Taschenkommentar zum AGB - Gesetz; Heidelberg 1998 (zit.: *Thamm/Pilger*, AGBG)

Theis, Stefanie: Kurzkommentar zu BGH, 09.01.2002 - VIII ZR 304/00; EWiR 2002, 429-430

Thieffry, Jean / Granier, Chantal: La vente internationale, Centre Francais du Commerce Extérieur; 2. Auflage, Paris 1992 (zit.: *Thieffry/Granier*, La vente internationale)

Thomas, Heinz / Putzo, Hans: Zivilprozeßordnung mit Gerichtsverfassungs - gesetz, den Einführungsgesetzen und europarechtlichen Vorschriften (EuGVO, EheVO, etc.); 24.Auflage, München 2002 (zit.: *Thomas/Putzo/ Bearb.*, ZPO)

Tiedemann, Stefan: Kollidierende AGB - Rechtswahlklauseln im österreichischen und deutschen IPR; IPRax 1991, 424-427

Ulmer, Peter / Brandner, Hans Erich / Hensen, Horst-Diether: AGB - Gesetz, Kommentar zum Gesetz zur Regelung des Rechts der Allgemeinen Geschäftsbedingungen, bearbeitet von Ulmer/Brandner/Hensen/Schmidt; 9.Auflage, Köln 2001 (zit.: *Ulmer/Brandner/Hensen/Bearb.*, AGBG)

Ulmer, Peter / Brandner, Hans Erich / Hensen, Horst-Diether: AGB - Gesetz, Kommentar zum Gesetz zur Regelung des Rechts der Allgemeinen Geschäftsbedingungen, bearbeitet von Ulmer/Brandner/Hensen/Schmidt; 7. Auflage, Köln 1993 (zit.: *Ulmer/Brandner/Hensen/Bearb.*, AGBG (7.Auflage))

UNCITRAL Yearbook, im Internet unter *www.uncitral.org/en-index.htm* abrufbar

United Nations Conference on contracts for the international Sale of Goods, Vienna, 10 March - 11 April 1980, Official Records, Documents of the Conference and Summary Records of the Plenary Meetings and of the Meetings of the Main Committees, United Nations; New York 1981 (zit.: Official Records)

Van Alstine, Michael P.: Fehlender Konsens beim Vertragsabschluss nach dem einheitlichen UN - Kaufrecht; Baden - Baden 1995 (zit.: *Van Alstine*, Fehlender Konsens beim Vertragsabschluss nach dem einheitlichen UN - Kaufrecht)

Van Der Velden, Frans J.A.: Uniform International Sales Law and the Battle of Forms, in: Unification and comparative law in theory and practice, Liber amicorum *Jean Georges Sauveplanne*, 233-249; Deventer 1984 (zit.: *Van Der Velden*, Uniform International Sales Law and the Battle of Forms)

Vékás, Lajos: Zum persönlichen und räumlichen Anwendungsbereich des UN - Einheitskaufrechts; IPRax 1987, 342-346

Vergne, Francois: The „Battle of the Forms“ Under the 1980 United Nations Convention on Contracts for the International Sale of Goods; Am.J.Comp.L. 33 (1985), 233-258

Vischer, Frank: Internationales Vertragsrecht; 2. Auflage, Bern 2000 (zit.: *Vischer*, Internationales Vertragsrecht)

Waldenberger, Arthur: Grenzen des Verbraucherschutzes beim Abschluß von Verträgen im Internet; BB 1996, 2365-2371

Wang, Peter Jen-Huong: Das Wiener Übereinkommen über internationale Warenkaufverträge vom 11. April 1980, unter besonderer Berücksichtigung des Außenhandels; ZVglRWiss 87 (1988), 184-203

Welser, Rudolf: Anmerkungen zum Konsumentenschutzgesetz; öst. JBl 1979, 451-461

Westphalen, Friedrich: Allgemeine Geschäftsbedingungen und Einheitliches Kaufgesetz (EKG), in: Schlechtriem: Einheitliches Kaufrecht und nationales Obligationenrecht, Referate und Diskussionen der Fachtagung Einheitliches Kaufrecht der Gesellschaft für Rechtsvergleichung, Freiburg i.Br. 16/17.02.1987; Baden-Baden 1987 (zit.: *Westphalen*, AGB und EKG)

ders.: AGB-Recht ins BGB - Eine erste Bestandsaufnahme; NJW 2002, 12-25

ders.: UN - Kaufrecht - Haftungsfreizeichnung im kaufmännischen Verkehr : Wertungskriterien gemäß § 9 AGBG; EWS 1990, 105-109

Wieland, Max: Gesetz zur Regelung des Rechts der Allgemeinen Geschäftsbedingungen, in: DACH, Europäische Anwaltsvereinigung, Allgemeine Geschäftsbedingungen in der europäischen Rechtspraxis, 14. Tagung in Baden bei Wien vom 9. - 11. Mai 1996; Wien 1997 (zit.: *Wieland*, AGBG)

Will, Michael R.: Conflits entre conditions générales de vente, in: Les Ventes Internationales de Marchandises, Seite 99 - 109; Paris 1981 (zit.: *Will*, Conflits)

Witz, Claude / Wolter, Gerhard: Frankreich: Die Umsetzung der EG - Richtlinie über mißbräuchliche Klauseln in Verbraucherverträgen; ZEuP 1995, 885-892

Witz, Claude: L`exclusion de la Convention des Nations unies sur les contrats de vente internationale de marchandises par la volonté des parties (Convention de Vienne du 11 avril 1980); Recueil Dalloz Sirey 1990 I, Chronique 107-112

ders.: La Convention de Vienne sur la vente internationale de marchandises à l`épreuve de la jurisprudence naissante; Recueil Dalloz Sirey 1995 I, Chronique 143-146

ders.: L`adaptation du droit francais interne aux règles de la Convention de Vienne sur la vente internationale de marchandises, in: Mélanges Christian Mouly, Band II, Seite 205 - 219; Paris 1998 ( zit.: *Witz*, L`adaptation du droit francais interne aux règles de la Convention de Vienne sur la vente internationale de marchandises)

Witz, Wolfgang / Salger, Hanns-Christian / Lorenz, Manuel (Hrsg.): International Einheitliches Kaufrecht, Praktiker - Kommentar und Vertragsgestaltung zum CISG; Heidelberg 2000 (zitiert: *Witz/Salger/ Lorenz/Bearb.*, CISG)

Wolf, Manfred / Horn, Norbert / Lindacher, Walter: AGB - Gesetz, Kommentar zum Gesetz zur Regelung des Rechts der Allgemeinen Geschäftsbedingungen; 4. Auflage, München 1999 (zit.: *Wolf/Horn/ Lindacher/Bearb.*, AGBG)

Zöller, Richard: Zivilprozeßordnung mit Gerichtsverfassungsgesetz und den Einführungsgesetzen , mit Internationalem Zivilprozeßrecht , EG - Verordnungen, Kostenanmerkungen; 23.Auflage, Köln 2002 (zit.: *Zöller/ Bearb.*, ZPO)

Zweigert, Konrad / Kötz, Hein: Einführung in die Rechtsvergleichung auf dem Gebiete des Privatrechts; 3.Auflage, Tübingen 1996 (zit.: *Zweigert/Kötz*, Einführung)

Entscheidungsverzeichnis

Die als *CISG online Case* zitierten Entscheidungen sind im Internet unter der Adresse *www.cisg-online.ch* abrufbar.

Belgien

- Tribunal Commercial de Nivelles, 19.09.1995 = CISG online Case 366

Deutschland:

- BGH, 19.01.1951, BB 1951,456
- BGH, 12.02.1952, BB 1952, 238
- BGH, 14.03.1963, NJW 1963, 1248-1249
- BGH, 06.10.1971, DB 1971, 2106
- BGH, 26.09.1973, DB 1973, 2135-2136 = BGHZ 61, 282-289
- BGH, 30.06.1976, NJW 1976, 1886-1887
- BGH, 10.03.1983, BB 1983, 1053-1054
- BGH, 08.03.1984, NJW 1984, 1750-1752
- BGH, 06.02.1985, NJW 1985, 3013-3016
- BGH, 20.03.1985, NJW 1985, 1838-1840
- BGH, 10.11.1989, NJW 1990, 576-578
- BGH, 28.06.1990, WM 1990, 1671-1673
- BGH, 19.09.1990, NJW 1991, 36-39
- BGH, 10.10.1991, BGHZ 115, 324-329
- BGH, 30.11.1993, BGHZ 124, 254-262
- BGH, 22.02.1994, NJW 1994, 1408-1410
- BGH, 27.06.1995, BGHZ 130, 115-127
- BGH, 12.10.1995, NJW 1996, 1407-1409
- BGH, 04.12.1996, NJW-RR 1997, 690-692
- BGH, 23.07.1997, NJW 1997, 3309-3311
- BGH, 14.10.1998, NJW 1998, 383-384
- BGH, 25.11.1998, NJW 1999, 1259-1261
- BGH, 24.03.1999, BGHZ 141, 137-152
- BGH, 03.11.1999, NJW 2000, 1110-1114
- BGH, 24.10.2000, NJW-RR 2001, 484-485
- BGH, 31.10.2001, NJW 2002, 370-372
- BGH, 09.01.2002, ZIP 2002, 672-676
- OLG Bamberg, 23.02.1979, RIW 1979, 566-567
- OLG Hamm, 03.10.1979, RIW 1980, 662-664
- OLG Koblenz, 14.07.1983, WM 1984, 1347-1350
- OLG Hamm, 04.02.1985, WM 1985, 785-787
- OLG Stuttgart, 16.06.1987, IPRax 1988, 293-294
- OLG Karlsruhe, 20.11.1992, NJW-RR 1993, 1316-1317

- OLG Düsseldorf, 02.07.1993, RIW 1993, 845-846
- OLG München, 16.02.1994, NJW-RR 1994, 886-888
- OLG Celle, 24.05.1995 = CISG online Case 152
- OLG Karlsruhe, 25.06.1997, BB 1998, 393-395 = CISG online Case 263
- OLG Köln, 21.11.1997, CR 1998, 244-248
- OLG München, 11.03.1998, TranspR-IHR 1999, 19-22
- OLG Zweibrücken, 31.03.1998 = CISG online Case 481
- OLG Hamm, 23.06.1998 = CISG online Case 434
- OLG Hamburg, 05.10.1998, TranspR-IHR 1999, 37-40
- OLG Dresden, 27.12.1999, TranspR-IHR 2000, 20-22
- OLG Hamburg, 26.01.2000 = CISG online Case 509
- OLG Frankfurt a.M., 30.08.2000, RIW 2001, 383-384
- OLG Düsseldorf, 15.02.2001, NJW-RR 2001, 1562-1563
- OLG Zweibrücken, 26.07.2002 = CISG online Case 688
- KG Berlin, 24.01.1994, RIW 1994, 683-684
- LG Landshut, 05.04.1995 = CISG online Case 193
- LG München I, 29.05.1995, NJW 1996, 401-402
- LG Trier, 12.10.1995, Wib 1996, 398 = CISG online Case 160
- LG Kassel, 15.02.1996, NJW-RR 1996, 1146
- LG Oldenburg, 28.02.1996 = CISG online Case 189
- LG Duisburg, 17.04.1996, Wib 1996, 1182-1183 = RIW 1996, 774-776
- LG Hamburg, 18.02.1999, RIW 1999, 391
- AG Nordhorn, 14.06.1994 = CISG online Case 259
- AG Kehl, 06.10.1995, NJW-RR, 565-566

Frankreich:

- Cass. Civ., 22.06.1971, JCP 1971 II Nr.16881
- Cass. Civ., 15.04.1986, Bull Civ. 1986 I Nr.90, 91
- Cass. Civ., 14.01.1987, Recueil Dalloz Sirey 1988 II, Jurisprudence 80-83
- Cass. Civ., 28.04.1987, JCP 1987 II Nr.20893
- Cass. Civ., 25.05.1992, JCP 1992 IV Nr.2142
- Cass. Civ., 24.01.1995, Recueil Dalloz Sirey 1995 I, Jurisprudence 327-329
- Cass. Civ., 03.01.1996, Recueil Dalloz Sirey 1996 I, Jurisprudence 228-230
- Cass. Civ., 30.01.1996, Recueil Dalloz Sirey 1996 I, Jurisprudence 228-230
- Cass. Civ., 26.06.2001 = CISG online Case 600
- Cass. Civ., 02.10.2001 = CISG online Case 608
- Cass. Com., 20.01.1970, JCP 1970 II Nr.7280
- Cass. Com., 08.10.1973, JCP 1975 II Nr.17927
- Cass. Com., 08.07.1975, JCP 1976 II Nr.18332
- Cass. Com., 08.12.1980, Bull Civ. 1980 IV Nr.415, 333
- Cass Com., 03.12.1985, Bull Civ. 1985 IV Nr.287, 244 f
- Cass. Com., 10.05.1994, Recueil Dalloz Sirey 1995 I, Sommaires 89 f
- Cass. Com., 22.10.1996, Bull Civ. 1996 IV Nr.261, 223

- Cass. Com., 14.03.2000, JCP 2000 II Nr.10367
- Civ. 1ère, 18.01.1984, Bull Civ. 1984 I Nr.27, 21-23
- Chambre Com., 20.11.1984, JCP 1987 II Nr.20832
- Chambre Com., 09.05.1990, Bull Civ. 1990 IV Nr.142, 95 f
- Cour d`Appel de Colmar, 29.05.1973, Recueil Dalloz Sirey 1973 I, Sommaires 147
- Cour d`Appel de Colmar, 26.09.1995 = CISG online Case 226
- Cour d`Appel de Paris, 13.12.1995, TranspR-IHR 1999, 7 = CISG online Case 312

Italien

- Corte Arbitrale di Firenze, 19.04.1994 = CISG online Case 124
- Tribunale di Vigevano, 12.07.2000 = CISG online Case 493

Niederlande:

- Rb Zwolle, 01.03.1995, Nederlands Internationaal Privaatrecht 1996 Nr.95
- Gerechtshof Hertogenbosch, 24. 06. 1996, Nederlands Internationaal Privaatrecht 1996 Nr.235 = CISG online Case 321

Österreich:

- OGH, 23.06.1981, öst. JBl 1982, 652-654
- OGH, 01.09.1982, öst. JBl 1983, 321-323
- OGH, 22.09.1982, SZ 55 / 134 (1982), 676-681
- OGH, 13.04.1983, öst. JBl 1983, 534-537 = SZ 56/62, 279-287
- OGH, 26.04.1989, öst. JBl 1990, 41-44
- OGH, 07.06.1990, öst. JBl 1991, 120-122
- OGH, 10.11.1994, öst. JBl 1995, 253-256 = IPRax 1996, 137 - 139 = CISG online Case 117
- OGH, 06.02.1996, ZfRV 1996, 248-254 = CISG online Case 224
- OGH, 11.02.1997 = CISG online Case 298
- OGH, 20.03.1997, öst. JBl 1997, 592-594 = CISG online Case 269
- OGH, 12.02.1998, SZIER 1999, 202
- OGH, 15.10.1998, TranspR-IHR 1999, Beilage zur Zeitschrift Transportrecht, 25 = CISG online Case 380
- OGH, 09.03.2000 = CISG online Case 573
- OGH, 22.10.2001 = CISG online Case 614

Schweiz:

- BGer, 11.02.1971, BGE 99 II, 72-77
- BGer, 06.12.1983, BGE 109 II, 452-462

- BGer, 02.05.1986, BGE 112 II-V, 245-258
- BGer, 17.07.1989, BGE 115 II-III, 264-271
- BGer, 13.08.1991, BGE 117 II, 332-334
- BGer, 05.08.1993, BGE 119 II, 443-449
- Zivilgericht des Kantons Basel-Stadt, 21.12.1992 = CISG online Case 55
- Handelsgericht Zürich, 10.07.1996, SZIER 1997, 131-132
- Handelsgericht Zürich, 05.02.1997, SZIER 1998, 75
- Bezirksgericht St. Gallen, 03.07.1997, SZIER 1998, 84-85

Ungarn:

- Schiedsgericht der Ungarischen Industrie- und Handelskammer, 05.12.1995
- Schiedssache Nr. VB/94 131, NJW-RR 1996, 1145
- Metropolitan Court, Budapest, 19.03.1996 = CISG online Case 289
- Ungarisches Stadtgericht, 21.05.1996 = CISG online Case 252

USA:

- U.S. Court of International Trade, 24.10.1989, *Orbisphere Corp. v. United States* = CISG online Case 7
- U.S. Court of Appeals (2nd Cir.), 06.12.1995, *Delchi Corrier SpA v. Rotorex Corp.* = CISG online Case 140
- Federal District Court, Southern District of N. Y., 23. 07. 1997, *Helen Kaminski Pty. Ltd. v. Marketing Australian Products Inc.* = CISG online Case 297
- U.S. District Court, N.D. of California, San Jose Division, 27.07.2001, *Asante Technologies Inc. v. PMC-Sierra Inc.* = CISG online Case 616

Entscheidungen des EuGH:

- EuGH, 24.01.1991, *Alsthom Atlantique v. Sulzer*, Sammlung 1991 I, 107-125

Abkürzungsverzeichnis

a.A.	anderer Ansicht
aaO	am angegebenen Ort
ABGB	(Österreichisches) Allgemeines Bürgerliches Gesetzbuch
Abk.	Abkommen
Abs.	Absatz
AcP	Archiv für die civilistische Praxis
AG	Amtsgericht
AGB	Allgemeine Geschäftsbedingungen
AGBG	Gesetz zur Regelung des Rechts der Allgemeinen Geschäftsbedingungen vom 09.12.1976
Am.J.Comp.L.	American Journal of Comparative Law (USA)
Am.J.Int.`l L.	American Journal of International Law (USA)
Anm.	Anmerkung
Art.	Artikel
Artt.	Artikel
BB	Betriebs-Berater
Bearb.	Bearbeiter
BGB	Bürgerliches Gesetzbuch
BGBl.	Bundesgesetzblatt
BGE	Entscheidungen des Schweizerischen Bundesgerichts (amtliche Sammlung)
BGer	(Schweizerisches) Bundesgericht
BGH	Bundesgerichtshof
BGHZ	Entscheidungen des Bundesgerichtshofes in Zivilsachen (amtliche Sammlung)
Bull Civ.	Bulletin des arrêts de la Cour de Cassation, Chambres civiles (Frankreich)
Bus.Law.	The Business Lawyer (USA)
bzgl.	bezüglich
bzw.	beziehungsweise
Cass. Civ.	Cour de Cassation, chambres civiles (Frankreich)
CC	(Französischer) Code Civil
CConsom.	Code de la Consommation
Cir.	Circuit
CISG	United Nations Convention on Contracts for the International Sale of Goods
Com.	Commerciale
CR	Computer und Recht

DACH	Europäische Anwaltsvereinigung, Eingetragener Verein
DB	Der Betrieb
ders.	derselbe
d.h.	das heißt
dies.	dieselbe/n
EAG	Einheitliches Gesetz über den Abschluß von internationalen Kaufverträgen über bewegliche Sachen vom 17.07.1973
EG	Europäische Gemeinschaft
EGBGB	Einführungsgesetz zum Bürgerlichen Gesetzbuch
EKG	Einheitliches Gesetz über den internationalen Kauf beweglicher Sachen vom 17.07.1973
etc.	et cetera
EU	Europäische Union
EuGH	Europäischer Gerichtshof
EuGVVO	Verordnung (EG) Nr. 44 / 2001 des Rates vom 22.12.2000 über die gerichtliche Zuständigkeit und die Anerkennung und Vollstreckung von Entscheidungen in Zivil- und Handelssachen
EuZW	Europäische Zeitschrift für Wirtschaftsrecht
EVÜ	Europäisches Übereinkommen über das auf vertragliche Schuldverhältnisse anzuwendende Recht vom 19.06.1980
EWiR	Entscheidungen zum Wirtschaftsrecht
EWS	Europäisches Wirtschafts- und Steuerrecht
F.	Federal Reporter (USA)
f, ff	folgende (r, s), fortfolgende
Fn.	Fußnote
Frankfurt a.M.	Frankfurt am Main
Freiburg i.Br.	Freiburg im Breisgau
grds.	grundsätzlich
GRUR int.	Gewerblicher Rechtsschutz und Urheberrecht, internationaler Teil
h.A.	herrschende Ansicht
Harv.Int.`l L.	Harvard International Law Journal (USA)
HGB	Handelsgesetzbuch
h.M.	herrschende Meinung
Hrsg.	Herausgeber
hrsg.	herausgegeben

i.d.R.	in der Regel
i.d.S.	in diesem Sinne
i.E.	im Ergebnis
Incoterms.	International Commercial Terms der Internationalen Handelskammer
IPR	Internationales Privatrecht
IPRax	Praxis des internationalen Privat - und Verfahrensrechts
i.S.	im Sinne
i.S.d.	im Sinne der/des
i.S.v.	im Sinne von
i.V.m.	in Verbindung mit
JA	Juristische Arbeitsblätter
JCP	Juris - Classeur Périodique, La Semaine Juridique (Frankreich)
JuS	Juristische Schulung
JZ	Juristenzeitung
KG	Kammergericht
K&R	Kommunikation & Recht
KSchG	(Österreichisches) Konsumentenschutzgesetz
LG	Landgericht
lit.	litera
MDR	Monatsschrift für deutsches Recht
m.E.	meines Erachtens
m.E. nach	meiner Einschätzung nach
MMR	Multimedia und Recht
m.N.	mit Nachweisen
m.w.N.	mit weiteren Nachweisen
N.D.	Northern District (USA)
N.E.2nd	North Eastern Reporter, Second Series (USA)
NJW	Neue Juristische Wochenschrift
NJW-CoR	Neue Juristische Wochenschrift - Computerreport
NJW-RR	Neue Juristische Wochenschrift - Rechtsprechungs - Report
Nr.	Nummer
N.Y.	New York

Official Records	United Nations Conference on contracts for the international Sale of Goods, Vienna, 10 March - 11 April 1980, Official Records, Document and Summary Records of the Plenary Meetings and of the Main Committees, United Nations; New York 1981
OGH	(Österreichischer) Oberster Gerichtshof
OLG	Oberlandesgericht
OR	Obligationenrecht
öst. JBl	(Österreichische) Juristische Blätter
öZPO	(Österreichische) Zivilprozeßordnung
RabelsZ	Rabels Zeitschrift für ausländisches und internationales Recht
Rb	Rechtbank
RIW	Recht der Internationalen Wirtschaft
RIW/AWD	Recht der Internationalen Wirtschaft / Außenwirtschaftsdienst des Betriebsberaters
Rn.	Randnummer
S.	Satz; Seite
Sec.	Section
SJZ	Schweizerische Juristen-Zeitung
StWK	Steuer- und Wirtschaftskurzpost
SZ	Entscheidungen des österreichischen Obersten Gerichtshofes in Zivilsachen (amtliche Sammlung)
SZIER	Schweizerische Zeitschrift für internationales und europäisches Recht
TranspR-IHR	Transportrecht und Internationales Handelsrecht
UCC	Uniform Commercial Code (USA)
UN	United Nations
UNCITRAL	United Nations Commission on International Trade Law
UNIDROIT	Institut international pour l`unification du droit privé
USA	United States of America
UWG	(Schweizerisches) Bundesgesetz gegen den unlauteren Wettbewerb
v.	versus
v.a.	vor allem
Va.L.Rev.	Virginia Law Review (USA)
vgl.	vergleiche
VuR	Verbraucher und Recht

WBl	Wirtschaftsrechtliche Blätter (Österreich)
Wib	Wirtschaftsrechtliche Beratung
WM	Zeitschrift für Wirtschafts - und Bankrecht, Wertpapiermitteilungen
z.B.	zum Beispiel
ZBJV	Zeitschrift des Bernischen Juristenvereins (Schweiz)
ZEuP	Zeitschrift für Europäisches Privatrecht
ZfRV	Zeitschrift für Rechtsvergleichung
ZGB	(Schweizerisches) Zivilgesetzbuch
ZIP	Zeitschrift für Wirtschaftsrecht
zit.	zitiert
ZPO	Zivilprozeßordnung
ZSR	Zeitschrift für Schweizerisches Recht (Schweiz)
ZVglRWiss	Zeitschrift für Vergleichende Rechtswissenschaft
ZZP	Zeitschrift für Zivilprozeß

Einleitung

Die nachfolgenden Untersuchungen beschäftigen sich mit der Bedeutung und der rechtlichen Handhabung von Allgemeinen Geschäftsbedingungen unter der Geltung des Übereinkommens der Vereinten Nationen vom 11. April 1980 über Verträge über den internationalen Warenkauf[1], welches in Wien geschlossen wurde. Nach einer allgemeinen Einleitung zum UN-Kaufrecht wird in einem ersten Schritt dargestellt, welche Bedeutung Allgemeine Geschäftsbedingungen in internationalen Verträgen haben und wie diese in entsprechende Verträge unter Beachtung des UN-Kaufrechts einbezogen werden. In einem zweiten Schritt wird untersucht, wie wirksam einbezogene Allgemeine Geschäftsbedingungen inhaltlich kontrolliert werden, wobei hier auf zu berücksichtigende nationale Regelungen einiger ausgesuchter Beispielstaaten eingegangen wird. Nachfolgend wird mit Blick auf das UN-Kaufrecht das Problemfeld beleuchtet, welches sich mit dem Einsatz von Allgemeinen Geschäftsbedingungen in Form von Rechtswahlklauseln beschäftigt. In einem letzten Schritt wird das noch immer nicht abschließend gelöste Problem der widerstreitenden Allgemeinen Geschäftsbedingungen („Battle of Forms") in internationalen Kaufverträgen erläutert und versucht, unter Berücksichtigung der bestehenden Lösungsansätze einen Beitrag zu dessen Bewältigung zu leisten.

Das Ziel dieser Arbeit besteht darin, anhand der aufgezeigten Themen einen Überblick über die Problemfelder und die dazugehörenden Lösungen im Bereich der Allgemeinen Geschäftsbedingungen unter der Geltung der Wiener Kaufrechtskonvention zu geben. Dabei wird deutlich werden, daß etliche Fragen noch nicht bzw. nicht abschließend beantwortet sind. An diesen Stellen wird versucht, eine für das UN-Kaufrecht sachgerechte Lösung herauszuarbeiten. Bereits im Vorfeld kann festgestellt werden, daß es sich bei der Handhabung von AGB im UN-Kaufrecht aufgrund der teils noch nicht (abschließend) geklärten Fragen und des Zusammenspiels von unvereinheitlichtem und vereinheitlichtem Recht um eine interessante und lebendige Thematik handelt.

[1] Im Folgenden wird das Übereinkommen der Vereinten Nationen vom 11. April 1980 über Verträge über den internationalen Warenkauf als UN - Kaufrecht (oder durch sonstige Synonyme) abgekürzt.

Kapitel 1

Zustandekommen von Verträgen nach dem UN-Kaufrecht und dessen Bedeutung

A) Praktische Bedeutung für Firmen und Kaufleute, insbesondere aus deutscher Sicht

Das UN-Kaufrecht wurde als Ergebnis der seit 1968 von der UN-Kommission für internationales Handelsrecht (UNCITRAL)[2] unternommenen Überarbeitung des Rechts des Internationalen Warenkaufs auf der im März/April stattfindenden UNO-Konferenz in Wien am 11. April 1980 verabschiedet.[3] Es trat am 1. Januar 1988 in Kraft, nachdem die in Art.99 I CISG[4] geforderten zehn Ratifikation-, Annahme-, Genehmigungs- oder Beitrittsurkunden am 11. Dezember 1986 erreicht wurden.[5] Das UN-Kaufrecht tritt an die Stelle der Haager Kaufgesetze (EKG/EAG).[6]

Gültigkeit erlangt das UN-Kaufrecht gem. Art.91 in den einzelnen Staaten aber erst durch die jeweilige Ratifizierung bzw. sonstigen Mechanismen der Inkraftsetzung für völkerrechtliche Verträge. Derzeit haben bereits mehr als 60 Staaten das UN-Kaufrecht ratifiziert.[7] In der Bundesrepublik Deutschland ist das UN-Kaufrecht seit dem 01.01.1991 geltendes Recht.[8] Wie sich über den Hinweis in Fn.7 nachsehen läßt, ist das UN-Kaufrecht in den meisten europäischen und amerikanischen Staaten übernommen worden. Aber auch wichtige Handelspartner aus anderen Kontinenten wie zum Beispiel Neuseeland, Australien, Rußland und China sind dem UN-Abkommen beigetreten.
Nach Schätzungen werden ca. 2/3 der deutschen Importe und ca. 75 % der deutschen Exporte mit Geschäftspartnern abgewickelt, die in Mitgliedsstaaten des UN-Kaufrechts ansässig sind.[9] Hierzu gehören auch die beiden wichtigsten

---

[2] United Nations Commission on International Trade Law

[3] *Neumayer/Ming*, CISG, Seite 30

[4] Convention on Contracts for the International Sale of Goods; Art. ohne nähere Bezeichnung sind im Folgenden solche des UN-Kaufrechts.

[5] *Schlechtriem*, Internationales UN - Kaufrecht, Seite 1; eine Aufzählung der ersten elf ratifizierenden Staaten ist bei *Honnold*, Documentary History, Seite 1 zu finden.

[6] *Loewe* in: Lausanner Kolloquium, Seite 12

[7] Im Internet ist unter der Adresse *www.cisg.law.pace.edu/cisg/countries/cntries.html* der aktuelle Stand der Mitgliedsstaaten abrufbar.

[8] BGBl II 1990, 1477

[9] *Piltz*, UN-Kaufrecht, Seite 1

Handelspartner Deutschlands weltweit, nämlich Frankreich und die USA.[10] Hieraus wird ersichtlich, daß die Regelungen der CISG für in der BRD ansässige Kaufleute und Unternehmen oft über den Art.1 I lit.a zur Anwendung kommen (Näheres hierzu unten in diesem Kapitel unter C)). Weiterhin sind noch nicht die Fälle berücksichtigt, in denen das UN-Kaufrecht über Art.1 lit.b zur Anwendung kommt, zum Beispiel bei Verkäufen durch einen deutschen Exporteur (Näheres hierzu unten in diesem Kapitel unter C)).

Zusammenfassend bleibt festzuhalten, daß das UN-Kaufrecht für eine große Zahl von Käufen und Verkäufen von Waren, die (deutsche) Kaufleute und Firmen im internationalen Geschäftsverkehr tätigen, automatisch zur Anwendung kommt, sofern es nicht ausgeschlossen wird.[11] Demnach ist das UN-Kaufrecht für die Praxis vieler, die an internationalen Warenkäufen beteiligt sind, von großer Bedeutung. Diese wird zudem dadurch verstärkt, daß das UN-Kaufrecht in mehrfacher Hinsicht eine Chance darstellt, um die Handhabung internationaler Warenkäufe zu vereinfachen und zu effektivieren. Bei internationalen Kaufverträgen besteht oft Skepsis der jeweiligen Parteien, sich auf ein ihnen fremdes Recht, insbesondere das nationale Recht des Vertragspartners, einzulassen. Hier stellen die Regelungen der CISG ein Recht dar, das einen neutralen frei von nationalen Eigentümlichkeiten ausgestalteten Gesetzestext enthält, der zudem in den vorherrschenden Sprachen[12] verfügbar und damit ohne Probleme zugänglich ist.[13] Mit der Wahl bzw. dem Nicht - Ausschluß der CISG bleibt aber dennoch die Möglichkeit über Art.6 einzelne Vertragspunkte abweichend von dem UN-Kaufrecht zu gestalten und individuell zugeschnittene Regelungen, zum Beispiel durch Allgemeine Geschäftsbedingungen, dafür einzusetzen. Weiterhin enthält das UN-Kaufrecht praktikable und im Vergleich zu vielen nationalen Rechten klare und angemessene Regelungen, die die Handhabung von Verträgen im

[10] Betrachtet man z.B. die Jahre 2000 und 2001, so war Frankreich sowohl beim Ausfuhr- als auch beim Einfuhrvolumen der wichtigste Außenhandelspartner von Deutschland, vgl. die grapische Übersicht im *Statistischen Jahrbuch 2001*, Seite 301 (für das Jahr 2000) und die graphische Übersicht im *Statistischen Jahrbuch 2002*, Seite 289 (für das Jahr 2001). Die USA belegte in den Jahren 2000 und 2001 hinsichtlich des Ausfuhrvolumens jeweils den zweiten Rang, hinsichtlich des Einfuhrvolumens jeweils den dritten Platz hinter den Niederlanden, vgl. *Statistisches Jahrbuch 2001/2002*, aaO.

[11] *Ludwig*, Der Vertragsschluß nach UN - Kaufrecht im Spannungsverhältnis von Common Law und Civil Law, Seite1

[12] Amtliche Fassungen der CISG gibt es in Arabisch, Chinesisch, Russisch, Spanisch, Französisch und Englisch, vgl. *Schlechtriem/Ferrari*, CISG, Art.7 Rn.31; ein Abdruck der amtlichen Fassungen findet sich bei *Bianca/Bonell*, CISG, Seite 683 ff und im Internet sind die amtlichen Fassungen unter *www.uncitral.org/english/texts/sales/salesindex.htm* abrufbar.

[13] *Piltz*, UN-Kaufrecht, Seite 8

internationalen Wirtschaftsverkehr vereinfachen.[14]
Letztlich bietet eine Anwendung des UN-Kaufrechts den international agierenden Firmen und Kaufleuten die Möglichkeit, bei vielen Verträgen mit verschiedenen Partnern im Ausland einen einheitlichen rechtlichen Rahmen zu verwenden.[15] Dies kann beispielsweise für die Gestaltung und Verwendung von Allgemeinen Geschäftsbedingungen von Bedeutung sein, die sich dann an den Erfordernissen des UN-Kaufrechts orientieren, wobei nicht verkannt werden darf, daß auch weiterhin die verschiedenen nationalen Regelungen von Bedeutung sein können. Im Übrigen entbindet die Anwendung des UN-Kaufrechts aber zu großen Teilen von der Notwendigkeit einer detaillierten Kenntnis des fremden Rechts des Vertragspartners.

Somit werden die große praktische Relevanz des UN-Kaufrechts und die in der Anwendung dieses Regelwerkes liegenden Chancen für eine Verbesserung der Geschäftspraxis im internationalen Warenverkehr deutlich.

B) Stellung der CISG als Teil des nationalen Rechts

Zur Einordnung des UN-Kaufrechts ist zu sagen, daß es sich dabei um ein völkerrechtliches Abkommen handelt, aus dem nach seiner Ratifikation durch die einzelnen Staaten unmittelbar Rechte und Pflichten abgeleitet werden können, sofern die Anwendungsvoraussetzungen erfüllt sind[16]. Mit seiner Annahme durch die einzelnen Staaten steht es nicht gesondert neben den verschiedenen Rechtsordnungen, sondern wird Teil des Rechts des jeweiligen Vertragsstaates.[17]

---

[14] *Schwenzer*, NJW 1990, Seite 602; im Bezug auf die Regelungen des Schuldrechts im Bürgerlichen Gesetzbuch ist diese Aussage dahingehend zu relativieren, daß mit der am 01.01.2002 in Kraft getretenen Schuldrechtsmodernisierung große Teile des allgemeinen und des besonderen Schuldrechts, darunter auch das Kaufrecht, einfacher und klarer gestaltet wurden und sich die Regelungen des UN-Kaufrechts und des deutschen Kaufrechts angenähert haben, vgl. zum Beispiel die Gewährleistungsregelungen. Im Übrigen hat das UN - Kaufrecht auch in anderen Staaten immer mehr eine Vorbildfunktion übernommen, zum Beispiel in den osteuropäischen Staaten und in Teilen Afrikas, vgl. *Magnus*, ZEuP 1999, Seite 642.

[15] *Piltz*, UN-Kaufrecht, Seite 8

[16] *Schlechtriem/Ferrari*, CISG Vor Artt.1-6 Rn.24

[17] *Witz/Salger/Lorenz/Lorenz*, CISG, Art.6 Rn.9; vgl. ausdrücklich für die BRD LG *Kassel*, 15.02.1996, NJW-RR 1996, 1146; BGH, 23.07.1997, NJW 1997, 3309.

C) Anwendungsbereich der CISG

I) Sachlicher Anwendungsbereich

1) Regelanwendungsbereich

In sachlicher Hinsicht ist für eine Anwendung des UN-Kaufrechts gemäß Art.1 I das Vorliegen eines Warenkaufvertrages erforderlich. Unter Waren i.S. dieser Vorschrift sind bewegliche körperliche Sachen zu verstehen, d.h. es sind v.a. Immobilien, Forderungen und Rechte ausgenommen.[18] Im Übrigen ist der Begriff weit auszulegen[19], so daß beispielsweise auch Flüssigkeiten[20] oder Tiere[21] darunter fallen. Es ist auch ohne Bedeutung, ob die Gegenstände erst nach Vertragsschluß, spätestens aber bis zum Lieferzeitpunkt, beweglich werden oder von Anfang an beweglich sind[22]. Besonders ist zu erwähnen, daß auch Computerprogramme unter den Warenbegriff der CISG fallen[23].

Neben der Erfordernis, daß sich der Vertrag auf Waren beziehen muß, setzt Art.1 I das Vorliegen eines Kaufvertrages voraus. Gemäß Art.3 I unterfallen aber auch Werklieferungsverträge der Konvention, es sei denn, daß der Besteller einen wesentlichen Teil der für die Herstellung oder Erzeugung notwendigen Stoffe selbst zur Verfügung zu stellen hat. Hieraus wird ersichtlich, daß es für eine Anwendung des UN-Kaufrechts ohne Bedeutung ist, ob die Ware bei Vertragsschluß bereits existiert oder noch herzustellen bzw. zu erzeugen ist. Für die Feststellung, wann der Besteller einen „wesentlichen Teil" des Rohstoffes zu beschaffen hat, ist der Wert der zur Verfügung zu stellenden Materialien im Verhältnis zum Gesamtkaufpreis zu ermitteln.[24] Eine fest fixierte Grenze besteht nicht, vielmehr ist der Einzelfall entscheidend[25], wobei aber bereits entschieden wurde, daß bei einer Zulieferung des Käufers unter 20% des Gesamtwertes kein „wesentlicher Teil" vorliegt[26].
Gemäß Art.3 II unterfallen solche Verträge nicht dem UN-Kaufrecht, welche zwar kaufrechtliche Komponenten beinhalten, der überwiegende Teil der Pflichten der liefernden Partei aber in der Ausführung von Arbeiten oder anderen Dienstleistungen besteht. Dies trifft insbesondere auf Anlagenlieferungsverträge (sog. Trunkey - Verträge)[27],

---

[18] *Franke*, StWK 2002, Heft Nr.10 vom 31.05., 356
[19] *Magnus*, ZEuP 1999, 651
[20] *Handelsgericht Zürich*, 05.02.1997, SZIER 1998, 75
[21] *Staudinger/Magnus*, CISG, Art.1 Rn.48 m.N. aus der Rechtsprechung.
[22] *Witz/Salger/Lorenz/Lorenz*, CISG, Art.1 Rn.6
[23] *Piltz*, NJW 2000, 554
[24] *Reinhart*, CISG, Art.3 Rn.1
[25] *Schlechtriem/Ferrari*, CISG, Art.3 Rn.6
[26] *Schiedsgericht der ungarischen Industrie - und Handelskammer*, 05.12.1995, NJW - RR 1996, 1145
[27] *Franke*, StWK 2002, Heft Nr.10 vom 31.05., 358

Vertriebshändlerverträge[28] und Rahmenverträge[29] zu kaufrechtlichen Einzelverträgen zu.

2) Ausschlußtatbestände

Wie dargestellt stehen einer Anwendung des UN-Kaufrechts in sachlicher Hinsicht grds. keine Hindernisse entgegen, wenn ein Warenkaufvertrag im oben beschriebenen Sinne vorliegt. Allerdings enthält Art.2 eine Reihe von Ausschlußtatbeständen, die eine Geltung der Konvention trotz eines Warenkaufs verhindern.
Ausgenommen sind hiernach Wertpapiere, Zahlungsmittel, Schiffe, Luftkissenfahrzeuge, Flugzeuge, elektrische Energie, Käufe bei Versteigerungen und aufgrund von Zwangsvollstreckungs- bzw. gerichtlichen Maßnahmen sowie Konsumentenkäufe.

Einer besonderen Erläuterung bedarf nur der Konsumentenkauf nach Art.2 lit.a). Ein solcher liegt vor, wenn die gekaufte Ware für den persönlichen Gebrauch oder den Gebrauch in der Familie oder im Haushalt des Käufers bestimmt ist, es sei denn, daß der Verkäufer vor oder bei Vertragsabschluß weder wußte noch wissen mußte, daß die Ware für einen solchen Gebrauch gekauft wurde. Nicht unter diese Regelung fallen Verkäufe durch Private an geschäftlich handelnde Käufer[30], so daß hier die Anwendung des Übereinkommmens denkbar ist. Maßgeblich für die private Gebrauchsbestimmung ist nicht die tatsächliche, sondern die beabsichtigte Verwendung[31].
Diese Regelung wurde in die Konvention aufgenommen, um einen Konflikt der CISG mit den nationalen Verbraucherschutzbestimmungen zu beschränken.[32] In der Praxis führt sie dazu, daß das UN-Kaufrecht vornehmlich im Geschäftsverkehr zur Anwendung kommt.

II) Räumlicher Anwendungsbereich

In räumlicher Hinsicht setzt Art.1 I für eine Anwendung des Wiener Übereinkommens voraus, daß es sich um einen grenzüberschreitenden

---

[28] U. a. *Metropolitan Court Budapest*, 19.03.1996 = CISG online Case 289 (hier ist eine Zusammenfassung der Entscheidung in Englisch zu finden).

[29] Federal District Court, Southern District of N.Y., 23.07.1997, *Helen Kaminski Pty. Ltd. v. Marketing Australian Products Inc.* = CISG online Case 297 (hier ist eine Zusammenfassung der Entscheidung in Englisch zu finden).

[30] *Witz/Salger/Lorenz/Lorenz*, CISG, Art.2 Rn.2

[31] OGH, 11.02.1997 = CISG online Case 298

[32] *Schlechtriem*, IPRax 1990, 279

Sachverhalt handelt. Es bedarf also eines internationalen Kauf- bzw. Werklieferungsvertrages. Dieser liegt nach Art.1 I vor, wenn die Parteien des Vertrages ihre Niederlassungen in verschiedenen Staaten haben. Maßgeblich ist nur der Standort der Niederlassung und nicht die Staatsangehörigkeit der Parteien, gemäß Art.1 III, so daß auch ein Vertrag zwischen Parteien gleicher Nationalität unter das UN-Kaufrecht fallen kann[33].

Für die Lokalisierung der Niederlassung einer Partei bestimmt Art.10 im Falle von natürlichen Personen als Vertragspartner, daß deren gewöhnlicher Aufenthalt ausschlaggebend ist. Ansonsten ist der Standort der Niederlassung und bei mehreren Niederlassungen diejenige maßgeblich, welche unter Berücksichtigung der vor oder bei Vertragsschluß den Parteien bekannten oder von ihnen in Betracht gezogenen Umstände die engste Beziehung zu dem Vertrag und zu seiner Erfüllung hat.

Als Niederlassung kommt jede unselbständige Außenstelle in Betracht, sofern sie mit einem Mindestmaß an Kompetenzen einschließlich einem regelmäßig besetzten und funktionsfähigen Büro, sowie der Befugnis Waren und Zahlungen entgegennehmen zu können, ausgestattet ist.[34]

Die Internationalität geht im Gegensatz zu den Regelungen des Haager Einheitlichen Kaufrechts auch dann nicht verloren, wenn die verkauften Waren keine Staatsgrenze passieren, wenn Angebot und Annahme in demselben Staat erfolgen oder wenn die verkauften Waren in keinen anderen als den Staat verbracht werden, in dem der Kaufvertrag zustande gekommen ist.[35]

Eine weitere Voraussetzung für die Anwendung des UN-Kaufrechts ist die Erkennbarkeit der Internationalität, gemäß Art.1 II. Hierdurch soll eine überraschende Anwendung der Konvention vermieden werden, wenn z.B. eine Partei erst nach Vertragsschluß erfährt, daß der Vertragspartner seine Niederlassung in einem anderen Staat hat.[36]

Liegt nun ein offensichtlich grenzüberschreitender Warenkauf- bzw. Werklieferungsvertrag vor, so sieht Art.1 I zwei Möglichkeiten vor, um zur Anwendung des einheitlichen Kaufrechts zu gelangen. Nach Art.1 I lit.a) ist dies der Fall, wenn beide Vertragsparteien ihren Sitz in Vertragsstaaten[37] des Übereinkommens haben und die Anwendung nicht vertraglich ausgeschlossen ist (Näheres hierzu unten in Kapitel 4).

Weiterhin kommt das UN-Kaufrecht gemäß Art.1 I lit.b) auch zur Anwendung, wenn die Parteien ihre Niederlassungen zwar in verschiedenen Staaten haben,

---

[33] OGH, 15.10.1998, TranspR-IHR, Beilage zur Zeitschrift Transportrecht, 25 = CISG online Case 380

[34] *Witz/Salger/Lorenz/Witz*, CISG, Art.10 Rn.2

[35] *Siehr*, RabelsZ 1988, 590

[36] Commentary on the draft convention on contracts for the international sale of goods, prepared by the secretariat, document A/CONF. 97/5, Art.1 Anm.9, mit erläuterndem Beispiel, in: *United Nations Conference on contracts for the international sale of goods* - official records.

[37] Vgl. oben Fn.7.

aber eben nicht beides Vertragsstaaten sind, und das Internationale Privatrecht des Forums auf die Rechtsordnung eines Vertragsstaates verweist. Diese gemäß Art.95 ausschließbare[38] Regelung ist demnach einschlägig, wenn nur eine oder keine[39] Vertragspartei in einem Vertragsstaat ansässig ist und ein entsprechender Verweis des Internationalen Privatrechts vorliegt. Nach deutschem Recht kommt es in Ermangelung einer Rechtswahl gemäß Art.28 II EGBGB im Zweifel zur Anwendung der Rechtsordnung des Verkäufers.[40] Gemäß Art.35 I EGBGB ist deren Sachrecht anzuwenden, wozu in dem Falle, daß der Verkäufer seinen Sitz in einem Vertragsstaat des Wiener Übereinkommens hat, eben auch das UN-Kaufrecht als Teil des nationalen Rechts gehört (vgl. oben). Letztlich ist in diesen Konstellationen dann das UN-Kaufrecht anzuwenden.[41]

In der Praxis führt die Anwendbarkeitsregelung des Art.1 I dazu, daß ein deutscher Vertragspartner eines internationalen Warenkauf- bzw. Werklieferungsvertrages die Geltung ausländischen Rechts, und nicht die des UN-Kaufrechts, im Zweifel nur noch in Betracht ziehen muß, wenn er Waren von einem ausländischen Verkäufer kauft, der seine Niederlassung in einem Nicht-Vertragsstaat hat und in dem Vertrag nicht das Recht eines Vertragsstaates bestimmt wurde.

D) Vertragsschluß nach der CISG

Der Vertragsschluß nach dem UN-Kaufrecht richtet sich nach Teil II der Konvention. Die Artt.14 ff setzen, wie auch das deutsche Recht, für einen wirksamen Vertrag ein Angebot und eine Annahme voraus.
Eine Besonderheit des UN-Kaufrechts, beispielsweise gegenüber dem deutschen und US-amerikanischen Recht ist, daß der Kaufpreis durch das Angebot genau bestimmt oder zumindest bestimmbar sein muß, gemäß Art.14 I 2. Eine Regelung wie die des § 316 f BGB bzw. Sec.2-204 und 2-305 UCC ist dem vereinheitlichten Recht demnach fremd. Allerdings steht es den Parteien frei dieses Erfordernis der genauen Kaufpreisbestimmung bzw. -Bestimmbarkeit durch das Angebot i.S.d. Artt.6, 9 abzubedingen. Fehlt es dennoch an einer Kaufpreisbestimmung und deren ausdrücklicher Abbedingung, so kann zwar eine stillschweigende Abbedingung nicht ohne Weiteres unterstellt werden[42], falls aber ein Bindungswille durch die Umstände

[38] Im Internet ist unter der Adresse *www.cisg.law.pace.edu/cisg/countries/cntries.html* für jeden Mitgliedsstaat abrufbar, ob er von Art.95 Gebrauch gemacht hat.
[39] *Ferrari*, ZEuP 1998, 167
[40] *Münchener Kommentar/Martiny*, Art.28 EGBGB Rn.30
[41] *Kindler*, RIW 1988, 777 f
[42] Vgl. *Stern*, Erklärungen im UNCITRAL - Kaufrecht, Rn. 39, die der Annahme einer konkludenten Abbedingung in solchen Fällen kritisch gegenüber steht.

klar zum Ausdruck kommt, eine verbindliche Vertragserklärung nicht ernsthaft in Frage gestellt werden.[43]
Im Rahmen des Angebots gemäß Art.14 gibt es eine weitere Besonderheit gegenüber dem deutschen Recht. Art.16 erlaubt es nämlich auch, ein bereits zugegangenes Angebot zu widerrufen, sofern eine Annahmeerklärung noch nicht abgesendet wurde und das Angebot nicht aufgrund einer Frist i.S.d. Art.16 II lit.a unwiderruflich ist oder Umstände i.S.d. Art.16 II lit.b die Unwiderruflichkeit begründen. Daneben gibt es die Möglichkeit der Angebotsrücknahme, gemäß Art.15 II, sofern diese spätestens mit dem Angebot zugeht, welche der Regelung des § 130 I 2 BGB entspricht.

Neben einem Angebot bedarf es zum Vertragsschluß auch einer Annahme, gemäß Art.18. Diese kann ausdrücklich oder konkludent erfolgen, wobei Schweigen oder Untätigkeit grds. keine Annahme darstellen. Etwas anderes kann gelten, wenn zu dem Schweigen weitere Faktoren hinzutreten.[44] Dies ist z.B. dann der Fall, wenn sich eine entsprechende Gepflogenheit unter den Parteien entwickelt hat oder gar eine entsprechende Vereinbarung besteht.[45] Eine weitere Möglichkeit für die Rechtserheblichkeit von Schweigen besteht, wenn dahingehende Gebräuche existieren[46], die auch i.S.d. Art.9 II im internationalen Handel in dem betreffenden Geschäftszweig weithin bekannt sind und regelmäßig beachtet werden. Das im deutschen Recht anerkannte Schweigen auf ein kaufmännisches Bestätigungsschreiben kann also nur in diesem Rahmen zu einem Vertragsschluß nach dem UN-Kaufrecht führen (vgl. Näheres hierzu in Kapitel 2 unter B)II)1)d)).
Eine Besonderheit im Rahmen der Annahme nach dem UN-Kaufrecht gegenüber den Vorschriften des BGB stellt die Regelung des Art.19 dar. Hiernach wird, sofern die Annahme vom Angebot abweicht, zwischen wesentlichen und unwesentlichen Abweichungen differenziert. Bei wesentlichen Abweichungen, von denen beispielhaft einige in der nach zutreffender h.A.[47] widerlegbaren Auslegungsregel des Art.19 III aufgezählt sind, führt die geänderte Annahme zu einer Ablehnung des Angebots bei gleichzeitigem Gegenangebot, gemäß Art.19 I. Diese Regelung entspricht § 150 II BGB. Liegt jedoch nur eine unwesentliche Abweichung vor, was außerhalb

[43] Vgl. auch die Beispiele aus der Rechtsprechung: *Bezirksgericht St. Gallen*, 03.07.1997, SZIER 1998, 84, für den Fall, daß trotz fehlender Kaufpreisabsprachen Waren geliefert wurden und der Käufer die Berechnung verlangte; OGH, 10.11.1994, öst. JBl 1995, 253 f = CISG online Case 117, für den Fall, daß trotz fehlender Kaufpreisbestimmung die Ware durch den Käufer weiterverkauft wurde.
[44] *Bianca/Bonell/Farnsworth*, CISG, Art.18 Anm.2.3
[45] *Witz/Salger/Lorenz/Witz*, CISG, Art.18 Rn.12
[46] *Schlechtriem/Schlechtriem*, CISG, Art.18 Rn.9
[47] So auch z.B. *Schlechtriem/Schlechtriem*, CISG, Art.19 Rn.8; *Staudinger/Magnus*, CISG, Art.19 Rn.16; OGH, 20.03.1997, öst. JBl 1997, 592 f = CISG online Case 269; a.A. *Witz/Salger/Lorenz/Witz*, CISG, Art.19 Rn.9.

der Beispiele des Art.19 III grds. am Einzelfall zu entscheiden ist[48], so kommt ein Vertrag mit dem Inhalt der abgeänderten Annahme zustande, gemäß Art.19 II. Dies gilt dann nicht, wenn der ursprünglich Anbietende das Fehlen der Übereinstimmung unverzüglich mündlich beanstandet oder eine entsprechende Mitteilung absendet.

Wirksamkeit erlangen sowohl Angebot als auch Annahme mit ihrem Zugang, gemäß Artt.15 I, 18 II, 24. Weiterhin ist hinsichtlich der Vertragsschlußregeln der Wiener Konvention anzumerken, daß diese sich nur auf den „äußeren" Konsens i.S.d. Art.4 beziehen, also z.B. die Bereiche der Geschäftsfähigkeit[49], Willensmängel[50] und der Stellvertretung[51] nicht abdecken. Einer besonderen Form bedarf ein Kaufvertrag, der nach dem UN-Kaufrecht geschlossen ist, gemäß Art.11 grds. nicht[52], wobei aber nach Art.6 von dieser Regelung abgewichen und Formerfordernisse vereinbart werden können.
Letztlich bleibt darauf hinzuweisen, daß gemäß Art.92 der Teil II der Konvention durch Erklärung bei Ratifikation durch die Staaten ausgeschlossen werden kann.[53] Diese Staaten sind dann bzgl. der Artt.14 ff als Nicht-Vertragsstaaten anzusehen[54], so daß die übrigen Regelungsbereiche des UN-Kaufrechts anwendbar bleiben. Hinsichtlich der Vertragsschlußregeln ist dann auf das Internationale Privatrecht zurückzugreifen[55], wonach dann unter gegebenen Voraussetzungen über Art.1 I lit.b doch noch Teil II der Konvention zur Anwendung kommen kann, wenn auf einen Vertragsstaat verwiesen wird.

---

[48] *Schlechtriem/Schlechtriem*, CISG, Art.19 Rn.19

[49] *Herber/Czerwenka*, CISG, Art.4 Rn.14

[50] *Reinhart*, CISG, Art.4 Rn.2

[51] *Karollus*, öst. JBl 1993, 31

[52] Die Geltung der Artt.11 (und 29) kann aber durch eine Erklärung nach Art.96 ausgeschlossen sein.
Im Internet ist unter der Adresse *www.cisg.law.pace.edu/cisg/countries/cntries.html* für jeden Mitgliedsstaat abrufbar, ob er von Art.96 Gebrauch gemacht hat. In dem Fall eines Kaufvertrages mit Beteiligung einer Partei mit Sitz in einem entsprechenden Land sind die Artt.11 (und 29) wegen Art.12 nicht anzuwenden; es kommt dann zur Anwendung der Formvorschriften der Rechtsordnung, die nach dem Internationalen Privatrecht maßgeblich ist, vgl. *Witz/Salger/Lorenz/Witz*, CISG, Art.11-12 Rn.12.

[53] Im Internet ist unter der Adresse *www.cisg.law.pace.edu/cisg/countries/cntries.html* für jeden Mitgliedsstaat abrufbar, ob er von dieser Möglichkeit Gebrauch gemacht hat.

[54] *Ungarisches Stadtgericht*, 21. 05. 1996 = CISG online Case 252 (hier ist eine Zusammenfassung der Entscheidung in Englisch zu finden).

[55] *Magnus*, ZEuP 1997, 827 f

Kapitel 2

Bedeutung und Einbeziehung von AGB in internationale Verträge, insbesondere unter Beachtung des Einheitlichen UN-Kaufrechts

In diesem Abschnitt wird zunächst die praktische Bedeutung von AGB in (internationalen) Verträgen dargestellt und dann auf die Problematik der Einbeziehung von AGB in internationale Verträge unter Berücksichtigung des UN-Kaufrechts eingegangen. Hier wird insbesondere erörtert, welche Rechtsvorschriften für die Einbeziehung anzuwenden sind und welche Anforderungen danach für eine wirksame Einbeziehung erfüllt sein müssen. Letztlich wird dann noch das Spezialproblem der Einbeziehung von AGB im Rahmen von internationalen (Kauf-) Verträgen mit einem Vertragsschluß bzw. einer AGB-Stellung über das Internet erörtert.

A) Praktische Bedeutung von AGB bei internationalen (Kauf-) Verträgen

Im Rahmen der Globalisierung und der damit verbundenen Möglichkeit bzw. Notwendigkeit, sich als Teilnehmer am Geschäftsverkehr verstärkt mit ausländischen Vertragspartnern auseinanderzusetzen, wird die hohe praktische Relevanz von AGB besonders deutlich. Diese große Bedeutung resultiert aus dem Bestreben der jeweiligen Verwender von AGB, einen einheitlichen rechtlichen Rahmen für ihre Verträge zu schaffen, der den Erfordernissen des Wirtschaftslebens angepaßt ist. Dies gilt insbesondere für internationale Verträge, da hier die Vertragspartner durch die AGB zudem die Risiken vor Überraschungen mit einer fremden Rechtsmaterie und fremden Bräuchen reduzieren können. Es ist davon auszugehen, daß ein großer Teil des Geschäftslebens nicht mehr ohne AGB auskommt, wobei sich diese Situation zumindest in den Industriestaaten ähnlich gestaltet.[56]
Zusammenfassend kann man von einer Rationalisierungsfunktion[57] der AGB sprechen, die die Formularklauseln im (internationalen) Geschäftsverkehr nahezu unentbehrlich machen. Diese Einschätzungen spiegeln sich darin wider, daß z.B. bei Handelskäufen[58] und insbesondere bei Kaufverträgen über Massenware ganz überwiegend Allgemeine Geschäftsbedingungen verwendet werden.[59]
Im Anwendungsbereich der Wiener Kaufrechtskonvention kommt den AGB demnach eine große praktische Bedeutung zu. Daneben ist aber auch die

---

[56] *Otto*, AGB und IPR, Seite 1
[57] *Wolf/Horn/Lindacher/Wolf*, AGBG, Einleitung Rn.1
[58] *Ulmer/Brandner/Hensen/Ulmer*, AGBG, Einleitung Rn.5
[59] *Piltz*, UN-Kaufrecht, Rn.150

wirksame Einbeziehung der AGB in den Vertrag von entsprechend großer Relevanz, denn nur wenn die AGB wirksamer Vertragsbestandteil geworden sind, kommen sie zur Geltung. Von daher sind, sofern das UN-Kaufrecht anzuwenden ist, die Regelungen der Einbeziehung der AGB in internationale Kaufverträge nach der CISG von elementarer Bedeutung.

B) Einbeziehung von AGB in internationale (Kauf-) Verträge nach der CISG

I) Maßgeblichkeit der CISG für die Überprüfung einer wirksamen Einbeziehung der AGB

Sofern das UN-Kaufrecht seinem sachlichen und räumlichen Anwendungsbereich nach zutreffend ist, stellt sich hinsichtlich der Überprüfung, ob gestellte AGB wirksam in den internationalen (Kauf-) Vertrag einbezogen wurden, die Frage, welche Vorschriften hierfür maßgeblich sind. In Betracht kommen die Vertragsschlußregeln der CISG oder die jeweiligen nationalen Einbeziehungsvorschriften, welche nach dem IPR anzuwenden wären.

Ganz überwiegend wird davon ausgegangen, daß sich die Einbeziehung von AGB nach den Vertragsschlußregeln der Konvention richtet,[60] obwohl das UN-Kaufrecht keine ausdrücklichen Vorschriften, wie z.B. das deutsche Recht gemäß §§ 305, 305a BGB, diesbezüglich enthält.
Die Gegenansicht,[61] die eine Anwendung der jeweiligen nach dem IPR anzuwendenden nationalen Vorschriften favorisiert, stützt sich gerade darauf, daß es keine ausdrücklichen Regelungen im UN-Kaufrecht gibt.[62] Diese Auffassung kann nicht überzeugen, denn die Artt. 14 ff regeln den „äußeren Konsens“,[63] zu dem auch die Einbeziehung von AGB gehört, abschließend. Insoweit bestehen also durchaus Regelungen nach dem UN-Kaufrecht für die Einbeziehungsproblematik.
Die Folge daraus ist, daß nationale Einbeziehungsvorschriften, seien diese auch zwingender Natur, von den Artt.14 ff verdrängt werden und nicht zur Anwendung kommen.[64] Diese Konsequenz gilt hinsichtlich der Anforderungen, die für eine wirksame Einbeziehung zu stellen sind, uneingeschränkt. Jedoch

---

[60] Vgl. z.B. *Holthausen*, RIW 1989, 517; *Sieg*, RIW 1997, 813 f; *Koch*, NJW 2000, 910; *Achilles*, CISG, Art. 14 Rn. 6; *Staudinger / Schlosser*, AGBG, § 12 Rn. 6; *Soergel/Lüderitz/Fenge*, CISG, Art.4 Rn.6; *Frense*, Grenzen der Freizeichnung, Seite 88; LG *Oldenburg*, 28.02.1996 = CISG online Case 189.

[61] Jeweils ohne Begründung: LG *Duisburg*, 17.04.1996, Wib 1996, 1182; *Rb Zwolle*, 01.03.1995, Nederlands Internationaal Privaatrecht 1996, Nr.95.

[62] *Ebenroth*, öst. JBl 1986, 686

[63] *Rehbinder*, Vertragsschluß nach UN-Kaufrecht, Seite 149

[64] *Witz/Salger/Lorenz/Witz*, CISG, Vor Artt.14-24 Rn.10

können nationale Einbeziehungsvoraussetzungen dennoch Bedeutung gewinnen, wenn auch in einem anderen Rahmen. So ist es nämlich denkbar, daß formale Einbeziehungsvoraussetzungen der nationalen Regelungen als Gültigkeitsanforderungen im Zusammenhang mit der Inhaltskontrolle der wirksam einbezogenen AGB zu berücksichtigen sind, über Art.4 lit.a.[65] Dies ist dann aber keine Frage der Einbeziehung der AGB, sondern vielmehr eine solche der Gültigkeit von einbezogenen Standardbedingungen. Letztlich bleibt klarzustellen, daß von der hier erörterten Problematik der Einbeziehung von AGB deren Inhaltskontrolle zu differenzieren ist.

II) Anforderungen für eine wirksame Einbeziehung von AGB nach dem UN-Kaufrecht

Nachdem zuvor festgestellt wurde, daß die Regelungen der CISG für die Einbeziehung von AGB in internationale (Kauf-) Verträge maßgeblich sind, stellt sich nun die Frage, welche Anforderungen im einzelnen erfüllt sein müssen für eine korrekte Einbeziehung. Wie bereits dargestellt enthält die CISG zwar Regeln für den Vertragsschluß inklusive der AGB-Einbeziehung, gemäß Artt. 14 ff, doch fehlt es an ausdrücklich normierten Einbeziehungsvoraussetzungen, wie z.B. §§ 305, 305a BGB oder 1341 Abs.1, 1342 des italienischen Codice civile. Dieser Umstand läßt sich darauf zurückführen, daß die UNCITRAL-Arbeitsgruppe die für den Vertragsschluß Gesetz gewordenen Regelungen für ausreichend hielt und deswegen auf spezielle Einbeziehungsvorschriften verzichtete.[66]
Von daher sind die einzelnen Einbeziehungsanforderungen aus Art.8 zu entnehmen.[67] Zu einer anderen Lösung kommt man nur, wenn man schon das UN-Kaufrecht für die Einbeziehung von AGB für nicht anwendbar hält,[68] wobei diese Auffassung nicht überzeugt (vgl. oben).

Die AGB werden dann Teil des Vertrages, wenn sie als Bestandteil des Angebots gestellt werden, welches dann durch den Vertragspartner angenommen wird.[69] Es ist daher durch Auslegung nach Art.8 insbesondere zu ermitteln, ob die verwendeten AGB Bestandteil des Angebots wurden.[70]

---

[65] Vgl. *Witz/Salger/Lorenz/Witz*, CISG, Vor Artt. 14 - 24 Rn. 11, mit Beispielen aus verschiedenen Rechtsordnungen.

[66] Ein Vorschlag für eine spezielle Regelung zur Einbeziehung von AGB („Art.10a") wurde in der Arbeitsgruppe in der 9.Sitzung abgelehnt, vgl. *UNCITRAL Yearbook 1978*, Seite 81 Nr. 278, im Internet abrufbar unter: *www.uncitral.org/en-index.htm*.

[67] Dies entspricht der h.M., vgl. stellvertretend *Staudinger/Magnus*, CISG, Art.14 Rn.41.

[68] Vgl. *Ebenroth*, öst. JBl 1986, 686.

[69] OGH, 06.02.1996 = CISG online Case 224

[70] *Staudinger/Magnus*, CISG, Art.14 Rn.41

1) AGB als Bestandteil des Angebots i.S.d. Artt.8 II, 14 I

a) Allgemeine Anforderungen

Nach Art.8 wiederum gibt es verschiedene Möglichkeiten, wie die Standardklauseln Bestandteil der Offerte werden können. Einerseits können die AGB Teil des Angebots und mit dessen Annahme in den Vertrag einbezogen werden, wenn der verständige Durchschnittsempfänger („vernünftige Person der gleichen Art wie die andere Partei", gemäß Art.8 II) das Angebot in dem Sinne verstehen würde, daß zu der Offerte eben auch die AGB gehören.
Dies setzt wiederum voraus, daß der Empfänger von den AGB in zumutbarer Weise Kenntnis nehmen kann.[71] Daher ist die tatsächliche Möglichkeit der Kenntnisnahme durch den Empfänger zu fordern.[72] Diesem Erfordernis ist aber nicht genüge getan, wenn der Verwender die AGB dem Vertragspartner lediglich gezeigt hat oder nur darauf hinwies. Vielmehr müssen die AGB dem Empfänger ausgehändigt werden.[73] Diese Forderung ist insbesondere im internationalen Geschäftsverkehr insofern richtig, als in diesem Bereich oft sehr umfängliche und komplexe Verträge und AGB notwendig sind, deren Analyse durch die jeweiligen Parteien nur dann gewährleistet ist, wenn sie die gestellten AGB ausgehändigt und nicht nur zur (kurzen) Einsicht bekommen. Weiterhin läßt sich diese Forderung darauf stützen, daß es zwar möglich sein mag für den Vertragspartner, sich die AGB durch Nachfrage und Erkundigungen zu besorgen, es hierdurch aber zu Verzögerungen beim Geschäftsabschluß kommen könnte. Dem Verwender der Standardbedingungen dagegen ist es ohne Probleme möglich, die AGB seiner Erklärung beizufügen. Von daher widerspräche es der allgemeinen Kooperations- und Informationspflicht der Parteien, sowie dem Grundsatz des Guten Glaubens im internationalen Handel (gemäß Art.7), wenn dem Vertragspartner eine Erkundigungsobliegenheit auferlegt werden würde.[74] Diese Übersendungs- bzw. Übergabeobliegenheit des AGB-Verwenders dient der Rechtssicherheit und Rechtsklarheit. Sie gewährleistet auch einen ausreichenden Schutz des Verwendungsgegners vor schwer überschaubaren Beeinträchtigungen seiner Rechtsposition infolge unbekannter AGB. Notwendig, aber auch ausreichend, ist es demnach z.B., wenn der Verwender in seinem Erklärungsformular auf seine AGB hinweist und

---

[71] *Reithmann/Martiny*, Internationales Vertragsrecht Rn.651; BGH, 31.10.2001, NJW 2002, 371

[72] *Schlechtriem/Schlechtriem*, CISG, Art.14 Rn.16

[73] *Magnus*, ZEuP 1997, 837; OGH, 06.02.1996, ZfRV 1996, 252 = CISG online Case 224; OLG *Düsseldorf*, 15.02.2001, NJW-RR 2001, 1562 f (Vorinstanz zu BGH, 31.10.2001); BGH, 31.10.2001, NJW 2002, 371 m.w.N.; a.A. *Schmidt-Kessel*, NJW 2002, 3445 m.w.N., der zu Unrecht davon ausgeht, daß eine Übersendungsobliegenheit „die Anforderungen an die Einbeziehung von AGB in internationale Warenkaufverträge überspannt".

[74] So ausdrücklich BGH, 31.10.2001, NJW 2002, 372; kritisch zu den Argumenten des BGH *Pötter/Hübner*, EWiR 2002, 340.

diese entsprechend seinem Hinweis beispielsweise auf der Rückseite abdruckt.[75] Im Regelfall dürfte es auch ausreichend sein, wenn der Verwender seine AGB ohne entsprechenden Hinweis derart mit dem Angebot verknüpft, daß diese dem Empfänger direkt auffallen und i.S.d. Art.8 II davon auszugehen ist, daß dieser sie als Teil des Angebots verstehen wird.[76] Dies wird insbesondere der Fall sein, wenn die Standardklauseln auf der Vorderseite des Angebots abgedruckt sind. Allerdings kann man in Einzelfällen auch zu anderen Ergebnissen kommen, z.B. wenn Gepflogenheiten oder sonstige Umstände i.S.d. Art.8 III ergeben, daß der Empfänger mangels Hinweis eben nicht von den AGB als Teil des Angebots ausgehen mußte.[77]

Neben der direkten Aushändigung der AGB mit der Offerte besteht auch die Möglichkeit, die Standardklauseln in einem gesonderten Katalog zu stellen. Hier ist dann in jedem Fall ein deutlicher Hinweis auf die in dem Katalog gestellten AGB notwendig.[78] Daneben muß dieser Katalog dem Empfänger auch ausgehändigt werden (vgl. oben). Fraglich kann lediglich sein, zu welchem Zeitpunkt diese nicht unmittelbar mit der Angebotserklärung verknüpften AGB dem Empfänger übermittelt werden müssen.
Witz fordert, daß der Klauselkatalog der mit dem Hinweis versehenen Erklärung beigefügt ist.[79] Dies kann jedoch nicht überzeugen. Es ist z.B. der Fall denkbar, daß eine Partei ein Angebot eröffnet, welches mit einem Hinweis auf einen AGB-Katalog versehen ist, aber der Klauselkatalog noch nicht beigefügt ist. Dies würde nach obiger Ansicht grds. dazu führen, daß ein darauf basierender Vertrag ohne Einbeziehung der AGB zustande kommt. Eine solche Annahme wäre aber nur für den Fall richtig, daß die Gegenpartei das Angebot annimmt, ohne noch vor Vertragsschluß die Klauseln ausgehändigt bekommen zu haben. Stellt sich der Sachverhalt aber so dar, daß kurze Zeit nach der Angebotserklärung und noch vor Vertragsannahme dem Angebotsempfänger der Klauselkatalog zugeht, so sind keine Gründe ersichtlich, warum diese nicht mehr in den Vertrag einbezogen werden können. Der Empfänger hat dann nämlich die Möglichkeit, diese zu überprüfen und zu entscheiden, ob er den Vertrag schließen möchte oder nicht. Zudem kommt der Umstand, daß er aufgrund des Hinweises in der Angebotserklärung durchaus damit rechnen konnte, daß ihm die AGB noch übermittelt werden.
Von daher ist zu fordern, daß der gesonderte Klauselkatalog dem Empfänger zwar zugeleitet werden muß, um Bestandteil des Angebots zu werden, dies aber auch zeitlich nach der eigentlichen Angebotserklärung bis zum Vertragsschluß

---

[75] *Magnus*, ZEuP 1997, 837; *Cour d'Appel de Paris*, 13.12.1995, TranspR - IHR 1999, 7 = CISG online Case 312
[76] In diesem Sinne *Rudolph*, CISG, Art.14 Rn.7.
[77] *Rudolph*, aaO
[78] *Cour d'Appel de Paris*, 13.12.1995, TranspR-IHR 1999, 7 = CISG online Case 312
[79] *Witz/Salger/Lorenz/Witz*, CISG, Vor Artt.14-24 Rn.12

erfolgen kann.[80] Dabei ist es gleichgültig, ob die Zuleitung der AGB durch persönliche Übergabe, Telefax, Briefpost oder e-mail erfolgt.[81]

b) Besondere Anforderungen hinsichtlich der zu verwendenden Sprache

Nach den bereits festgestellten Voraussetzungen, welche nötig sind, um AGB i.S.d. Art.8 II als Teil des Angebots ansehen zu können, bedarf es noch der Klärung der Frage, in welcher Sprache der Hinweis auf die AGB bzw. diese selbst verfaßt sein müssen.

Generell müssen die AGB so gestaltet sein, daß der Empfänger sie in zumutbarer Weise zur Kenntnis nehmen kann.[82] Dies erfordert, daß die AGB grundsätzlich in der Verhandlungssprache der Parteien verfaßt sein müssen.[83]

---

[80] So auch *Piltz*, UN-Kaufrecht, Rn.152.

[81] *Piltz*, aaO

[82] *Staudinger/Magnus*, CISG, Art.14 Rn.41

[83] OLG *Stuttgart*, 16.06.1987, IPRax 1988, 293 f; AG *Kehl*, 06.10.1995, NJW-RR 1996, 565; vgl. aber *Kallenborn*, Das Sprachenproblem, Seite 122 f (Mikrofiche Ausgabe), der es für die wirksame Einbeziehung von AGB in einen Vertrag nicht unbedingt ausreichen lassen will, wenn diese in der Verhandlungs- bzw. Vertragssprache verfaßt sind. Vielmehr sei die zu verwendende Sprache auch an den erkennbar gewordenen Schwierigkeiten mit dem Sprachverständnis seitens des ausländischen Empfängers auszurichten, so daß eine „sprachliche Transparenz" entsteht. Fehlt es daran, so soll der Verwender die aus Verständnisschwierigkeiten entstehenden Nachteile, insbesondere die Kenntnislast hinsichtlich des Vertragsinhaltes, tragen. Dies kann dann beispielsweise zu einer Versagung der vertraglichen Bindung des ausländischen Vertragspartners an die einzelnen AGB führen. Die Begründung soll darin liegen, daß wenn man nur auf die Verhandlungs - bzw. Vertragssprache abstellt, die ohnehin bereits bestehende große Machtbefugnis des Verwenders zur vertraglichen Inhaltsgestaltung noch verstärkt und die Rechte des Vertragspartners weit eingeschränkt werden. Allerdings sind diese Überlegungen auf Fälle bezogen, in denen der AGB - Empfänger ein Verbraucher ist. Der letztlich hinter dieser Ansicht stehende Gedanke ist folglich ein effektiver Verbraucherschutz. Für den hier betrachteten Anwendungsbereich der CISG ist aber festzuhalten, daß es aufgrund der Regelung des Art. 2 lit. a hauptsächlich um Vertragsschlüsse zwischen geschäftlich handelnden Vertragspartnern kommt. Insoweit sind Überlegungen zum Verbraucherschutz nicht einschlägig und die obigen Gedanken von *Kallenborn* nicht übertragbar. Für die verbleibende Möglichkeit gemäß Art.2 lit.a HS 2, daß doch einmal ein Verbraucherkauf in den Anwendungsbereich der CISG fällt, ist festzuhalten, daß dann die Regelungen und Maßstäbe des UN - Kaufrechts anzuwenden sind, eben unter Einschränkung des Verbraucherschutzes. Davon ist zumindest dann auszugehen, wenn es nicht um Verbraucherschutzregelungen geht, die die Gültigkeit des Vertrages oder einzelner Bestimmungen betrifft i.S.d. Art.4 lit.a, vgl. *Teklote*, Die einheitlichen Kaufgesetze und das deutsche AGB - Gesetz, Seite 50. Vorliegend handelt es sich nicht um eine Gültigkeitsproblematik, sondern um die von der CISG umfaßte Thematik der AGB-Einbeziehung im Rahmen des Vertragsschlusses (vgl. oben). Insoweit ist es konsequent die Überlegungen *Kallenborns* auch nicht auf diese Fälle zu übertragen. Festzuhalten bleibt letztlich, daß für den Anwendungsbereich der CISG grds. die Verhandlungssprache für eine

Das ist die Sprache, derer sich die Vertragspartner bei den Verhandlungen übereinstimmend tatsächlich bedient haben.[84] Wurde in mehreren Sprachen verhandelt, so ist jede dieser Sprachen Verhandlungssprache.[85] Allerdings ist die verwendete Sprache auch dann nicht zu beanstanden, wenn sie zwar nicht die Verhandlungssprache ist, der Geschäftspartner diese Sprache aber ebenfalls versteht.[86] Dies ist insbesondere der Fall, wenn die von den Parteien gewählte Verhandlungssprache weder die Muttersprache der einen noch der anderen Partei ist, der Verwender der AGB diese aber in der Muttersprache des Empfängers verfaßt. Hier wäre es treuwidrig auf die Verhandlungssprache abzustellen.

Teilweise wird auch die Auffassung vertreten, daß wenn der Hinweis bzw. die AGB in einer Weltsprache wie z.B. Englisch oder Französisch abgefaßt sind, ein Abweichen von der Verhandlungssprache unschädlich ist.[87] Begründet wird dies damit, daß im internationalen Geschäftsverkehr, im Falle der Verwendung einer Weltsprache, damit gerechnet werden kann, daß der Hinweis bzw. die AGB verstanden werden.[88] Hennemann führt als Begründung zudem an, daß der Vertragspartner zumindest in der Lage sei, sich eine Übersetzung zu besorgen.[89] Dieser Ansicht stehen jedoch erhebliche Bedenken entgegen.
Erstens ist es problematisch festzulegen, welches die in diesem Sinne zu verstehenden Weltsprachen sind. Bei *Ulmer/Brandner/Hensen/Schmidt* wird Englisch und Französisch erwähnt.[90] Betrachtet man diese Auswahl im Lichte des UN-Kaufrechts, so erscheint sie zu gering, denn die Wiener Konvention existiert in den amtlichen Fassungen in Arabisch, Englisch, Französisch, Spanisch, Chinesisch und Russisch.[91] Dies kann als Indiz für die vorherrschenden Sprachen angesehen werden, so daß bei der Bestimmung der Weltsprachen auch all jene Sprachen einbezogen werden müßten. Geht man nun von obiger These aus, daß bei der Abfassung von AGB in einer „Weltsprache" mit deren Kenntnisnahme zu rechnen ist, so wird deutlich wie unrealistisch

---

wirksame AGB-Einbeziehung maßgebend ist, ohne spezielle Rücksicht auf die zutage getretenen Sprachverständnisschwierigkeiten des AGB-Empfängers. In diesem international geschäftlichen Bereich kann eben davon ausgegangen werden, daß AGB verstanden werden, die in der zuvor von den Parteien gewählten und praktizierten Verhandlungssprache verfaßt sind.

[84] *Schwarz*, IPRax 1988, 280

[85] *Witz/Salger/Lorenz/Witz*, CISG, Vor Artt.14-24 Rn.13

[86] *Schwarz*, IPRax 1988, 280

[87] *Ulmer/Brandner/Hensen/Schmidt*, AGBG, Anhang § 2 Rn. 15/16; *Reinhart*, AWD/RIW 1977, 20; *Soergel/Lüderitz/Fenge*, CISG, Art.14 Rn.10; *Hennemann*, AGB - Kontrolle, Seite 76; i.d.S. auch *Gaus*, WiB 1997, 182.

[88] *Ulmer/Brandner/Hensen/Schmidt*, AGBG, Anhang § 2 Rn.16; vgl. *Hennemann*, AGB - Kontrolle, Seite 76, z.B. im Falle der Verwendung der englischen Sprache.

[89] *Hennemann*, AGB-Kontrolle, Seite 76

[90] *Ulmer/Brandner/Hensen/Schmidt*, AGBG, Anhang § 2 Rn.15

[91] Vgl. *Schlechtriem/Ferrari*, CISG, Art.7 Rn.31.

diese Annahme ist. Es ist kaum davon auszugehen, daß im Allgemeinen Arabisch oder Chinesisch verstanden wird.
Ein weiterer Kritikpunkt ist, daß, selbst wenn man von AGB z.B. in englischer Sprache ausgeht, die AGB nicht ohne weiteres überall in der Welt zur Kenntnis genommen werden können. Von dieser Annahme geht offensichtlich auch *Hennemann* aus, denn sonst hätte er nicht die Alternative, daß der Empfänger der AGB zumindest in der Lage sei sich eine Übersetzung zu besorgen, in seine Begründung aufgenommen. Zwar dürfte das Verständnisproblem je nach Gebiet in dem die AGB verwendet werden stärker oder schwächer ausgeprägt sein, doch ist festzuhalten, daß das UN-Kaufrecht eben eine weltumspannende Konvention ist. Demnach kann gleich bei welcher Sprache nicht ohne weiteres angenommen werden, daß sie der Vertragspartner verstehen wird. Hielte man dennoch an der oben dargestellten Auffassung fest, so hätte dies zur Folge, daß sich der Empfänger gegebenenfalls eine Übersetzung besorgen muß, um die Standardbedingungen überprüfen zu können. Dies würde ihm aber einen erheblichen Mehraufwand auferlegen, der aufgrund der Kenntnisverschaffungspflicht seitens des Verwenders für eine wirksame Einbeziehung der AGB nicht zumutbar wäre. Eine entsprechende Verschiebung der Obliegenheitspflichten zu Lasten des Empfängers im Rahmen der AGB-Einbeziehung läßt sich insofern nicht rechtfertigen.
Der Vorteil der dargestellten Auffassung liegt unbestritten in einer Vereinfachung der Handhabung im Rahmen der AGB-Stellung für den Verwender, da dieser dann stets auf die beispielsweise in englisch verfaßten AGB zurückgreifen kann, ohne Rücksicht auf die Verhandlungssprache und die Herkunft des Vertragspartners. Allerdings vermag dieser Vorteil für den Verwender nicht die dargelegten entstehenden Probleme und Nachteile für den Empfänger zu rechtfertigen. Will der Verwender dennoch grds. auf AGB in einer bestimmten von der Verhandlungssprache abweichenden Sprache zurückgreifen, so bleibt ihm die Möglichkeit, sich mit dem Vertragspartner dahingehend zu einigen, daß die AGB eben in dieser Sprache gehalten sind und dennoch für sein Angebot bzw. den Vertrag maßgeblich sein sollen. Stimmt der Empfänger dem zu, so kann er dem Verwender der AGB die abweichende Sprache nicht mehr entgegen halten. Lehnt er eine entsprechende Vereinbarung ab, so kommt es zu keinem Vertragsschluß, welcher die AGB beinhaltet, und der Verwender hat nun die Möglichkeit, von dem Geschäft Abstand zu nehmen oder die AGB entsprechend abzuändern. Ein solches Vorgehen hat auch den Vorteil der Rechtsklarheit.
Im Übrigen besteht keine Notwendigkeit dafür, daß von der Verhandlungssprache als der maßgeblichen Sprache für die Verfassung der AGB abgewichen werden kann. Haben zwei Parteien in einer bestimmten von ihnen gewählten Sprache verhandelt, so kann davon ausgegangen werden, daß die Vertragspartner diese Sprache auch verstehen. Demzufolge erscheint es sinnvoll, daß dann auch die AGB in dieser Sprache gehalten sein müssen. Von daher ist die oben beschriebene Meinung abzulehnen.

Festzuhalten bleibt, daß hinsichtlich der zu verwendenden Sprache für den Hinweis auf die AGB bzw. für diese selbst mangels einer anders lautenden Vereinbarung nur die Verhandlungssprache oder eine sonstige Sprache die der Empfänger versteht, insbesondere dessen Muttersprache, ausreicht, um die Standardklauseln in der zur Kenntnisnahme zumutbaren Weise i.S.d.Art.8 II zu stellen.

c) Vergleich mit nationalen Besonderheiten im kaufmännischen Geschäftsverkehr

Im Zusammenhang mit der Problematik der Einbeziehung von AGB in einen Vertrag spielen die von der Rechtsprechung entwickelten Grundsätze für den kaufmännischen Geschäftsverkehr zumindest auf nationaler Ebene eine große Rolle. Hiernach genügt es beispielsweise in nationalen, deutschen Sachverhalten des kaufmännischen Geschäftsverkehrs, wenn letztlich auf die AGB hingewiesen wird, diese der anderen Partei aber nicht zugeleitet werden,[92] wobei aber dem Empfänger auf Verlangen auch die Möglichkeit der Einsichtnahme gegeben werden muß.[93]
Im Vergleich hierzu sind die Anforderungen des UN-Kaufrechts demnach schärfer. Der Grund dafür ist der internationale Bezug, in dem die AGB verwendet werden sollen,[94] denn bei internationalen Geschäften haben die AGB oft unerwartete und unbekannte Inhalte. Es ist somit im internationalen Geschäftsverkehr regelmäßig[95] nicht davon auszugehen, daß es dem Empfänger zuzumuten ist, sich selbständig Kenntnis über die AGB des Verwenders zu verschaffen.[96] Vielmehr ist von einer Kenntnisverschaffungspflicht des Verwenders auszugehen, wenn die AGB Teil des Angebots werden sollen, um letztlich Vertragsbestandteil zu werden.

---

[92] BGH, 30.06.1976, NJW 1976, 1886 f; ähnlich ist die Rechtslage in Dänemark, den Niederlanden, Österreich und der Schweiz, wo ein bloßer Hinweis auf die AGB für die Einbeziehung ausreichend ist, sowie in Frankreich, Griechenland und Italien, wo zur Einbeziehung mittels bloßem Hinweis auf die Bedeutung der Klausel abgestellt wird, vgl. *Pötter/Hübner*, EWiR 2002, 340 m.w.N.

[93] *Palandt/Heinrichs*, BGB, AGBG § 2 Rn.26

[94] *Piltz*, UN-Kaufrecht, Rn.154

[95] Das belgische *Tribunal Commercial de Nivelles*, 19.09.1995 = CISG online Case 366, entschied in einem Fall, in dem der Verkäufer im Vorfeld des Vertragsschlusses mehrfach auf Standardbedingungen des Verbandes der Schweizerischen Maschinenhersteller Bezug nahm, daß diese auch ohne entsprechende Übermittlung zu beachten seien.
Hierbei handelt es sich jedoch um einen Einzelfall, der an dem grundsätzlichen Erfordernis der Übermittlung der AGB für die Einstufung dieser als Teil der Offerte i.S.d. Artt.8 II, 14 I nichts ändert.

[96] Vgl. in diesem Sinne BGH, 31.10.2001, NJW 2002, 372.

d) Sonderproblem: Schweigen auf ein kaufmännisches Bestätigungsschreiben

Die Grundsätze zum kaufmännischen Bestätigungsschreiben betreffen zwar nicht eine spezifische AGB-rechtliche Thematik, sondern allgemein die der Vertragsmodifikation bzw. des Vertragsschlusses, doch können sie auch für die Einbeziehung von Standardbedingungen eine Rolle spielen. Da im Anwendungsbereich des UN-Kaufrechts, abgesehen von Einzelfällen, infolge des Art.2 lit.a vornehmlich Kaufleute agieren, soll auch zur Bedeutung einer AGB-Einbeziehung durch kaufmännisches Bestätigungsschreiben unter Geltung der CISG Stellung genommen werden. Nach gefestigter deutscher Rechtsprechung kann ein Bestätigungsschreiben, welches nach Vertragsverhandlungen den Inhalt eines nach Auffassung des Absenders bereits mündlich geschlossenen Vertrages verbindlich festlegen soll, vertragskonstitutive (oder -modifizierende) Wirkung haben, sofern es sich um Kaufleute handelt und der Empfänger dem Schreiben nicht unverzüglich widerspricht.[97] Etwas anderes gilt nur, wenn der Bestätigende das Ergebnis der Vertragsverhandlungen bewußt unrichtig wiedergegeben hat oder das Verhandlungsergebnis wesentlich von dem Inhalt des Bestätigungsschreibens abweicht. Allgemeine Geschäftsbedingungen können dabei durch einen entsprechenden Hinweis in dem Bestätigungsschreiben dann auch einbezogen werden. Für den Geltungsbereich der Wiener Konvention stellt sich nun die Frage, ob es auch zur Anwendung von Grundsätzen kommt, die denjenigen nach deutschem Recht zum Schweigen auf ein kaufmännisches Bestätigungsschreiben entsprechen.

aa) Anwendbares Recht

Ein möglicher Weg, um zur Geltung dieser Grundsätze im UN-Kaufrecht zu gelangen, wäre, daß insoweit unvereinheitlichtes nationales Recht zur Anwendung kommt. Dann könnte nämlich das Schweigen auf ein kaufmännisches Bestätigungsschreiben über das durch das IPR berufene Recht Bedeutung erlangen. Aber selbst wenn man von der Anwendung unvereinheitlichten Rechts ausgehen würde, kämen die nach deutschem Recht bekannten Grundsätze zum Schweigen auf ein kaufmännisches Bestätigungsschreiben eher selten zur Anwendung. Dies liegt daran, daß solche Grundsätze in vielen Staaten nicht anerkannt sind.[98] Unabhängig davon ist aber

---

[97] Vgl. statt aller *Palandt/Heinrichs*, BGB, § 148 Rn.8 ff; BGH, 26.09.1973, BGHZ 61, 285.

[98] Vgl. die Hinweise bei *Herber/Czerwenka*, CISG, Vor Art.14 Rn.18: keine Anwendung der Grundsätze zum Schweigen auf ein kaufmännisches Bestätigungsschreiben in Österreich, Italien und im anglo - amerikanischen Raum (insbesondere den USA); dagegen Anwendung der Grundsätze in Deutschland und der Schweiz; in Frankreich teilweise Anwendung entsprechender Grundsätze, vgl. *Hennemann*, AGB-Kontrolle, Seite 55 f.

nicht von der Anwendung unvereinheitlichten Rechts auszugehen.[99] Anders sieht das *Huber*, der davon ausgeht, daß das Einheitsrecht nur den Fall eines Vertragsschlusses regelt, in dem zwei zeitlich aufeinander folgende Erklärungen (Angebot und Annahme) erfolgen, nicht aber den Vertragsschluß über Schweigen auf ein kaufmännisches Bestätigungsschreiben.[100] Dem kann aber nicht zugestimmt werden, da die den Vertragsschluß betreffenden Regeln der Konvention den gesamten „äußeren Konsens" erfassen,[101] also auch die Problematik des Schweigens auf ein kaufmännisches Bestätigungsschreiben. Es liegt auch keine bewußte Regelungslücke vor, die über das unvereinheitlichte nationale Recht zu schließen wäre. Dies ergibt sich daraus, daß der Versuch, ein dem deutschen kaufmännischen Bestätigungsschreiben entsprechenden Grundsatz in das UN-Kaufrecht einzuführen, abgelehnt wurde.[102] Hieraus wird nämlich ersichtlich, daß zwar eine dem deutschen Recht entsprechende Lösung im UN-Kaufrecht nicht greift, die Problematik des Schweigens auf ein kaufmännisches Bestätigungsschreiben an sich aber sehr wohl vom Einheitsrecht mitgeregelt ist.

Man könnte generell auch dann zur Anwendung unvereinheitlichten Rechts kommen, wenn in einem Bestätigungsschreiben grundsätzlich eine entsprechende Teilverweisung zu sehen wäre. Eine solche Annahme ist jedoch abzulehnen.[103] Es würde m.E. nach zu weit gehen, in einem Bestätigungsschreiben einen deutlich hervortretenden, wirklichen Willen dahingehend zu erkennen, daß für die in Rede stehende Thematik autonomes Recht unter Ausschluß der CISG gewählt sein soll.[104]

Nach alledem kann festgehalten werden, daß die Vertragsschlußregeln der Konvention auf die Problematik des Schweigens auf ein kaufmännisches Bestätigungsschreiben anzuwenden sind und nicht die Regelungen eines unvereinheitlichten Rechts. Insoweit können die aus dem deutschen (oder sonstigen) Recht bekannten Grundsätze im Anwendungsbereich des UN-Kaufrechts nicht zur Geltung kommen. Dieses Ergebnis ist im Hinblick auf die Rechtsvereinheitlichung begrüßenswert.

---

[99] So auch *Schlechtriem/Schlechtriem*, CISG, Vor Artt.14-24 Rn.4; *Herber/Czerwenka*, CISG, Vor Art.14 Rn.18; *Teklote*, Die einheitlichen Kaufgesetze und das deutsche AGB-Gesetz, Seite 121 ff; *Wolf/Horn/Lindacher/Lindacher*, AGBG, Anhang § 2 Rn. 78; *Staudinger/Magnus*, CISG, Art.19 Rn.26.

[100] *Huber*, RabelsZ 43 (1979), 449 f

[101] I.d.S. *Schlechtriem/Schlechtriem*, CISG, Vor Artt.14-24 Rn.3 f; *ders.*, IPRax 1990, 280; *Wang*, ZVglRWiss 87 (1988), 191.

[102] Vgl. *Bianca/Bonell/Farnsworth*, CISG, Art. 19 Anm. 1.7.; UNCITRAL Yearbook IX (1978), 77 f, im Internet unter *www.uncitral.org/en-index.htm* abrufbar.

[103] *Teklote*, Die einheitlichen Kaufgesetze und das deutsche AGB - Gesetz, Seite 121; *Hennemann*, AGB-Kontrolle, Seite 77

[104] Zu den Voraussetzungen einer Rechts(ab)wahl vgl. unten in Kapitel 4.

bb) Handhabung im UN-Kaufrecht

Nachdem festgestellt wurde, daß die Regeln der CISG auf die Problematik des Schweigens auf ein kaufmännisches Bestätigungsschreiben anzuwenden sind, verbleibt zu untersuchen, wie das UN-Kaufrecht mit diesem Thema umgeht. Eine spezielle Regelung enthält die Konvention nicht. Ausgangspunkt ist daher Art.18 I 2, wonach „Schweigen alleine keine Annahme" darstellt. Dem Grundsatz nach kommt dem Schweigen auf das Bestätigungsschreiben also keine Bedeutung zu.[105] Hieran kann sich nur etwas ändern, wenn ausnahmsweise etwas anderes gilt. Eine solche Ausnahme ist denkbar, wenn die Parteien i.S.d. Artt.8 i.V.m. 6 vereinbart haben, daß die zuvor dargestellten Grundsätze zum Kaufmännischen Bestätigungsschreiben gelten sollen, deren Anwendung ihren Gebräuchen entspricht i.S.d. Art.9 I oder wenn sie sich auf einen Brauch , der den Voraussetzungen des Art.9 II genügt, bezogen haben. Sofern die Parteien eine Einigung getroffen haben, wonach dem Schweigen auf ein kaufmännisches Bestätigungsschreiben Erklärungsgehalt zukommen soll, wird der Grundsatz gemäß Art.18 I 2 verdrängt. Dies folgt letztlich aus dem, dem Art.6 zugrunde liegenden Grundsatz der Parteiautonomie.[106] Diese Vereinbarung kann ausdrücklich oder nach Heranziehung der Auslegungsregeln des Art.8 auch stillschweigend erfolgen. Fehlt es jedoch an einer solchen konkreten Vereinbarung, so ist zu berücksichtigen, ob zwischen den Parteien eine entsprechende Gepflogenheit besteht bzw. Gebräuche,[107] nämlich die Anwendung der Grundsätze zum kaufmännischen Bestätigungsschreiben, vereinbart wurden. Notwendig hierfür ist nach Art. 9 I eine Einigung der Parteien[108] hinsichtlich der in Rede stehenden Grundsätze, welche dann zur Folge hat, daß die Regeln der CISG im Rahmen des vereinbarten Brauches nachrangig sind.[109] In der Vertragspraxis dürfte es jedoch relativ selten zu stillschweigenden oder ausdrücklichen Vereinbarungen der beschriebenen Arten kommen. Oft werden sich die Vertragsparteien im Rahmen ihrer vertraglichen Beziehung zunächst keine Gedanken darüber machen, ob die

---

[105] *Staudinger/Magnus*, CISG, Art.19 Rn.26; aus der Rechtsprechung i.d.S. Handelsgericht *Zürich*, 10.07.1996, SZIER 1997, 131.

[106] Vgl. zum Grundsatz der Parteiautonomie u.a. *Staudinger/Magnus*, CISG, Art. 6 Rn.1; *Soergel/Lüderitz/Fenge*, CISG, Art.6 Rn.1.

[107] Soweit vertreten wird, daß die Grundsätze zum Schweigen auf ein kaufmännisches Bestätigungsschreiben keinen Brauch (sondern Gewohnheitsrecht) darstellen und aufgrunddessen Bedenken gegenüber deren Berücksichtigung als Brauch geäußert werden, vgl. *Huber*, RabelsZ 43 (1979), 448; *Bonell*, öst. JBl 1985, 390, ist dem zu widersprechen. Dies ergibt sich schon daraus, daß für die Annahme von Gewohnheitsrecht zunächst ein Brauch notwendig ist. Im Ergebnis ebenso *Herber/Czerwenka*, CISG, Art.9 Rn.12 m.w.N.

[108] *Herber / Czerwenka*, CISG, Art. 9 Rn. 6; *Staudinger / Magnus*, CISG, Art. 9 Rn. 9; *Holl/Keßler*, RIW 1995, 458

[109] *Bianca/Bonell/Bonell*, CISG Art.6 Anm.1.3.1.; *Enderlein/Maskow/Strohbach*, CISG, Art. 6 Anm.1.2.; *Herber/Czerwenka*, CISG, Art.9 Rn.2

Grundsätze zum Schweigen auf ein kaufmännisches Bestätigungsschreiben für ihr Geschäft gelten sollen oder nicht. Die dargestellten Möglichkeiten, dem Schweigen auf ein Bestätigungsschreiben auch im Anwendungsbereich des UN-Kaufrechts rechtsgeschäftliche Bedeutung zukommen zu lassen und somit eventuell auch AGB in den Vertrag einzubeziehen, sind daher von eher geringer praktischer Bedeutung.

Fehlt es an den zuvor beschriebenen Vereinbarungen, so kann es noch unter den Voraussetzungen des Art.9 II zur Geltung der Grundsätze zum Schweigen auf ein kaufmännisches Bestätigungsschreiben kommen. Hiernach wird vermutet, daß die Parteien in Ermangelung einer anders lautenden Vereinbarung auf solche Gebräuche Bezug nahmen, die sie kannten oder kennen mußten und die international in dem betroffenen Geschäftszweig üblich sind und regelmäßig beachtet werden (vgl. Art.9 II). Nach Art.9 II gelten also strengere Anforderungen als nach Art.9 I. Während für Art.9 I nur eine parteiliche Einigung notwendig ist, bedarf es für Art.9 II der internationalen Üblichkeit des Brauchs und dessen Kenntnis bzw. Kennenmüssen durch die Parteien. Für die Grundsätze zum Schweigen auf ein kaufmännisches Bestätigungsschreiben bedeutet dies zunächst, daß sie international üblich sein müßten. Hiervon kann aber in Anbetracht der begrenzten Zahl von Staaten, die diese Grundsätze voll anwenden,[110] gerade nicht ausgegangen werden. Die strikte Anwendung des Art.9 II würde demnach dazu führen, daß selbst wenn beide Parteien die entsprechenden Grundsätze kennen, eine Vermutung auf eine stillschweigende Bezugnahme auf die Grundsätze zum Schweigen auf ein kaufmännisches Bestätigungsschreiben ausgeschlossen wäre. Daher wird teilweise davon ausgegangen, daß es ausreichend ist, wenn die besagten Grundsätze im internationalen Handel zwischen den Niederlassungsstaaten der Parteien in deren jeweiligem Geschäftszweig bekannt sind und beachtet werden.[111] Andernfalls würde es für die Vertragsparteien zu Überraschungen kommen.[112] Diese Argumentation ist überzeugend. Die Parteien sind nämlich nur insoweit vor Bräuchen schutzwürdig, als sie fremd für diese sind. Hiervon kann aber nicht ausgegangen werden, wenn dem Schweigen auf ein Bestätigungsschreiben nach den jeweiligen heimischen Rechtsgrundsätzen in der betreffenden Branche ein Erklärungsgehalt zukommt. Aufgrund der Tatsache, daß es sich im Anwendungsbereich des UN-Kaufrechts grundsätzlich um Kaufleute handelt, kann von diesen auch erwartet werden, daß sie die nach heimischen Recht geltenden Grundsätze kennen. In Ermangelung einer anderen Vereinbarung können die Grundsätze zum Schweigen auf ein kaufmännisches Bestätigungsschreiben über Art.9 II also zur Geltung kommen, wenn sie sowohl am Sitz der bestätigenden Partei, als auch am Sitz der schweigenden Partei

---

[110] Vgl. Fn.98.

[111] *Herber/Czerwenka*, CISG, Art.9 Rn.12; *Teklote*, Die einheitlichen Kaufgesetze und das deutsche AGB-Gesetz, Seite 135 m.w.N.

[112] *Herber/Czerwenka*, CISG, Art.9 Rn.12

- jedenfalls im jeweiligen Handelszweig - angewendet werden.[113] Sofern dem Schweigen in den verschiedenen Staaten in unterschiedlicher Stärke Bedeutung beigemessen wird, ist es m.E. richtig, die Grundsätze nur soweit anzuwenden, wie sie in dem zurückhaltenderen Staat zur Geltung kommen.[114] Nur so ist die Partei mit Sitz in diesem Staat ausreichend vor Überraschungen geschützt. Kommt man letztlich zu einer Anwendung der besagten Grundsätze, so bedarf es zur Einbeziehung der AGB über einen Vertragsschluß durch Schweigen auf ein kaufmännisches Bestätigungsschreiben aber der schon zuvor dargestellten weiteren Voraussetzungen. Abschließend sei darauf hingeweisen, daß es in Folge der eher seltenen nationalen Anwendung der Grundsätze zum Schweigen auf ein kaufmännisches Bestätigungsschreiben[115] auch über Art.9 II nicht oft zu deren Geltung im UN-Kaufrecht kommt.[116]

e) Zusammenfassung

Hinsichtlich den Anforderungen zur Einbeziehung von AGB in einen internationalen (Kauf-) Vertrag in der Variante, daß diese i.S.d. Artt.8 II, 14 I Teil des Angebots und dann mit dessen Annahme Bestandteil des Vertrages werden, sind folgende Voraussetzungen festzuhalten:
Erstens muß der Empfänger die tatsächliche Möglichkeit haben, die AGB in zumutbarer Weise zur Kenntnis zu nehmen. Das ist dann der Fall, wenn er in dem Angebot auf die AGB hingewiesen wird oder diese ein unverkennbarer Teil der Offerte sind und die AGB ihm spätestens bis zum Vertragsschluß zugeleitet werden.
Zweitens sind die AGB, sofern nichts anderes vereinbart wurde, in der Verhandlungssprache oder in einer dem Empfänger verständlichen Sprache, insbesondere dessen Muttersprache, zu verfassen. Die Abfassung in einer „Weltsprache“ erfüllt nur unter den zuvor genannten Voraussetzungen die Anforderungen, beinhaltet insoweit also keine Garantie für die Korrektheit der gewählten Sprache.

[113] I.d.S. auch *Schlechtriem/Schlechtriem*, CISG, Vor Artt.14-24 Rn.4; *Rudolph*, CISG, Vor Art.14 Rn.12; *Teklote*, Die einheitlichen Kaufgesetze und das deutsche AGB-Gesetz, Seite 135; *Herber/Czerwenka*, CISG, Vor Art. 14 Rn. 18; *Wolf/Horn/Lindacher/Lindacher*, AGBG, Anhang § 2 Rn.78; vgl. aus der Rechtsprechung Zivilgericht des Kantons *Basel-Stadt*, 21.12.1992 = CISG online Case 55 (hier ist eine Zusammenfassung der Entscheidung in Englisch zu finden), wobei das Gericht aber im konkreten Fall zu Unrecht für einen österreichisch - schweizerischen Sachverhalt auch auf Art. 9 II abstellt, da in Österreich dem Schweigen auf ein kaufmännisches Bestätigungsschreiben keine Bedeutung zugemessen wird (vgl. oben Fn.98).

[114] Ähnlich *Wolf/Horn/Lindacher/Lindacher*, AGBG, Anhang § 2 Rn.78.

[115] Vgl. oben Fn.98.

[116] Denkbar ist dies aber v.a. bei deutsch - schweizerischen Sachverhalten, da hier die Grundsätze jeweils voll angewendet werden.

Drittens ist zu berücksichtigen, daß die z.B. in Deutschland geltenden Grundsätze für die Einbeziehung von AGB in Verträge des kaufmännischen Geschäftsverkehrs nicht gelten. Ferner ist eine Einbeziehung infolge eines Vertragsschlusses durch Schweigen auf ein kaufmännisches Bestätigungsschreiben nur unter bestimmten Voraussetzungen möglich.
Viertens muß das die AGB enthaltende Angebot von der Gegenpartei gemäß Art.18 angenommen werden.

2) AGB als Bestandteil des Angebots i.S.d. Artt.8 III, 14 I

Eine zweite Möglichkeit, wie AGB zum Bestandteil des Angebots werden können, existiert über die Artt.8 III, 14 I. Das ist dann der Fall, wenn sich aus internationalen Gebräuchen oder aus Gepflogenheiten i.S.d. Art.9, die zwischen den Vertragsparteien bestehen, eine Auslegung des Angebots gemäß Art.8 III ergibt, wonach die AGB als Bestandteil der Offerte anzusehen sind.[117] In diesen Fällen sind dann die zuvor erörterten strengen Voraussetzungen, wie z.B. die Zuleitung der AGB, eventuell mit entsprechendem Hinweis, nicht erforderlich.
Wann solche Gepflogenheiten zwischen den Vertragsparteien bzw. internationale Gebräuche bestehen, ist am Einzelfall bzw. je nach den im internationalen Geschäftsverkehr der entsprechenden Branche herrschenden Sitten zu entscheiden.[118] Der Unterschied zwischen Gebräuchen und Gepflogenheiten besteht darin, daß es bei Gepflogenheiten auf die Übung zwischen den Vertragsparteien ankommt, während bei den Gebräuchen auf die Gebaren in den betreffenden Verkehrskreisen Bezug zu nehmen ist.[119]

Standardisierte Bedingungen[120] können als Brauch dann Teil des Vertrages werden, wenn die folgenden Voraussetzungen erfüllt sind: In objektiver Hinsicht ist erforderlich, daß sich die Regelungen auf den internationalen Handel beziehen, einen hohen Bekanntheitsgrad in der betreffenden Branche genießen und regelmäßig Beachtung finden innerhalb des entsprechenden Geschäftszweiges.[121] Subjektiv ist zu fordern, daß die Partei, die an dem Brauch festgehalten werden soll, diesen kannte oder zumindest kennen mußte.[122]

---

[117] Vgl. stellvertretend für die allgemeine Meinung *Herber/Czerwenka*, CISG, Art.14 Rn.11; vgl. aus der Rechtsprechung *Gerechtshof Hertogenbosch*, 24.04.1996, Nederlands Internationaal Privaatrecht 1996, Nr. 235 = CISG online Case 321 (hier ist eine Zusammenfassung der Entscheidung in Englisch zu finden).
[118] *Witz/Salger/Lorenz/Witz*, CISG, Art.9 Rn.16
[119] *Schlechtriem/Junge*, CISG, Art.9 Rn.2
[120] Z.B. die ECE Lieferbedingungen für den Export von Maschinen, herausgegeben von der Wirtschaftskommission der Vereinten Nationen für Europa (E.C.E.) oder die Incoterms 1990, herausgegeben von der Internationalen Handelskammer.
[121] *Witz/Salger/Lorenz/Witz*, CISG, Art.9 Rn.8
[122] *Witz/Salger/Lorenz/Witz*, CISG, Art.9 Rn.7

Anzumerken verbleibt, daß auf diesem Wege zwar auch standardisierte Regelungen in einen Vertrag einbezogen werden können, es sich hier aber nicht um solche handelt, die von einer Partei selbst entworfen wurden und deshalb besonders wichtig für die Durchsetzung ihrer Interessen sind. Vielmehr handelt es sich in diesem Zusammenhang um Klauseln, die von der Internationalen Handelskammer, internationalen Fachverbänden oder Warenbörsen entwickelt wurden. Im Übrigen ist es aufgrund der zuvor genannten Voraussetzungen auch kaum vorstellbar, daß firmeneigene AGB als internationaler Brauch Einzug in einen internationalen (Kauf-) Vertrag halten.
Für diese Art von AGB bietet sich im Rahmen der Artt.8 III, 14 I vielmehr die Möglichkeit als eine Gepflogenheit zum Teil des Angebots und mit dessen Annahme zum Teil des Vertrages zu werden. Zweifelsfrei ist in den Fällen, in denen die Parteien bereits mehrfach Verträge immer unter Einbeziehung von bestimmten AGB geschlossen haben, davon auszugehen, daß bei einem erneuten Angebot in der gewohnten Form dieses auch die bekannten AGB beinhaltet und die Geschäftsbedingungen mit der Annahme des Angebots in den Vertrag einbezogen werden. Es bedarf dann eben keiner weiteren zu erfüllenden Einbeziehungsvoraussetzungen.
Problematischer sind jedoch insbesondere die Fälle, in denen die Vertragsparteien zum ersten Mal in geschäftlichen Kontakt getreten sind und einen Vertrag geschlossen haben. Es stellt sich dann nämlich die Frage, ob es überhaupt denkbar ist, daß in einer solchen Beziehung bereits Gepflogenheiten der beschriebenen Art entstanden sein können. Der OGH hat in seinem Urteil[123] vom 06.02.1996 ausgeführt, daß es „durchaus denkbar ist, daß allenfalls aus Vorgesprächen sich ergebende Vorstellungen einer Partei, die nicht ausdrücklich vereinbart wurden, schon bei Beginn der Geschäftsbeziehung als Gepflogenheit i.S.d. Art.9 Inhalt auch bereits des ersten Vertrages werden können“. Der OGH geht also von einer entsprechenden Möglichkeit aus. Als Voraussetzung sei dann zu fordern, daß dem Vertragspartner aus den Umständen klar ist, daß ein Vertrag nur unter ganz bestimmten Bedingungen zustande kommen soll.[124] Die Vorinstanz in dieser Entscheidung, die ebenfalls von der Möglichkeit der Entwicklung von Gepflogenheiten bereits beim ersten Vertrag ausgeht, führt hinsichtlich der Voraussetzungen z.B. die vorbereitenden Besprechungen und die Korrespondenz bzgl. der AGB ins Feld, welche eine Gepflogenheit i.S.d.Art.9 begründen können.[125]
Unter anderem spricht sich *Magnus* hingegen gegen die Annahme aus, daß bereits beim Abschluß des ersten Vertrages zwischen Parteien eine Gepflogenheit bestehen kann, die dazu führt, daß AGB als Teil des Angebots anzusehen sind, welches nicht unbedingt auf die AGB hinweisen bzw. diese

[123] OGH, 06.02.1996, ZfRV 1996, 248 = CISG online Case 224
[124] OGH, aaO
[125] OGH, aaO

enthalten muß.[126] Zur Begründung führt er an, daß eine Gepflogenheit voraussetzt, daß eine bestimmte Verhaltensweise, nämlich die Verwendung von AGB, häufiger geübt und beachtet wurde.[127]
Die Ansicht des OGH ist insofern auf den ersten Blick nachvollziehbar, als es nicht sachgerecht erscheinen würde, daß in den Fällen, in denen klare Vorgespräche hinsichtlich der Einbeziehung von AGB stattgefunden haben, die Einbeziehung daran scheitern soll, daß in dem Vertragsangebot nicht mehr auf die AGB Bezug genommen wurde. Allerdings hat grds. die die AGB verwendende Partei dafür Sorge zu tragen, daß die Standardbedingungen ordnungsgemäß zum Vertragsbestandteil gemacht werden. Insoweit würde die vom OGH vertretene Auffassung dieses Risiko des Verwenders erheblich zu Lasten der anderen Partei reduzieren, ohne daß dies zu rechtfertigen ist. Auch unter Berücksichtigung aller Vorgespräche bleibt nämlich das Ergebnis des Vorbereitungsprozesses der Vertragsschluß selbst, welcher durch die Annahme des Angebots, in dem alle mit einzubeziehenden Regelungen enthalten sein müssen, zustandekommt.
Um die für die Ansicht des OGH sprechenden Aspekte, insbesondere für die zuvor angesprochenen Fälle mit genauen Vorbesprechungen, nicht unberücksichtigt zu lassen, sei darauf hingewiesen, daß in Einzelfällen von den strengen Einbeziehungsanforderungen Abstriche gemacht werden können. Wie oben (vgl. Fn.95) bereits angesprochen, kann es in Ausnahmefällen genügen, daß in dem Angebot lediglich auf die AGB hingewiesen wird, es aber keiner Aushändigung der AGB bedarf. Für die hiesige Thematik bedeutet dies, daß aufgrund der intensiven vorbereitenden Verhandlungen zwar keine Gepflogenheit i.S.d. Art. 9 entstehen kann im Falle des ersten Vertragsschlusses, jedoch die Einbeziehungsvoraussetzungen vereinfacht werden können. Dies würde dann bedeuten, daß die die AGB verwendende Partei für eine Einbeziehung der AGB in ihr Angebot und letztlich in den Vertrag in den angesprochenen Fällen nur noch in der Angebotserklärung auf die AGB hinweisen muß. Somit wäre auch in den hier betrachteten Fällen dem Interesse der die AGB verwendenden Partei gerecht zu werden, ohne die Gegenpartei über Gebühr zu benachteiligen. Insoweit ist die Ansicht des OGH zu weitgehend und letztlich nicht nachvollziehbar.
Weiterhin spricht für die Ansicht von *Magnus* die Bedeutung des Wortes „Gepflogenheit". Eine Gepflogenheit setzt eben voraus, daß derselbe Vorgang bereits mehrfach in gleicher Weise erfolgte, also beim ersten Mal ausgeschlossen ist. Auch insofern ist die Ansicht des OGH abzulehnen, um nicht mit dem Wortlaut des Art.9 in Konflikt zu geraten.
Letztlich ist aus Gründen der Rechtsklarheit die Ansicht von *Magnus* zu favorisieren. In internationalen (Kauf-) Verträgen bestehen oft komplizierte und umfangreiche Regelungen, auf deren Geltung, insbesondere wenn sie als

[126] *Magnus*, ZEuP 1997, 837 in Fn.119
[127] *Magnus*, aaO

AGB formuliert sind und zwischen Vertragsparteien zum ersten Mal zum Einsatz kommen, explizit im Angebot hingewiesen werden sollte.
Zusammenfassend kann in Anbetracht dieser Argumente festgehalten werden, daß nicht von der Möglichkeit auszugehen ist, daß bereits beim ersten Vertragsschluß zwischen den Parteien Gepflogenheiten bestehen können, die über eine Auslegung des Art.8 III dazu führen, daß AGB ohne weiteres als Bestandteil des Angebots anzusehen sind.

3) Zusammenfassung

Hinsichtlich der Anforderungen an eine wirksame Einbeziehung von AGB in einen internationalen (Kauf-) Vertrag sind folgende Voraussetzungen festzuhalten:
Erstens müssen die AGB Teil des Angebots sein. Dies ist dadurch zu erreichen, daß die AGB dem Empfänger i.S.d. Art.8 II in der Weise gestellt werden, daß dieser sie in zumutbarer Weise tatsächlich zur Kenntnis nehmen kann. Eine Alternative besteht i.S.d. Art.8 III, wonach AGB als eine Gepflogenheit aufgrund mehrmaliger Übung entsprechender Verträge zwischen den Parteien als Teil des Angebots anzusehen sind. Letztlich können standardisierte Bedingungen, die von internationalen Organisationen oder Verbänden entwickelt wurden, als ein internationaler Brauch zum Teil des Angebots bzw. zum Teil des Vertrages werden.
Zweitens muß das die AGB enthaltende Angebot von der Gegenseite angenommen werden.

Weiterhin ist anzumerken, daß in den bisherigen Ausführungen zu der Problematik der Einbeziehung von AGB in einen Vertrag nach der CISG nur davon die Rede war, daß die AGB Teil des Angebots sein müssen. Es könnte der Eindruck entstehen, daß damit nicht die ebenso wichtige Frage geklärt wurde, wie die annehmende Partei ihre AGB wirksam in den Vertrag einbeziehen kann. Berücksichtigt man jedoch den Art.19, so wird ersichtlich, daß sobald die das ursprüngliche Angebot empfangende Partei ihre AGB der „Annahmeerklärung“ beifügt, grds. eine wesentliche Abweichung i.S. dieser Vorschrift gegeben ist. Nach Art.19 I stellt diese modifizierte Annahme eine Ablehnung des Angebots und ein neues Gegenangebot dar. Letztlich ist dann wiederum zu überprüfen, ob die von der ursprünglich „annehmenden“ Partei gestellten AGB in ihr (Gegen-) Angebot wirksam einbezogen wurden. Es wird also ersichtlich, daß die erörterten Einbeziehungsvoraussetzungen auch für die AGB der zunächst auf „Annahmeseite“ stehenden Partei gelten.
Abschließend ist anzumerken, daß dies unproblematisch für die Fälle ist, in denen nur eine Partei AGB stellt bzw. die AGB übereinstimmen. Problematischer stellt sich die Thematik im Rahmen widerstreitender AGB[128]

[128] Vgl. Näheres hierzu unten in Kapitel 5.

der Parteien dar. An dieser Stelle sei nur auf diese besondere Problematik und deren gesondert zu untersuchende Lösung hingewiesen, um nicht den späteren Ausführungen vorzugreifen.

III) Spezialproblem: Einbeziehung von AGB im Rahmen von internationalen (Kauf -) Verträgen mit einem Vertragsschluß bzw. einer AGB - Stellung über das Internet

1) Einleitung

Die folgenden Ausführungen beschäftigen sich mit den Besonderheiten, die im Rahmen der Einbeziehung von AGB in internationale (Kauf-) Verträge, welche über das Internet geschlossen werden, bestehen. Dieser Bereich der Einbeziehungsproblematik im Anwendungsbereich der CISG ist aus zweierlei Gründen von besonderem Interesse.
Einerseits nimmt die Bedeutung des Internets als Forum für Vertragsabschlüsse immer mehr zu. Das ist darauf zurückzuführen, daß über das Internet Verträge bequem vom eigenen Standort aus geschlossen werden können. Weiterhin dürfte mit der durch die Einführung des Euro voranschreitenden Preistransparenz eine Zunahme der Internet-Verträge speziell auch auf internationaler Ebene verbunden sein. Zwar gewinnt der Internet-Vertrag insbesondere im privaten Bereich an Bedeutung, doch macht diese Entwicklung auch im unternehmerischen Raum kein Halt.[129] So wird für die nächsten Jahre mit einem starken Anstieg der weltweiten Umsätze im unternehmerischen Geschäftsbereich bei digitalen Transaktionen gerechnet.[130] Hieraus wird die hohe praktische Relevanz der Thematik der Einbeziehung von AGB in Internet-Verträge deutlich.
Zum anderen ist die beschriebene Problematik deswegen von besonderem Interesse, weil sie bisher weder von der Literatur noch von der Rechtsprechung eingehend, geschweige denn abschließend, erörtert wurde.

2) Einbeziehungsvoraussetzungen nach der CISG unter Berücksichtigung der Besonderheiten, die mit der Wahl des Internets als Medium bestehen

Zunächst ist festzuhalten, daß sich die Einbeziehung der im Rahmen eines Internet-Vertrages über das Internet gestellten AGB nur dann nach der CISG

[129] So auch *Mehrings*, CR 1998, 614.
[130] *Bernstorff*, RIW 2002, 179 in Fn. 3; insofern verwundert es auch nicht, daß sich UNCITRAL mit dem Entwurf einer Konvention zur einheitlichen Regelung elektronischer Verträge befaßt.

richtet, wenn das UN-Kaufrecht gemäß Artt. 1 ff anwendbar ist. Diese Frage richtet sich nach den zuvor erörterten Voraussetzungen.

a) Angebotsbestimmung

Vorausgesetzt es liegt ein Fall im Anwendungsbereich der Wiener Kaufrechtskonvention vor, so ist für eine wirksame AGB-Einbeziehung nach den erarbeiteten Voraussetzungen zu fordern, daß das Angebot die AGB beinhaltet.
Im Rahmen der Internet-Verträge stellt sich hier bereits die erste Schwierigkeit. Bei dieser Art von Verträgen ist es nämlich üblich, daß der Verkäufer seine Ware im Internet vorstellt und der Käufer diese dann bestellt. Es ist demnach nicht sofort ersichtlich, von wem das Angebot gemäß Art.14 I ausgeht.
Richtigerweise kann man aber nicht annehmen, daß der die Waren „Anbietende" einen dahingehenden Rechtsbindungswillen hat, mit jedem Adressaten einen Vertrag zu schließen. Vielmehr ist davon auszugehen, daß dieser zunächst z.B. seine Liefermöglichkeiten prüfen will, so daß sich die Darbietung von Waren im Internet nur als eine Aufforderung zum Angebot (invitatio ad offerendum) i.S.d. Art.14 II darstellt.[131] Das Angebot für einen Vertrag geht demnach i.d.R. von dem Besteller, dem Käufer aus.
Für die wirksame Einbeziehung der AGB des Verkäufers bedeutet dies wiederum, daß diese Bestandteil der Offerte des Käufers sein müssen. Hier wird ersichtlich, daß im Gegensatz zu den bisherigen Fällen geänderte Vorzeichen bestehen. Während bislang die von dem Verwender gestellten AGB stets Teil seines Angebots sein mußten, müssen sie nun Teil des Angebots der Gegenpartei sein. Diese zunächst kompliziert erscheinende Situation ist insofern leicht aufzulösen, als die Bestellung der Ware eben nur unter Einbeziehung der von dem Verkäufer verwendeten AGB möglich sein soll. Somit enthält dann prinzipiell im Falle der Bestellung das Angebot des Käufers die AGB des Verkäufers. Natürlich müssen für eine wirksame Einbeziehung der Standardbedingungen in das Angebot bzw. in den Vertrag wiederum die aus Art.8 entwickelten Voraussetzungen erfüllt sein. Letztlich ist es hinsichtlich der Erfordernisse für eine wirksame AGB-Einbeziehung gleichgültig, daß bei Internet-Verträgen das Angebot nicht vom Verkäufer, der zugleich Verwender der AGB ist, ausgeht.

---

[131] So auch die h.M., vgl. für Fälle ohne Bezug zum Anwendungsbereich der CISG *Löhnig*, NJW 1997, 1688; *Rüßmann*, K&R 1998, 129; *Koehler*, NJW 1998, 187; vgl. speziell für den Anwendungsbereich des UN - Kaufrechts *Witz/Salger/Lorenz/Witz*, CISG, Art. 14 Rn.59.

b) Einbeziehungsvoraussetzungen im Einzelnen

Um nun die über das Internet gestellten AGB als Teil des Angebots des Käufers ansehen zu können, müssen sie ihm in der Weise gestellt werden, daß er sie in zumutbarer Weise tatsächlich zur Kenntnis nehmen kann. Hierfür bieten sich zwei Wege an, die dieser Voraussetzung genüge tun.
Erstens können die AGB derart in das Bestellformular eingearbeitet sein, daß sie der eigentlichen Bestellung voran gestellt sind und der Kunde nicht zur Bestellikone gelangen kann, ohne die AGB gesehen zu haben. Diese Alternative bietet sich insbesondere bei kurzen Klauselwerken an.[132] Ein solches Vorgehen entspricht der Variante beim herkömmlichen Vertragsschluß, daß die AGB dem Angebot des Verwenders direkt auf der Vorderseite beigefügt sind.
Die zweite Möglichkeit den Käufer auf die AGB aufmerksam zu machen besteht darin, in das Bestellformular einen deutlichen Hinweis auf die AGB aufzunehmen. Diese Alternative entspricht bei einem herkömmlichen Vertragsschluß dem Vorgehen, daß in dem eigentlichen Angebot ein Hinweis auf die, in einem gesonderten Klauselkatalog oder auf der Rückseite des Angebots befindlichen, AGB existiert.
Bisher entsprechen die Voraussetzungen den bereits erörterten Anforderungen im Rahmen eines Vertrages, der nicht über das Internet geschlossen wurde. Die Besonderheiten bestehen aber in den weiteren Anforderungen an die zumutbare Möglichkeit der Kenntnisnahme.
In dem Fall, in dem lediglich ein Hinweis auf die AGB besteht, ist zu fordern, daß mit dem Hinweis ein Link verbunden ist, der durch Anklicken zu dem AGB-Text führt.[133] Andernfalls müßte sich der Käufer auf anderem Weg, z.B. über Rückfrage beim Verkäufer den AGB-Text besorgen. Dies wäre nicht zumutbar i.S.d. Art.8 II. Im Übrigen dürfte es kaum ein Problem für den Verwender der AGB sein, einen entsprechenden Link herzustellen, so daß es ihm wiederum zumutbar ist seine Obliegenheit im Rahmen der AGB-Einbeziehung in dieser Weise zu erfüllen.
Zudem stellt sich die Frage, ob es dem Kunden, der die Möglichkeit hat, den AGB-Text -gleichgültig ob direkt oder über einen Link- auf seinem Bildschirm zu sehen, zumutbar ist, diesen über den Computer wahrzunehmen. Bedenken könnten insoweit bestehen, als Texte auf dem Bildschirm schlechter zu lesen und zu analysieren sind als solche, die schriftlich abgefaßt sind. Hiergegen kann jedoch eingewendet werden, daß der Internet-Kunde grds. die Möglichkeit hat, sich den AGB-Text auf einen dauerhaften Datenträger herunter zu laden und / oder auszudrucken. Insofern bestehen keine Bedenken hinsichtlich der

[132] *Löhnig*, NJW 1997, 1688, die Ausführungen beziehen sich auf das deutsche AGB - Recht, sind jedoch in diesem Bereich mangels unterschiedlicher Sachlagen auf den Anwendungsbereich des UN-Kaufrechts übertragbar.
[133] Entsprechend für deutsches Recht *Waldenberger*, BB 1996, 2368; speziell für das UN-Kaufrecht *Magnus*, ZEuP 2002, 532.

Zumutbarkeit der Kenntnisnahme.[134] Allerdings ist nur dann von einer zumutbaren Kenntnisnahmemöglichkeit auszugehen, wenn das Ausdrucken bzw. die Abspeicherung der AGB dem Kunden unentgeltlich zur Verfügung gestellt wird.[135] Andernfalls würden dem Käufer Kosten in Aussicht gestellt werden, die neben einer zusätzlichen finanziellen Belastung auch eine Hemmschwelle für diesen im Rahmen der Kenntnisnahme der AGB darstellen und ihm somit nicht zumutbar sind.
Im Zusammenhang mit anfallenden Kosten bei der Abspeicherung bzw. dem Ausdrucken der AGB ist noch ein weiterer Aspekt zu berücksichtigen. Der Zumutbarkeit könnten nämlich die Übermittlungskosten (Telefonkosten, Providerkosten) oder die Druckkosten entgegenstehen. Gegen eine solche Annahme spricht jedoch, daß sich der Kunde selbst für das Medium Internet zur Vertragsanbahnung bzw. zum Vertragsschluß entschieden hat.[136] Außerdem sind diese Kosten nicht sehr erheblich und der Kunde hat dafür die Möglichkeit, den Vertrag vom eigenen Rechner aus zu schließen.[137]

Im Rahmen der Frage der Zumutbarkeit vertritt *Mehrings* die Auffassung, daß diese nicht grds. mit der Möglichkeit der unentgeltlichen Abspeicherung zu bejahen ist.[138] Vielmehr sei auch entscheidend , ob es dem Kunden zumutbar ist, die AGB abzuspeichern und sich diese gegebenenfalls auszudrucken.[139] Hierbei differenziert er zwischen Alltagsgeschäften mit geringem Volumen, bei denen die Zumutbarkeit verlangt, daß die AGB so präsentiert werden, daß eine Kenntnisnahme ausschließlich am Bildschirm möglich ist, und Geschäften mit größerem Volumen, bei denen der Zumutbarkeit die Abspeicherung der AGB aufgrund deren Umfang nicht entgegensteht.[140] Bezüglich dieser Ausführungen ist festzuhalten, daß sie nicht auf das UN-Kaufrecht bezogen sind, sondern im Zusammenhang mit dem Verbraucherschutz im „Cyberlaw" stehen.

---

[134] Entsprechend für deutsches Recht *Ernst*, NJW-CoR 1997, 167; im Übrigen hat das OLG *Köln*, 21.11.1997, CR 1998, 244 f im Zusammenhang mit dem Medium Bildschirmtext entschieden, daß kurze AGB - Werke auch dann in zumutbarer Weise zur Kenntnis genommen werden können, wenn sie lediglich über das Medium wahrzunehmen sind. In diesem Fall waren die AGB auf insgesamt sieben Bildschirmtextseiten abgefaßt.
Auch wenn dieser Fall keinen international - kaufrechtlichen Bezug hatte, kann dennoch davon ausgegangen werden, daß bei kurzen AGB im Internet der zumutbaren Möglichkeit der Kenntnisnahme nicht entgegensteht, wenn diese lediglich über den Bildschirm wahrzunehmen sind. Bei der Frage, wann es sich um kurze AGB handelt sind trotz des Anhaltspunktes der betreffenden Entscheidung die Umstände des Einzelfalls maßgeblich. Zu berücksichtigen sind hier z.B. die Gestaltung und Gliederung der AGB, deren tatsächliches Volumen und auch die finanzielle Bedeutung des Vertrages.

[135] So auch entsprechend für deutsches Recht *Waldenberger*, BB 1996, 2369.

[136] Vgl. *Löhnig*, NJW 1997, 1689, jedoch ohne Bezug zum internationalen Kaufrecht.

[137] Vgl. *Mehrings*, BB 1998, 2379, jedoch ohne Bezug zum internationalen Kaufrecht.

[138] *Mehrings*, BB 1998, 2378 f

[139] *Mehrings*, aaO

[140] *Mehrings*, aaO

Dennoch erscheint es interessant, inwieweit sich diese Ansicht *Mehrings* auf den Anwendungsbereich der Wiener Kaufrechtskonvention übertragen läßt. Hinsichtlich des Hauptanwendungsbereichs der CISG, dem internationalen kaufmännischen Geschäftsverkehr, ist festzuhalten, daß es sich hierbei i.d.R. um Verträge handelt, die ihrer Art nach komplexe AGB erfordern, so daß sie dem zweiten beschriebenen Typus von *Mehrings* entsprechen. Insofern bestehen also keine Bedenken gegen die Zumutbarkeit, wenn die Internet-AGB umfangreich sind und gegebenenfalls abgespeichert bzw. ausgedruckt werden müssen, um effektiv zur Kenntnis genommen werden zu können. Selbst wenn ein Geschäft nur kleineren Umfangs ist, kann dem als Gewerbetreibenden auftretenden Kunden auch ein längerer AGB-Katalog im Internet zugemutet werden, da von ihm in seiner besonderen Eigenschaft als Teilnehmer am internationalen Geschäftsverkehr eine gewisse Erfahrung im Umgang mit derartigen Standardbedingungen erwartet werden darf. Im Übrigen würde die mit den AGB verbundene Rationalisierungsfunktion verloren gehen, wenn im internationalen Geschäftsverkehr je nach Umfang des Geschäfts die im Internet gestellten AGB verändert werden müßten, zumal der Verwender aufgrund der Anonymität des Internets im Vorfeld nicht weiß, welches Volumen der Kaufvertrag haben wird. Insoweit sind die von *Mehrings* aufgestellten Grundsätze nicht für den Regelungsbereich der CISG übertragbar.
Problematisch ist aber v.a. die Frage, ob längere Internet-AGB und deren Herunterladen grds. auch dann zumutbar sind, wenn die CISG zwar anwendbar ist, es sich aber um einen Käufer handelt, der Waren für den privaten Gebrauch erwirbt. Ein solcher Fall ist trotz Art.2 lit.a denkbar, wenn der Verkäufer nicht wußte noch wissen mußte, daß die Waren für den privaten Gebrauch gekauft wurden. Bei Internet-Verträgen dürfte dies, wenn die Waren und deren Vorstellung nicht für private Zwecke ausgerichtet sind, sondern auf kaufmännische Kunden abzielen und dennoch ein Konsumentenkauf erfolgt, verstärkt der Fall sein, da eben kein persönlicher Kontakt zwischen den Vertragsparteien besteht.
Gegen die Zumutbarkeit von umfangreichen Internet-AGB in den beschriebenen Fällen, selbst bei Käufen von großem Volumen, sprechen die Grundsätze eines effektiven Verbraucherschutzes. Auf der anderen Seite ist jedoch zu berücksichtigen, daß die Schutzbedürftigkeit des Kunden in diesen Fällen eingeschränkt ist. Diese Annahme resultiert daraus, daß man nur dann davon ausgehen kann, daß der Verkäufer nicht wissen mußte, daß die Waren gegebenenfalls für den privaten Gebrauch gekauft werden, wenn deren Darstellung im Internet nicht für private Konsumenten konzipiert ist und der Käufer dies auch wahrnehmen konnte. Er muß dann eben mit den im internationalen Geschäftsverkehr herrschenden Gegebenheiten rechnen, zu denen auch komplexe AGB gehören. Es ist dann letztlich ihm überlassen, ob er einen Kaufvertrag unter diesen Vorzeichen schließen will.
Ein weiteres Argument, das für die generelle Zumutbarkeit von komplexen Internet-AGB trotz der Notwendigkeit des Herunterladens zur effektiven

Kenntnisnahme für die Fälle der Konsumentenkäufe im Anwendungsbereich der CISG spricht, ergibt sich aus der Regelung des Art.2 lit.a selbst. Diese nimmt grds. Konsumentenkäufe aus dem Anwendungsbereich aus, z.T. um einer Kollision mit nationalen Verbraucherschutzregeln aus dem Weg zu gehen.[141] Ausnahmsweise unterfallen diese Käufe aber doch der Konvention, wenn der Verkäufer nicht wußte bzw. wissen mußte, daß die Waren für den privaten Gebrauch bestimmt sind. In diesem Fall wird dann die Konvention angewendet. Hier wird eine Wertung ersichtlich, die zur strikten Anwendung des UN-Kaufrechts führt, unter Zurückstellung der Interessen des Käufers. Führt man diesen Gedanken weiter, so ist es nur konsequent, dies auch mit allen Folgen durchzuziehen, so daß auch für den Käufer i.S.d. Art.2 lit.a die Zumutbarkeitsmaßstäbe gelten, die für den Regelanwendungsbereich der CISG maßgeblich sind.

Zusammenfassend ist festzuhalten, daß die von *Mehrings* getroffene Differenzierung auf den Bereich der Wiener Kaufrechtskonvention nicht übertragbar ist und grds. längere Internet-AGB in zumutbarer Weise zur Kenntnis genommen werden können, wenn sie unentgeltlich abgespeichert bzw. ausgedruckt werden können.

c) Besondere Anforderungen hinsichtlich der Sprache

Nach den bisher erörterten Besonderheiten im Rahmen der Einbeziehung von Internet-AGB stellt sich noch die Frage, in welcher Sprache der Hinweis auf die AGB bzw. diese selbst gehalten sein müssen. Für herkömmliche Verträge wurde festgestellt, daß die AGB grds. in der Verhandlungssprache oder in einer dem Empfänger bekannten Sprache zu verfassen sind. Bei Internet-Verträgen stellt sich aber regelmäßig die Besonderheit, daß dem Vertragsschluß keine Verhandlungen vorausgegangen sind.

Von daher bedarf es eines anderen Anhaltspunktes für die maßgebliche Sprache in der die AGB abgefaßt sein müssen, damit sie der Käufer in zumutbarer Weise zur Kenntnis nehmen kann. Hierfür bietet sich die Sprache an, in der das Bestellformular im Internet geschrieben ist. Dieses Formular stellt die einzige Korrespondenz zwischen den Parteien dar und der hierin verwendeten Sprache kommt maßgebliche Bedeutung zu. Es ist nämlich davon auszugehen, daß ein Käufer, der in einer bestimmten Sprache einen Vertrag schließt, dieser Sprache mächtig ist und demnach auch die in dieser Sprache gehaltenen AGB versteht. Somit müssen die Internet-AGB grds. in der Sprache geschrieben sein, in der auch die Bestellformulare gehalten sind.[142] Immer dann ist von der Möglichkeit

---

[141] *Witz/Salger/Lorenz/Lorenz*, CISG, Art.2 Rn.2

[142] So auch die wohl h.M. für die Einbeziehung von AGB in Internet - Verträge im Rahmen von (internationalen) Geschäften von Nichtkaufleuten, welche aufgrund der gleichartigen Situationen entsprechend anzuwenden ist; vgl. in diesem Sinne *Ermann/Hefermehl*, BGB, § 2 AGBG Rn.7; BGH, 10.03.1983, BB 1983, 1053 f, jedoch ohne Bezug zum Internet.

der zumutbaren Kenntnisnahme auszugehen und die AGB werden wirksamer Bestandteil des Angebots.
Möglich ist auch, daß die AGB in einer sonstigen, dem Empfänger verständlichen Sprache im Internet bereitgestellt werden. Dies ist insbesondere die Muttersprache des Empfängers (vgl. oben). Bei Internet-Verträgen ist diese Lösung jedoch weitgehend unpraktikabel. Der Grund dafür liegt darin, daß über das Internet Kunden aus der ganzen Welt mit der Internet-Seite des Verkäufers in Berührung kommen können und dieser dann die AGB in all diesen Sprachen anbieten müßte, um die AGB für alle denkbaren Kunden korrekt zu stellen. In diesem Zusammenhang ist darauf hinzuweisen, daß die Abfassung der AGB bzw. des Hinweises auf die AGB in einer „Weltsprache" nicht ausreicht (vgl. oben).
Es bleibt festzuhalten, daß als Sprache für die Internet-AGB dieselbe verwendet werden muß, in der auch das eigentliche Vertragsformular gestaltet ist. Die Besonderheit im Vergleich zu den herkömmlichen Vertragsschlüssen besteht darin, daß die zweite Alternative, nämlich die Abfassung der AGB in einer sonstigen dem Empfänger bekannten Sprache, über das Internet kaum praktikabel und erst recht nicht effizient erscheint.

d) Problem der nachträglichen Abänderung der AGB

Letztlich könnte der Einbeziehung von Internet-AGB entgegenstehen, daß diese durch den Verwender nach Vertragsschluß unbemerkt verändert werden könnten. Dieser Einwand wird jedoch dadurch entkräftet, daß in einem solchen Fall der Verwender die Beweislast hinsichtlich des Inhalts der AGB im Zeitpunkt des Vertragsschlusses hat.[143] Insoweit sind die Risiken des Käufers gering, es sei denn, er selbst will sich einmal auf die ursprünglichen AGB des Verkäufers berufen.[144] Dies ist aber in der Praxis eher selten der Fall. Außerdem steht ihm noch die Möglichkeit offen, die von ihm abgespeicherten AGB als Beweis für den Inhalt der in den Vertrag einbezogenen Standardbedingungen anzubringen. Demnach stellt auch diese Besonderheit im Rahmen von Internet-Verträgen kein Problem dar, welches der wirksamen Einbeziehung von Internet-AGB entgegensteht.

---

[143] Von einer solchen Beweislastverteilung ist zumindest dann auszugehen, wenn man mit der überwiegenden Meinung davon ausgeht, daß die CISG die Beweislast mitregelt und im Grundsatz die Partei für die ihr günstigen Umstände beweisbelastet ist; vgl. stellvertretend: *Staudinger/Magnus*, CISG, Art. 4 Rn.63 ff; *Witz/Salger/Lorenz/Witz*, CISG, Art.7 Rn.31; BGH, 09.01.2002, ZIP 2002, 674.
Selbst wenn man von der Geltung der nationalen Beweislastregeln ausgeht ändert sich im Ergebnis nichts, da auch dann der Verkäufer die Beweislast für den Inhalt der AGB bei Vertragsschluß, auf die er sich beruft, trägt; vgl. z.B. für Deutschland *Mehrings*, BB 1998, 2379.

[144] *Mehrings*, BB 1998, 2379, entsprechend für die Einbeziehung von AGB im Internet, aber ohne Bezug zum UN-Kaufrecht.

3) Zusammenfassung

Für die Einbeziehung von AGB, die im Rahmen eines Vertragsschlusses über das Internet gestellt wurden, lassen sich folgende Besonderheiten zusammenfassen:
Zunächst ist im Vergleich zum herkömmlichen Vertragsschluß zu berücksichtigen, daß das Angebot vom Internet-Käufer ausgeht, welches dann für eine wirksame Einbeziehung die vom Verkäufer gestellten AGB enthalten muß. Davon ist dann auszugehen, wenn der Kunde die AGB in zumutbarer Weise zur Kenntnis nehmen konnte, i.S.d. Art.8 II. Das wiederum ist der Fall, sofern die AGB der eigentlichen Bestellung vorangestellt waren, wobei sie bei dieser Alternative nur von geringem Umfang sein dürfen. Im Übrigen ist zu fordern, daß sie über einen Link aufrufbar sind und ein unentgeltliches Herunterladen bzw. Ausdrucken für den Kunden ermöglicht wird. Die Übertragungskosten stehen einer wirksamen Einbeziehung der AGB in das Angebot bzw. in den Vertrag dabei nicht entgegen. Im Anwendungsbereich der CISG sind, sofern diese Voraussetzungen erfüllt sind, grds. längere AGB-Texte bzw. deren Abspeicherung zumutbar.
Hinsichtlich der zu verwendenden Sprache bzgl. der AGB bzw. dem Hinweis auf diese ist diejenige zu wählen, in der auch das eigentliche Bestellformular im Internet abgefaßt ist. Es besteht auch die Möglichkeit, eine andere dem Käufer verständliche Sprache zu wählen, doch erscheint diese Alternative weitgehend unpraktikabel.
Desweiteren steht auch die Möglichkeit, die AGB nachträglich zu ändern, welche bei via Internet gestellten AGB durchaus denkbar ist, einer wirksamen Einbeziehung nicht entgegen.
Letztlich werden die von dem Verkäufer über das Internet gestellten AGB bei Erfüllung der notwendigen Voraussetzungen unter Berücksichtigung der erörterten Besonderheiten wirksamer Vertragsbestandteil, wenn er das die AGB enthaltene Angebot des Käufers annimmt.

Kapitel 3

Inhaltliche Kontrolle von wirksam einbezogenen AGB

In dem folgenden Abschnitt wird in erster Linie untersucht , wie wirksam einbezogene AGB im Anwendungsbereich der CISG inhaltlich kontrolliert werden. Es wird zunächst ermittelt, welche Maßstäbe bei der Auslegung von AGB im Anwendungsbereich des UN-Kaufrechts anzuwenden sind und dann auf ein prozessuales Sonderproblem in diesem Zusammenhang eingegangen. Sodann wird geklärt, welches Recht für die Inhaltskontrolle anzuwenden ist. In einem weiteren Schritt wird auf die Inhaltskontrolle von AGB nach dem Recht einiger ausgewählter Staaten eingegangen, wobei diese Ausführungen lediglich die Grundschemata der Inhaltskontrolle und die darauf basierenden wichtigsten Unterschiede in den Beispielstaaten skizzieren sollen. Anschließend wird dargelegt, wie die Kaufrechtskonvention auf die Inhaltskontrolle Einfluß nimmt. Letztlich wird das Verhältnis zwischen Standardbedingungen internationaler Verbände und firmeneigenen AGB untersucht, sowie die Auswirkungen auf deren inhaltliche Gültigkeit im Falle einer Kollision.

A) Auslegung der AGB

Sofern AGB ordnungsgemäß in einen Vertrag einbezogen wurden, muß man, bevor sie einer Inhaltskontrolle unterzogen werden können, deren Inhalt genau ermitteln. Dies erfolgt in Zweifelsfällen mittels Auslegung.

I) Anzuwendendes Recht bei der Auslegung von AGB

Im Rahmen der Auslegung von AGB im Anwendungsbereich der CISG stellt sich wie auch schon zuvor bei der Einbeziehungsproblematik die Frage, nach welchem Recht sich die Auslegung richtet. In Betracht kommen einerseits die, nach dem IPR anzuwendenden, nationalen Auslegungsregeln und andererseits die Regelungen der Wiener Kaufrechtskonvention. Diese beiden Alternativen stellen auch den streitigen Meinungsstand dar.

Eine Ansicht geht davon aus, daß die Auslegung von AGB nach nationalem Recht zu beurteilen ist.[145] Die Auslegung von AGB sei als Vorstufe bzw. Teil der Inhaltskontrolle, welche nach dem jeweils anzuwendenden nationalen Recht zu beurteilen ist (Näheres hierzu unten in diesem Kapitel unter B)), so eng mit dieser verbunden, daß eine Trennung im Rahmen der anzuwendenden

---

[145] Vgl. *Stoll*, FS für Beitzke, Seite 781 f, noch zum EKG; *Teklote*, Die einheitlichen Kaufgesetze und das deutsche AGB-Gesetz, Seite 157.

Rechtsregelungen nicht angezeigt sei.[146] Vielmehr müsse die Auslegung und Inhaltskontrolle einheitlich behandelt werden, da andernfalls Wertungswidersprüche entstehen könnten.[147] Dies sei darauf zurückzuführen, daß in manchen Rechtsordnungen die AGB-Kontrolle vornehmlich auf der Auslegung basiere und die Kontrolle bei einer Auslegung nach der CISG leerlaufen würde, wohingegen in Staaten mit einer geregelten Inhaltskontrolle diese zur Geltung kommt.[148] Als Argument für diese Meinung kann auch der der AGB-Inhaltskontrolle immanente[149] Verbraucherschutz angeführt werden. Geht man nämlich davon aus, daß die Auslegung der AGB ein maßgeblicher Teil deren Inhaltskontrolle ist, so könnte ein gravierender Einschnitt in den Verbraucherschutz erfolgen, wenn man die AGB-Auslegung anhand der CISG vornimmt, welche den Verbraucherschutz im Gegensatz zu nationalen Regelungen grds. nicht umfaßt.
Die Konsequenz sei, daß der Vorbehalt des Art.4 S.2 lit.a so zu verstehen ist, daß das Problem der inhaltlichen Kontrolle inklusive der Auslegung von AGB von der Rechtsvereinheitlichung ausgenommen und der Landesgesetzgebung überlassen werden muß.[150] In diesem Sinne ist wohl auch *Khoo* zu verstehen, der darauf verweist, daß alle mit der Gültigkeit eines Vertrages oder Vertragsbestandteilen zusammenhängenden Fragen nach dem anzuwendenden nationalen Recht zu beurteilen sind.[151]

Demgegenüber steht die Auffassung, daß sich die Auslegung von AGB nach dem vereinheitlichten Recht der Kaufrechtskonvention richtet.[152] Begründet wird diese Ansicht damit, daß die CISG gemäß Art.8 eben eine Regelung für die Auslegung enthält und es somit mangels Regelungslücke keines Rückgriffs auf nationales Recht bedarf.[153] Im Übrigen stelle die AGB-Auslegung keine Gültigkeitsfrage i.S.d. Art.4 lit.a dar.[154]

Betrachtet man beide Ansichten näher, so ist m.E. nach die letztgenannte zu favorisieren. Der ersten Meinung ist zwar zuzugeben, daß die Auslegung der AGB einen Einfluß auf die Inhaltskontrolle hat, insbesondere wenn die

---

[146] *Stoll*, aaO; *Teklote*, aaO

[147] *Teklote*, aaO

[148] *Teklote*, aaO

[149] Vgl. *Ring/Klingelhöfer*, Das neue AGB - Recht, Seite 5, welche auf die große Bedeutung der AGB-Regeln als Teil des Verbraucherschutzes hinweisen.

[150] *Teklote*, aaO; für Art.8 S.2 EKG vgl. *Stoll*, Internationalprivatrechtliche Probleme, Seite 781.

[151] *Bianca/Bonell/Khoo*, CISG, Art.4 Anm. 2.7.

[152] *Witz/Salger/Lorenz/Witz*, CISG, Vor Artt.14-24 Rn.15; *Ulmer/Brandner/Hensen/Schmidt*, AGBG, § 2 Anhang Rn.13; *Hennemann*, AGB - Kontrolle, Seite 95; *Staudinger/Magnus*, CISG, Art. 8 Rn. 18; vgl. noch zum EKG *Westphalen*, AGB und EKG, Seite 62 f; *Hausmann*, WM 1980, 730.

[153] *Witz/Salger/Lorenz/Witz*, CISG, Vor Artt.14-24 Rn.14

[154] *Ulmer/Brandner/Hensen/Schmidt*, AGBG, Art.2 Anhang Rn.13

Inhaltskontrolle vornehmlich auf der Auslegung basiert, doch betrifft sie eben nicht die Wirksamkeit der vertraglichen Vereinbarung selbst. Sie führt nur dazu, den Inhalt festzulegen, welcher später auf seine Wirksamkeit hin geprüft wird. Man kann hier also zwischen der Inhaltsfindung und der Inhaltsprüfung unterscheiden, so daß die Auslegung nicht als untrennbarer Teil der AGB-Wirksamkeitskontrolle anzusehen ist. Die selbständige Bedeutung der AGB-Auslegung wird auch deutlich, wenn man berücksichtigt, daß sie zudem in anderen Bereichen als der Inhaltskontrolle Bedeutung erlangt. Es ist z.B. daran zu denken, daß der Inhalt der AGB für die Rechte und Pflichten der Parteien maßgeblich sein kann, ohne daß sich je die Frage der inhaltlichen Wirksamkeit stellt. Demnach würde ein Vorgehen nach der ersten Ansicht nicht von der Regelung des Art.4 lit.a gedeckt sein.

Zu der erstgenannten Lösung kann man nur noch kommen, wenn man gemäß Art.7 II davon ausgeht, daß hinsichtlich der AGB-Auslegung eine Regelungslücke existiert, welche auch nicht nach den allgemeinen Grundsätzen der CISG zu schließen ist. Eine solche liegt aber nicht vor. Art.8 enthält allgemeine Auslegungsgrundsätze, welche die Auslegung von AGB umfassen. Insoweit ist die Auslegung von Standardbedingungen nach Maßgabe des vereinheitlichten Rechts angezeigt.

An diesem Schluß kann auch das Argument, welches sich auf den der Inhaltskontrolle immanenten und von der CISG grds. nicht umfaßten Verbraucherschutz bezieht, nichts ändern. Dies folgt einerseits aus dem von *Hennemann* diesbezüglich vorgebrachten Argument, daß es im Anwendungsbereich der CISG, von Ausnahmefällen abgesehen, nicht zu Verbrauchergeschäften kommt (gemäß Art.2 lit.a) und es somit an zu schützenden Verbrauchern fehlt.[155] Somit folgt aus dem fehlenden Geltungsanspruch der Kaufrechtskonvention hinsichtlich des Verbraucherschutzes nicht, daß die AGB-Auslegung dem verbraucherschützenden nationalen Recht unterfällt. Andererseits läuft dieses Argument insofern ins Leere, als es davon ausgeht, daß die Auslegung ein untrennbarer Teil der Inhaltskontrolle ist, welche den Verbraucherschutz beinhaltet, so daß auch bei der Auslegung verbraucherschutzrechtliche Komponenten zu berücksichtigen seien. Wie zuvor aber dargelegt, stellt die Auslegung einen trennbaren, selbständigen Aspekt der Inhaltsbestimmung dar, der ohne Rücksicht auf den Verbraucherschutz erfolgen kann.

Auch das Argument der ersten Ansicht, welches hinsichtlich der Auslegung von AGB nach UN-Kaufrecht insofern Bedenken äußert, als Wertungswidersprüche zwischen den einzelnen AGB-Kontrollen je nach anzuwendenden nationalen Recht führen kann, vermag nicht zu überzeugen. Richtig ist, daß in Staaten, in denen die AGB-Kontrolle vornehmlich im Rahmen der Auslegung erfolgt, ein

[155] *Hennemann*, AGB-Kontrolle, Seite 94

stärkerer Einfluß der CISG existiert. Es kann im Vergleich zu Staaten wie Deutschland, in denen explizite Regelungen für die Inhaltskontrolle bestehen, auch zu unterschiedlichen Wertungen kommen, infolge der Anwendung von nationalen Besonderheiten. Doch steht dem der gewichtige Vorteil der Rechtsvereinheitlichung gegenüber. Erfolgt die Auslegung nämlich anhand der einheitlichen Maßstäbe der CISG, so ist gewährleistet, daß, abgesehen von der richterlichen Einschätzung, dem Grunde nach alle AGB gleich ausgelegt werden. Dies führt zu einer im internationalen Geschäftsverkehr wünschenswerten und von dem einheitlichen Kaufrecht gerade beabsichtigten Rechtsvereinheitlichung. Diese wäre in der Art und Weise nach der ersten Lösung nicht gegeben, da hierdurch gerade die unterschiedlichen nationalen Auslegungskriterien zur Anwendung kommen sollen. Berücksichtigt man diesen Aspekt, so ist zu sagen, daß die von der ersten Ansicht befürchteten Wertungswidersprüche bei der AGB-Kontrolle durch eine Lösung nach der zweiten Ansicht gerade verringert werden, denn die zur Kontrolle vorliegenden AGB sind stets nach einheitlichen Kriterien hinsichtlich ihres Inhalts auszulegen, so daß insofern keine unterschiedlichen Wertungen vorprogrammiert sind.

Abschließend bleibt festzuhalten, daß mit der zweitgenannten Ansicht eine Auslegung von AGB anhand der Regelungen der CISG vorzunehmen ist und nicht nach unvereinheitlichten nationalen Vorschriften des Forumstaates.

II) Auslegungsmaßstab

Nachdem festgestellt wurde, daß das UN-Kaufrecht maßgeblich ist für die Auslegung von AGB, verbleibt im Weiteren zu untersuchen, anhand welcher Maßstäbe und Kriterien eine solche Auslegung im Einzelnen vorzunehmen ist. Die CISG enthält in Art.8 Regeln über die Ermittlung des rechtlich erheblichen Inhalts von Erklärungen und sonstigen Verhaltensweisen der Parteien. Hierunter fallen auch die AGB, die Teil der Erklärungen der verwendenden Partei sind.

1) Allgemeine Auslegungsregeln

Die Auslegung erfolgt anhand der von Art.8 vorgegebenen Maßstäbe und Reihenfolge. In erster Linie richtet sich die Bedeutung einer Erklärung nach dem wirklichen Willen des Erklärenden, sofern die andere Partei den Willen gekannt hat oder darüber nicht in Unkenntnis sein konnte,[156] gemäß Art.8 I. Diese Regelung stellt jedoch die Ausnahme zu dem praktischen Regelfall dar,[157] daß eine Auslegung anhand des objektiven Erklärungsgehalts i.S.d. Art.8 II zu erfolgen hat, wenn nämlich der subjektive Erklärungswille nicht erkennbar nach außen tritt. Hiernach sind die Erklärungen und das Verhalten einer Partei so auszulegen, „wie eine vernünftige Person der gleichen Art wie die andere Partei sie unter den Umständen aufgefaßt hätte". Maßgebend ist demnach die Sicht eines vernünftigen Empfängers in einer allen äußeren Bedingungen gleichen Situation, d.h. es wird auf den Empfängerhorizont abgestellt.[158] Art.8 III stellt lediglich klar, daß bei der Auslegung keine formellen Schranken[159] gegeben sind, so daß alle erheblichen Umstände berücksichtigt werden können.[160] Anhand dieser Maßstäbe sind grundsätzlich die AGB im Anwendungsbereich der CISG auf deren Inhalt hin zu ermitteln.

2) Besonderheiten bei der Auslegung von AGB

Betrachtet man die Regelung des Art.8 näher, so wird schnell ersichtlich, daß diese zwar allgemeine Auslegungsregeln enthält, die auch die Auslegung von AGB mitumfassen[161] (vgl. auch oben), aber keine expliziten Vorschriften hinsichtlich der Auslegung von Standardbedingungen beinhaltet. Dies ist insoweit problematisch, als den Formularklauseln gegenüber den Individualabreden eine andere Qualität zukommt, da diese eben ohne Rücksicht auf die konkreten Umstände formuliert wurden.[162] Dieser Umstand bedarf im Rahmen der objektiven Auslegung nach Art.8 II, III der Berücksichtigung, denn diese verweisen gerade auf die konkreten Umstände des Einzelfalles. Um diesem Aspekt Rechnung zu tragen, wird vorgeschlagen, bei der Auslegung von AGB (zunächst) auf die Berücksichtigung der konkreten Umstände zu verzichten.[163] Dies würde dann dazu führen, daß auf das Verständnis einer vernünftigen Person abzustellen ist, welche an Geschäften der geschlossenen Art in den beteiligten Verkehrskreisen unter gewöhnlichen (nicht konkreten)

---

[156] Mit letzterer Formulierung ist ein Verschuldensgrad gemeint, der sich mit der „groben Fahrlässigkeit" deckt, vgl. *Honsell/Melis*, CISG, Art.8 Rn.6; *Staudinger/Magnus*, CISG, Art. 8 Rn.12; *Herber/Czerwenka*, CISG, Art.8 Rn.3; a.A. *Witz/Salger/Lorenz/Witz*, CISG, Art.8 Rn.5.

[157] *Audit*, La vente internationale de marchandises, Anm.46

[158] *Karollus*, UN-Kaufrecht, Seite 47

[159] Eine solche würde beispielsweise die gemäß sec. 2-202 UCC in den USA geltende „parol evidence rule" darstellen, wonach eine Auslegung gegen einen eindeutigen Wortlaut und ein Rückgriff auf außerhalb einer schriftlichen Urkunde liegenden Umstände nicht möglich ist.

[160] *Schwimann/Posch*, ABGB V, Art.8 Rn.7

[161] *Koch*, NJW 2000, 910

[162] Vgl. *Witz/Salger/Lorenz/Witz*, CISG, Art.8 Rn.14.

[163] *Witz/Salger/Lorenz/Witz*, aaO

Bedingungen beteiligt ist. Ein solches Vorgehen bei der Auslegung von Standardbedingungen ist m.E. nach sinnvoll. Es wird der unterschiedlichen Qualität von AGB und Individualvereinbarungen gerecht und es vermag, den allgemein gehaltenen Charakter von AGB auch bei deren Auslegung zu berücksichtigen.
Insofern ist auch das von *Witz* vorgetragene Argument überzeugend, wonach eine vernünftige Person in der Rolle des AGB-Empfängers den Geschäftsbedingungen nicht die gleiche Bedeutung wie den Individualklauseln zukommen läßt, sondern die vorformulierten Bedingungen an der Vielfalt der in Betracht kommenden Anwendungsfälle mißt.[164] Ebenso ist mit *Witz*[165] davon auszugehen, daß eine solche Auslegung nicht gegen Art.8 III verstößt. Hiernach sind zwar gerade die konkreten Bedingungen zu berücksichtigen, doch ist in der Verwendung von AGB auch ein individueller Umstand zu sehen. Daß dieser berücksichtigenswert ist, wurde zuvor dargelegt, so daß sich die hier vertretene Vorgehensweise bei der Auslegung gerade mit Art.8 III deckt. Vielmehr wäre es ein Verstoß gegen diese Regelung, wenn der Umstand der Verwendung von Standardklauseln bei deren Auslegung unberücksichtigt bliebe. Im Übrigen ist es nicht so, daß die sonstigen Einzelfallumstände keinerlei Beachtung mehr haben, denn sie sind weiterhin maßgeblich für die Auslegung der individualvertraglichen Vereinbarungen.[166]

Es ist in diesem Zusammenhang darauf hinzuweisen, daß die Anwendung obiger Grundsätze nur eine Ausgestaltung der Regelung des Art.8 darstellt. Diese Annahme ergibt sich aus dem dargelegten Umstand, daß die Verwendung von AGB im Rahmen des Art.8 III zu berücksichtigen ist. Dies ist insofern von Bedeutung, als andernfalls nicht mehr auf die Auslegungsregeln der CISG zurückgegriffen werden könnte und sich die Frage nach dem Bestehen einer Regelungslücke stellen würde.

Festzuhalten ist weiterhin, daß die beschriebene Auslegungsmethode in dieser Art nur bezüglich firmeneigenen AGB greift. Sofern Klauselwerke von internationalen Verbänden bzw. Warenhäusern oder der Internationalen Handelskammer verwendet werden, tritt eine weitere zu beachtende Komponente hinzu. Im Rahmen dieser Formularwerke gibt es eine Vielzahl von Erläuterungen und Materialien, die den Sinngehalt der einzelnen Regelungen erschließen.[167] Um diesen Aspekt bei der Auslegung der entsprechenden Standardbedingung gerecht zu werden, schlägt *Junge* vor, sich bei der Auslegung v.a. auf diese Materialien zu stützen.[168] Als weitere Auslegungshilfen führt er Fachleute und Resultate der

[164] *Witz/Salger/Lorenz/Witz*, aaO
[165] *Witz/Salger/Lorenz/Witz*, aaO
[166] Vgl. auch *Witz/Salger/Lorenz/Witz*, aaO.
[167] Vgl. die Ausführungen bei *Schlechtriem/Junge*, CISG, Art.8 Rn.8.
[168] *Schlechtriem/Junge*, aaO

Branchenschiedsgerichtbarkeiten an.[169] Als Begründung wird auf die Stellung dieser Regelwerke als eine Art kodifizierte Verkehrsauffassung verwiesen, welche im Falle der Vereinbarung maßgeblich ist, um eine Rationalisierung zu erreichen bzw. um Streitigkeiten vorzubeugen.[170]
Im Ergebnis ist dem zuzustimmen, daß bei der Auslegung dieser Art von AGB der Inhalt nach den bestehenden Erläuterungen und sonstigen Hilfen zu bestimmen ist. Nur so wird eine Rechtsvereinheitlichung gefördert und letztlich auch die mit der Verwendung dieser Klauselwerke verbundene Rationalisierungsfunktion gewahrt. Bei den Ausführungen von *Junge* fehlt es aber an einem dogmatischen Anknüpfungspunkt für eine Auslegung in der beschriebenen Art und Weise. Dieser kann aber entsprechend der Vorgehensweise bei firmeneigenen AGB hergestellt werden. In der Verwendung von Klauselwerken, welche von internationalen Verbänden etc. erstellt wurden, liegt ebenfalls ein besonderer Umstand, der i.S.d. Art.8 III bei der Auslegung zu beachten ist. Diese Berücksichtigung findet dann ihren Niederschlag in der Bezugnahme auf die Erläuterungen und sonstigen Hilfestellungen für die Auslegung, die, wie oben dargelegt, sinnvoll und notwendig ist.

3) Unklarheitsregel

In vielen Ländern[171] besteht der Grundsatz, daß bei unklar gestalteten AGB die Unklarheit zu Lasten des Verwenders geht. Dies hat im Falle der Mehrdeutigkeit von Standardklauseln zur Folge, daß die Auslegungsalternative bevorzugt wird, welche der Partei günstiger ist, die die Klauseln nicht verfaßt hat. Im Rahmen der Auslegung von AGB im Anwendungsbereich der CISG stellt sich die Frage, ob eine solche Unklarheitsregel auch nach dem UN-Kaufrecht gegeben ist. Zu großen Teilen wird vertreten, daß eine solche Regel i.S.d. Rechtsprinzips „nemo stipulatur contra se" auch innerhalb des Wiener Kaufrechts existiert.[172] Sofern eine Begründung für diese Annahme vorliegt, wird v.a. auf den Grundsatz von Treu und Glauben abgestellt, der beinhalte, daß der Verwender der AGB das Risiko für Unklarheiten zu tragen habe, da er

---

[169] *Schlechtriem/Junge*, aaO

[170] *Schlechtriem/Junge*, aaO

[171] So z.B. in Deutschland gemäß § 305 c II BGB; in Österreich gemäß § 915 ABGB; in Frankreich gemäß Art.1162 Code civil; in den USA gemäß § 206 Restatement of Contracts 2nd; in Spanien gemäß Art.1288 spanisches Zivilgesetzbuch; in der Schweiz nach dem aus Art.2 ZGB (Grundsatz von Treu und Glauben) abgeleiteten Vertrauensprinzip, woraus die Praxis die Unklarheitsregel ableitet und anwendet, vgl. z.B. BGer, 11.02.1971, BGE 97 II, 74; BGer, 02.05.1986, BGE 112 II-V, 254; BGer, 17.07.1989, BGE 115 II-III, 268.

[172] Vgl. noch zum EKG *Dölle/Wahl*, EKG, Art.17 Rn.83; *Westphalen*, AGB und EKG, Seite 64; *Hausmann*, WM 1980, 730; vgl. zum UN - Kaufrecht *Hennemann*, AGB - Kontrolle, Seite 98; *Staudinger / Magnus*, CISG, Art. 8 Rn. 18; *Honnold*, Uniform Law, Art. 7 Anm.107.1.

alleine Einfluß auf deren Formulierung nehmen kann.[173] Es ist meiner Einschätzung nach richtig, daß der Grundsatz von Treu und Glauben eine solche Risikoverteilung beinhaltet. Es wäre tatsächlich nicht gerechtfertigt, dem Empfänger von AGB Nachteile aus unklar formulierten AGB aufzubürden, die aus dem Verantwortungsbereich des Verwenders herrühren. Somit kann zwar festgehalten werden, daß eine Unklarheitsregel im oben beschriebenen Sinne von dem Gutglaubens-Grundsatz umfaßt ist, doch sagt dies noch nichts darüber aus, ob die Unklarheitsregel bei der Auslegung von AGB im Anwendungsbereich des UN-Kaufrechts zu berücksichtigen ist. Dies wäre grds. dann der Fall, wenn der Grundsatz von Treu und Glauben in der CISG hinsichtlich der Auslegung von AGB manifestiert wäre. Art.8, der für die Auslegung von Standardbedingungen maßgeblich ist (vgl. oben), enthält diesen Grundsatz nicht unmittelbar. Soweit direkt auf Art. 7 I verwiesen wird[174] bestehen Bedenken. Hiernach ist zwar u.a. die Wahrung des guten Glaubens im internationalen Handel zu berücksichtigen, doch bezieht sich diese Vorschrift auf die Auslegung des Übereinkommens selbst[175] und nicht auf die von Erklärungen i.S.d. Art.8. Von daher erscheint es zumindest problematisch, die Unklarheitsregel ohne nähere Begründung auf Art.7 I zu stützen.[176] Betrachtet man jedoch den Umstand, daß der Gutglaubens-Grundsatz des Art. 7 I durchaus Einfluß nehmen kann auf das private Verhältnis zwischen den Parteien,[177] so lassen sich gute Argumente dafür finden, diesen mittelbar bei der Auslegung von AGB im Rahmen der Frage nach einer Unklarheitsregel zur Geltung kommen zu lassen. Wäre dies nämlich nicht der Fall, so könnte eine Unklarheitregel im UN-Kaufrecht nicht angenommen werden. Die Folge hiervon wäre, daß unklare AGB möglicher Weise zu Lasten des Empfängers ausgelegt werden. Dieses Ergebnis wiederum liefe dem Gebot des guten Glaubens im internationalen Handel zuwider, so daß ein Widerspruch entstehen würde zwischen der konkreten Anwendung des Art.8 und dem die ganze Konvention betreffenden Grundsatz aus Art. 7 I. Um aber nicht der eigenen Argumentation zu widersprechen, wonach der Grundsatz aus Art.7 I nicht ohne weiteres auf die Auslegung nach Art.8 angewandt werden kann, bedarf es einer besonderen Rechtfertigung für dieses Vorgehen. Diese ist darin zu sehen, daß der Art.8 Auslegungsspielräume freiläßt, nämlich dort wo er keine expliziten Regelungen enthält. Dort ist dann mit Hilfe des Art.7 I zu ermitteln, was z.B. dem guten Glauben entspricht. Bei der Frage nach Auslegungskriterien für unklare AGB schweigt Art.8, so daß ein auslegungsbedürftiger Raum entsteht.

---

[173] *Hennemann*, AGB-Kontrolle, Seite 98

[174] *Hennemann*, AGB-Kontrolle, Seite 98

[175] *Soergel/Lüderitz/Fenge*, CISG, Art.7 Rn.1; *Staudinger/Magnus*, CISG, Art.7 Rn.1

[176] Vgl. auch *Witz/Salger/Lorenz/Witz*, CISG, Art.8 Rn.15, der ein solches Vorgehen zwar in der Sache begrüßt, aber nicht ohne Weiteres für tragfähig hält, solange die universelle Geltung dieser Ausprägung des guten Glaubens nicht verifiziert ist.

[177] *Bianca/Bonell/Bonell*, CISG, Art.7 Anm.2.4.1; *Enderlein/Maskow/Strohbach*, CISG, Art.7 Anm. 1; *Schlechtriem/Herber*, CISG, Art. 7 Rn. 7; vgl. aus der Rechtsprechung OLG *Hamburg*, 05.10.1998, TranspR-IHR 1999, 39.

Für diesen Fall ist Art.7 I vorgesehen und greift dann ein, nämlich in der Weise, daß der gute Glaube im internationalen Handelsverkehr zu berücksichtigen ist, wozu eben auch eine Unklarheitsregel im oben beschriebenen Sinne gehört.

Zusammenfassend ergibt sich, daß bei der Auslegung von AGB im Anwendungsbereich der CISG eine Unklarheitsregel besteht, wonach mehrdeutige Standardklauseln zu Lasten des Verwenders auszulegen sind. Diese läßt sich aus Art.8 i.V.m. Art.7 I herleiten, wobei letzterer mittelbar zur Berücksichtigung des Gebots des guten Glaubens im internationalen Handelsverkehr bei der Auslegung von AGB führt, sofern die Frage nach einer Unklarheitsregel betroffen ist. Dieser Gutglaubens-Grundsatz wiederum beinhaltet die Grundsätze der besagten Unklarheitsregel.

4) Vorrang der Individualabrede

Im Rahmen der Auslegung von AGB spielt auch der Grundsatz des Vorrangs der Individualabrede, welcher beispielsweise in Deutschland gemäß § 305 b BGB gilt, eine gewichtige Rolle. Dieser ist im UN-Kaufrecht nicht ausdrücklich geregelt, so daß sich hier die Frage stellt, inwieweit ein Vorrang der Individualabrede nach der CISG gegeben ist.

Im Gegensatz zur Unklarheitsregel ergibt sich die grundsätzliche Vorrangigkeit von individuellen Vereinbarungen vor Standardklauseln aus Art.8 selbst. Wie oben dargelegt ist gemäß Art.8 II bei der Auslegung von AGB auf das Verständnis eines vernünftigen Empfängers abzustellen. Eine vernünftige Person wiederum würde den Individualvereinbarungen Vorrang geben vor den Formularbedingungen.[178] Es wäre nämlich widersinnig individuelle vertragliche Vereinbarungen zu treffen, die mit den AGB kollidieren, wenn man den Standardbedingungen vorrangige Bedeutung zumißt. Somit ergibt sich aus Art.8 II, daß Individualvereinbarungen grds. Vorrang vor Standardklauseln haben. Etwas anderes kann aber gelten, wenn ausnahmsweise Art.8 I einschlägig ist, d.h. wenn nach dem Willen des AGB-Stellers die Standardbedingungen gegenüber den Individualabreden Vorrang genießen sollen und der Empfänger dies wußte oder grob fahrlässig nicht wußte.

5) Beschränkte Auslegungsmöglichkeit der Revisionsgerichte

Im Zusammenhang mit der Auslegung von AGB im Anwendungsbereich des UN-Kaufrechts existiert ein nennenswerter prozessualer Aspekt. Dieser besteht darin, daß beispielsweise das deutsche Revisionsgericht gemäß §§ 545 I, 560

[178] So auch *Witz/Salger/Lorenz/Witz*, CISG, Art.8 Rn.14.

ZPO[179] an die Auslegung von ausländischen AGB durch das Berufungsgericht gebunden ist,[180] unabhängig davon, ob die Auslegung richtig, unvollständig oder widerspruchsvoll vollzogen wurde.[181] Soweit sich die Regelung des § 545 I ZPO dem Wortlaut nach nur auf „Recht" bezieht, bleibt festzuhalten, daß diese Vorschrift auch die Auslegung von ausländischen AGB erfaßt.[182] Ausländische AGB liegen dann vor, wenn die AGB auf der Grundlage ausländischen Rechts formuliert wurden.[183] Sofern Standardbedingungen auf der Basis des UN-Kaufrechts erarbeitet wurden, kann nicht von ausländischen AGB ausgegangen werden. Der Grund hierfür ist darin zu sehen, daß das vereinheitlichte Kaufrecht Teil der nationalen Rechtsordnungen ist (vgl. oben) und somit kein ausländisches Recht darstellt. Von daher sind die Regelungen der §§ 545 I, 560 ZPO in diesen Fällen nicht einschlägig und entsprechende AGB unterliegen einer erneuten Auslegung durch das Revisionsgericht. Generell ist aber die Konsequenz aus den genannten Vorschriften, daß der BGH an die tatrichterliche Auslegung gebunden ist und eine lediglich auf eine fehlerhafte Auslegung gestützte Revision unbegründet ist.[184]

Der praktisch relevante Anknüpfungspunkt der beschriebenen Regelung zum UN-Kaufrecht wird deutlich, wenn man sich vor Augen hält, daß beim Abschluß von internationalen Kaufverträgen oft AGB verwendet werden, die oft auch nur auf die nationalen Rechtsordnungen der Verwender abgestimmt sind. Der Grund dafür liegt einerseits darin, daß noch eine Unkenntnis hinsichtlich der CISG besteht. Andererseits ist die Ursache für eine Ausrichtung der Klauselwerke an den jeweiligen nationalen Rechtsordnungen in der Vertrautheit der Verwender mit „ihrem" Recht zu sehen. Die Folge dessen ist, daß die im Anwendungsbereich der CISG vertraglich einbezogenen Standardklauseln häufig „ausländische AGB" im oben beschriebenen Sinne sind. Dies gilt natürlich nur dann, wenn der Gerichtsstand, in dem ein Rechtsstreit anhängig ist, nicht in demselben Staat liegt, dessen Rechtsordnung auch den auszulegenden AGB zugrunde liegt. Für die Auslegung der AGB bedeutet dies, daß sie in materieller Hinsicht durch die zuständigen Gerichte anhand der CISG zu erfolgen hat (vgl. oben), eine Auslegung aber nicht mehr erneut durch das Revisionsgericht erfolgen kann, sofern es sich um „ausländische AGB" handelt.

---

[179] Hinweise bzgl. vergleichbarer und anders lautender Regelungen in anderen Staaten (u.a. Griechenland, Österreich, Frankreich, Italien, Spanien, Portugal) finden sich bei *Kerameus*, ZZP Band 99, 170 ff.

[180] *Thomas / Putzo / Reichhold*, ZPO, § 560 Rn. 1 i. V. m. § 545 Rn. 9 ; *Baumbach/Lauterbach/Albers/Hartmann*, ZPO, § 562 Rn.1 i.V.m. § 549 Rn.6; *Kerameus*, ZZP Band 99, 171

[181] *Thomas/Putzo/Reichhold*, ZPO, § 560 Rn.1

[182] BGH, 22.02.1994, NJW 1994, 1409; BGH, 19.09.1990, NJW 1991, 37

[183] *Münchener Kommentar/Wenzel*, ZPO II, § 549 Rn.13

[184] *Baumbach/Lauterbach/Albers/Hartmann*, ZPO, § 549 Rn.4

Diese Situation stellt sich aber als unbefriedigend dar. Man stelle sich nur den Fall vor, in dem ein deutscher und ein sonstiger Vertragspartner, mit Sitz in einem UN-Kaufrechts-Mitgliedsland, einen Warenkaufvertrag schließen unter beidseitiger Einbeziehung ihrer AGB, welche jeweils auf das nationale Heimatrecht abgestimmt sind. In einem Rechtsstreit mit Gerichtsstand in Deutschland hätte dies zur Folge, daß die AGB beider Seiten bei Zweifeln nach dem Maßstab des Art.8 durch das deutsche Gericht auszulegen sind. Kommt es dann zu einer Revision und gegebenenfalls zu einer Anschlußrevision, so könnte der BGH die vom deutschen Vertragspartner gestellten AGB als „inländische Standardklauseln" erneut auslegen, die „ausländischen AGB" des Vertragspartners aber nicht mehr. Dies kann zu Vor- oder Nachteilen beider Seiten führen. In jedem Fall aber wird eine eklatante Verletzung der Rechtsgleichheit der Parteien ersichtlich. Es wird nämlich hinsichtlich der Auslegung der „ausländischen" Klauselwerke der Rechtsschutz um eine Instanz verkürzt im Vergleich zu den „inländischen AGB". Zudem hat das Revisionsgericht nicht die Möglichkeit, bei unterschiedlicher Auslegung gleichlautender „ausländischer AGB" durch verschiedene Berufungsgerichte diese vereinheitlichend auszulegen, was gerade im internationalen Wirtschaftsverkehr im Rahmen der Rechtssicherheit von enormer Bedeutung ist.[185]

Um diese Nachteile zu vermeiden, müßte das Revisionsgericht zumindest in Fällen der beschriebenen Art befugt sein, auch die Auslegung der „ausländischen AGB" zu prüfen. Um aber eine Ausnahme von der zuvor dargelegten Regel machen zu können, bedarf es einer besonderen Rechtfertigung. Diese ergibt sich aus den folgenden Zusammenhängen:
„Ausländische AGB" fallen deswegen unter die Regelung des § 545 I ZPO, weil sie den Charakter einer ausländischen Rechtsordnung tragen.[186] Sie werden also ausländischem Recht gleichgestellt. Die Irrevisibilität des ausländischen Rechts wiederum besteht hinsichtlich des tatrichterlich festgestellten Inhalts[187], welcher sich aus der Auslegung und Anwendung des ausländischen Rechts ergibt. Bei der Auslegung von AGB, gleich ob „inländische" oder „ausländische", im Anwendungsbereich der CISG ist aber der Inhalt anhand des UN-Kaufrechts als Teil der nationalen Rechtsordnungen zu ermitteln und nicht anhand ausländischen Rechts. Hierin besteht ein erheblicher Unterschied zu der Handhabung bei der Inhaltsermittlung von ausländischem Recht, welcher es

---

[185] I.d.S. auch *Teske*, EuZW 1991, 152 f.
[186] BGH, 22.02.1994, NJW 1994, 1409
[187] *Zöller/Gummer*, ZPO, § 560 Rn.3

rechtfertigt, daß AGB im Anwendungsbereich der Wiener Kaufrechtskonvention nicht unter die §§ 545 I, 560 ZPO zu fassen sind.[188]

Im Übrigen wurden die durch die §§ 545 I, 560 ZPO normierten Grundsätze durch den BGH auch nicht immer konsequent durchgehalten,[189] so daß es durchaus als zulässig erscheint, in besonderen Fällen, wie den hier in Rede stehenden, von der strikten Irrevisibilität der Auslegung „ausländischer AGB" abzusehen.

Auch ein Vergleich mit der österreichischen Regelung z.B. zeigt, daß die deutsche und entsprechende sonstige nationale Gesetzgebungen für die angesprochenen Fälle nicht sachgerecht sind. Hiernach ist es i.S.d. § 503 Ziff.4 öZPO ohne weiteres zulässig, daß eine Auslegung von ausländischem Recht bzw. „ausländischen AGB" durch den obersten Gerichtshof überprüft wird.[190]

Zusammenfassend läßt sich festhalten, daß trotz der §§ 545 I, 560 ZPO und vergleichbaren Regelungen in anderen Nationen die Auslegung von AGB, gleich ob „inländisch" oder „ausländisch", im Anwendungsbereich der CISG stets der Nachprüfbarkeit in der Revision unterliegen sollten.

B) Anwendbares Recht

Im Rahmen der inhaltlichen Kontrolle von AGB, die i.S.d. Artt.14 ff, 8 wirksam in einen internationalen (Kauf-) Vertrag einbezogen wurden, stellt sich die Frage, welches Recht für die Inhaltskontrolle heranzuziehen ist. Denkbar sind zunächst zwei Möglichkeiten, nämlich der Rückgriff auf die Regelungen der CISG bzw. die Anwendung von unvereinheitlichtem nationalen Recht.
Gemäß Art.4 lit.a regelt das Kaufrechtsübereinkommen nicht die Gültigkeit des Vertrages oder einzelner Vertragsbestimmungen oder die Gültigkeit von Gebräuchen, sofern in der CISG nicht ausdrücklich etwas anderes bestimmt ist. Demnach regelt die Konvention nicht die materielle Gültigkeit des Vertrages, d.h. den „inneren Konsens".[191] Zu diesem „inneren Konsens" gehört aber auch die Frage der inhaltlichen Wirksamkeit von AGB, so daß letztlich deren

---

[188] I.d.S. auch *Staudinger/Schlosser*, AGBG, § 5 Rn.30; *Aden*, RIW/AWD 1989, 610, welche die Revisibilität der Auslegung von „ausländischen AGB" bejahen, wenn sich aus dem Vertragsstatut ergibt, daß die Auslegung nach deutschem Recht zu erfolgen hat; dies ist vergleichbar mit der Situation, daß die Auslegung nach UN - Kaufrecht zu erfolgen hat, da dieses Teil der jeweiligen Rechtsordnungen, z.B. auch der deutschen, ist.

[189] Vgl. die aufgeführten Beispiele bei *Teske*, EuZW 1991, 150 f, mit Hinweisen auf die entsprechenden BGH-Urteile.

[190] *Fasching*, Zivilprozeßrecht, Rn.1919

[191] *Schwimann/Posch*, ABGB V, Art.4 CISG Rn.6

Inhaltskontrolle nicht den Regelungen der Kaufrechtskonvention unterfällt.[192] Es existieren auch keine anders lautenden ausdrücklichen Bestimmungen in der CISG. Die Konsequenz dessen ist, daß die Inhaltskontrolle der AGB dem jeweils maßgeblichen nationalen Recht unterliegt.[193] Welches das maßgebliche Recht ist bestimmt sich wiederum nach den Regeln des Internationalen Privatrechts.

Hierbei ist aber strittig, welchem unvereinheitlichten Recht die Frage der Inhaltskontrolle unterfällt. Nach einer Ansicht sollen die von der CISG nicht geregelten „Restfragen" grds. selbständig angeknüpft werden, nach der „engsten Verbindung" der jeweils zu beurteilenden Einzelfrage.[194] Für die hier in Rede stehende AGB-Inhaltskontrolle bedeutet dies, daß je nach dem spezifischen Schutzzweck der zur Prüfung in Betracht kommenden Norm anzuknüpfen ist, sofern keine Rechtswahl vorliegt.[195] Demzufolge soll dann das nationale Recht des Staates zur Anwendung kommen, in dem die Partei niedergelassen ist bzw. sich gewöhnlich aufhält, die vor mißbräuchlichen AGB zu schützen ist.[196] Begründet wird diese Ansicht damit, daß es nicht gerechtfertigt ist, alle „Restfragen" pauschal einer Rechtsordnung zu unterstellen, die zwar nach den allgemeinen Regeln des IPR anzuwenden ist, aber den an sich der CISG unterfallenden Kaufvertrag in seiner Gesamtheit nicht beherrscht und zu dem für den Vertrag in Wahrheit maßgebenden Sonderstatut keine sachliche Verbindung hat.[197] Nach deutschem IPR sei eine solche selbständige Anknüpfung der jeweiligen „Restfrage" nach Maßgabe ihres eigenen Schwerpunktes über die Regelung des Art.28 I 2 EGBGB möglich.[198] Dem Gegenargument, daß ein solches Vorgehen zu einer décepage, d.h. einer Aufteilung der anzuwendenden Rechtsordnungen führt, wird damit begegnet, daß in den Fällen der grds. Anwendung der CISG ohnehin eine Aufteilung der maßgeblichen Rechte bestehe.[199] Für von der CISG nicht geregelte Materien sei nämlich neben dem UN-Kaufrecht, welches zwar formal ein Teil der nationalen Rechtsordnungen sein kann, de facto aber eine eigene Rechtsregelung ist, eine andere Rechtsordnung für die „Restfragen" heranzuziehen.[200]

---

[192] Ganz h.M., vgl. stellvertretend OLG *München*, 11.03.1998, TranspR - IHR 999, 19 f; AG *Nordhorn*, 14.06.1994 = CISG online Case 259; *Honsell/Siehr*, CISG Art. 4 Rn. 5; *Schlechtriem*, JZ 1988, 1040; *Schmitz*, MMR 2000, 260.

[193] *Piltz*, UN-Kaufrecht, Rn.155

[194] *Stoll*, Internationalprivatrechtliche Fragen, Seite 502 ff

[195] I.d.S. *Schlechtriem/Stoll*, CISG, Art.79 Rn.64; *Stoll*, Internationalprivatrechtliche Fragen, Seite 511 ff.

[196] *Stoll*, Internationalprivatrechtliche Fragen, Seite 502 ff

[197] *Stoll*, IPRax 1993, 75

[198] *Stoll*, aaO

[199] *Stoll*, Internationalprivatrechtliche Fragen, Seite 496

[200] *Stoll*, Internationalprivatrechtliche Fragen, Seite 502 f

Demgegenüber steht die überwiegende Meinung, welche annimmt, daß von der CISG nicht geregelte „Restfragen" nach dem internationalprivatrechtlich maßgeblichen Vertragsstatut einheitlich zu beantworten sind.[201] Die Folge einer entsprechenden Handhabung ist, daß alle nicht von der Konvention geregelten Bereiche dann nur einer weiteren nationalen Rechtsordnung unterfallen.

Gegen die zuerst genannte Ansicht spricht insbesondere die dadurch entstehende Aufspaltung der anzuwendenden Rechtsordnungen. Stellt man sich nämlich einen Fall vor, in dem beide Vertragsparteien AGB verwendet haben, die auch wirksam in den Vertrag einbezogen wurden, so führt diese Ansicht dazu, daß die jeweiligen AGB anhand unterschiedlicher Rechtsordnungen überprüft werden könnten. Sind nämlich in den AGB des Verkäufers als auch des Käufers solche enthalten, die gegebenenfalls inhaltlich unwirksam sind, so ist jeweils wechselseitig das Recht des Staates bzgl. der AGB-Kontrolle anzuwenden, in dem der jeweilige Empfänger niedergelassen ist bzw. seinen gewöhnlichen Aufenthalt hat. Diese Konsequenz ergebe sich aus der schutzzweckorientierten Sonderanknüpfung. Ein solches Ergebnis ist aber nicht wünschenswert. Einerseits führt es zur Verwirrung der betroffenen Parteien und ist somit dem Grundsatz der Rechtsklarheit abträglich. Andererseits führt es dazu, daß AGB, die in ein und demselben Vertrag gestellt wurden, anhand verschiedener Maßstäbe geprüft werden. Diese Konsequenz ist hinsichtlich der Rechtsgleichheit nicht hinnehmbar. Zudem läuft diese décepage dem Gedanken der Rechtsvereinheitlichung , welcher dem IPR innewohnt, zuwider.
Hinsichtlich des Arguments, daß es bei der Handhabung von „Restfragen" im Rahmen des UN-Kaufrechts ohnehin zu einer Rechtsaufteilung kommt, ist zu sagen, daß, wenn man von einer solchen ausgeht, diese nicht noch verstärkt werden sollte, sondern vielmehr jede weitere Rechtsspaltung im Interesse der Parteien (vgl. die vorherigen Ausführungen hinsichtlich der Rechtsklarheit und der Rechtsgleichheit) vermieden werden sollte.[202]
Letztlich würde eine schutzzweckorientierte Sonderanknüpfung im Rahmen der AGB-Inhaltskontrolle zu einem Hemmnis im internationalen Handelsverkehr führen.[203] Der Verwender der AGB müßte nämlich stets bei der Ausarbeitung seiner AGB die Kontrollmechanismen des Staates berücksichtigen, in dem der Käufer niedergelassen ist bzw. seinen gewöhnlichen Aufenthalt hat. Diese Konsequenz wäre für die Praxis schlechterdings unzumutbar und weitestgehend unpraktikabel.

Von daher ist der zweitgenannten Ansicht zu folgen, wonach sich die AGB-Inhaltskontrolle nach dem nationalen Recht richtet, auf das die allgemeinen

[201] I.d.S. *Schlechtriem/Huber*, CISG, Art.45 Rn.62; *Staudinger/Magnus*, CISG, Art.4 Rn.5; *Hennemann*, AGB-Kontrolle, Seite 108.
[202] So auch *Hennemann*, AGB-Kontrolle, Seite 107.
[203] Vgl. *Hennemann*, AGB-Kontrolle, Seite 108.

Regeln des IPR verweisen,[204] ohne Rücksicht auf eine Sonderanknüpfung im oben beschriebenen Sinne. Abschließend verbleibt darauf hinzuweisen, daß es sich bei der hier behandelten Thematik nicht um die bereits erörterte Einbeziehungsproblematik handelt, bei der die Artt.14 ff i.V.m. Art.8 einschlägig sind.

---

[204] Da unter den sachlichen Anwendungsbereich der CISG lediglich Warenkaufverträge oder Werklieferungsverträge fallen können (vgl. oben), führt die Regelung des Art.28 I, II EGBGB nach deutschem Internationalen Privatrecht dazu, daß widerlegbar vermutet wird, daß das Recht des Staates zur Anwendung kommt, in dem der Verkäufer bzw. Hersteller zum Zeitpunkt des Vertragsschlusses seinen gewöhnlichen Aufenthalt bzw. seine Niederlassung hat, sofern nicht nach Art.27 EGBGB ein anderes Recht vereinbart wurde. Dies ergibt sich daraus, daß bei Werklieferungs- bzw. Kaufverträgen vermutet wird, daß die charakteristische Leistung vom Hersteller bzw. Verkäufer ausgeht und somit die engste Verbindung des Vertrages zu dem Staat besteht, in dem der Hersteller bzw. Verkäufer seinen gewöhnlichen Aufenthalt bzw. seine Niederlassung hat, vgl. *Münchener Kommentar/Martiny*, Art. 28 EGBGB Rn. 30, 32. Demzufolge sind nach deutschem Internationalen Privatrecht in diesen Fällen dann die AGB nach dem nationalen Recht des Staates, in dem der Hersteller bzw. Verkäufer sich gewöhnlich aufhält bzw. niedergelassen ist, hinsichtlich ihrer inhaltlichen Wirksamkeit zu prüfen.
Entsprechendes gilt beispielsweise auch für das schweizerische Internationale Privatrecht, vgl. *Vischer*, Internationales Vertragsrecht, Rn.230, 233 f, wobei sich diese Regelung im Gegensatz zum deutschen Internationalen Privatrecht unmittelbar aus dem Gesetz ergibt, gemäß Art. 117 III IPR - Gesetz; eine Fassung des schweizerischen IPR - Gesetz in Französisch, Italienisch, Deutsch und Englisch findet sich bei *Dutoit*, Droit International Privé Suisse.
Zu demselben Ergebnis gelangt man auch nach österreichischem Internationalen Privatrecht, gemäß Art.1 IPRG, Art.4 EVÜ, vgl. *Dittrich/Tades*, ABGB, Anmerkung 2 zu Art.4 EVÜ.
Diese dem EVÜ entstammende Regelung läßt sich aufgrund der EU - weiten Geltung des Römer Übereinkommens grds. für die gesamte Europäischen Union verallgemeinern. Allerdings haben die Staaten Belgien, Dänemark, Finnland, Frankreich, Italien und Schweden auch das Haager Übereinkommen betreffend das auf internationale Kaufverträge über bewegliche Sachen anzuwendende Recht vom 15.06.1955 ratifiziert, so daß sich das anwendbare Recht nach den Regeln des Haager Übereinkommens richtet, das nach Art.21 EVÜ den Regelungen des EVÜ vorgeht, vgl. *Magnus*, ZEuP 2002, 527. Dies führt letztlich aber meist zu keinem anderen Ergebnis. Der bedeutendste Unterschied zwischen dem Römer Übereinkommen und dem Haager Übereinkommen ergibt sich aus Art.3 II Haager Übereinkommen, wonach das Käuferrecht gilt, wenn der Verkäufer oder sein Vertreter die Bestellung im Land des Käufers entgegengenommen hat, vgl. *Magnus*, ZEuP 2002, 527 in Fn.30.

C) Darstellung der Inhaltskontrolle von AGB am Beispiel einiger ausgesuchter Staaten

Nachdem dargelegt wurde, daß wirksam einbezogene AGB nach dem unvereinheitlichten nationalen Recht inhaltlich zu kontrollieren sind, auf welches das IPR verweist, wird im Folgenden die Inhaltskontrolle nach dem Recht Deutschlands, Österreichs, der Schweiz, Frankreichs und den USA skizziert.[205] Die Auswahl gerade dieser Staaten erfolgte, um einerseits die Inhaltskontrolle im deutschsprachigen Raum zu erfassen und andererseits um die beiden wichtigsten Außenhandelspartner Deutschlands in die Betrachtungen miteinzubeziehen.

I) AGB-Inhaltskontrolle nach unvereinheitlichtem deutschem Recht

In Deutschland existiert mit den §§ 307 ff BGB eine ausdrücklich normierte Regelung zur Inhaltskontrolle von AGB. Hierbei wird grundsätzlich unterschieden, ob der die AGB empfangende Vertragspartner Verbraucher oder Unternehmer ist. Gemäß § 310 I 1 BGB findet nämlich bei einem Unternehmer als Vertragspartner keine Inhaltskontrolle nach den Katalogen der §§ 308 und 309 BGB statt. Allerdings können diese Regelungen Einfluß in Form einer Indizwirkung auf die in diesem Bereich maßgebliche Kontrolle nach § 307 BGB haben.[206] Unter Berücksichtigung dieser Unterscheidung ist für AGB im Anwendungsbereich der CISG zu sagen, daß die Inhaltskontrolle nach deutschem unvereinheitlichten Recht vornehmlich anhand des § 307 BGB stattfindet. Dies ergibt sich als Folge der Regelung des Art.2 lit.a, wonach abgesehen von Ausnahmefällen keine Verbrauchergeschäfte vom UN-Kaufrecht erfaßt werden. Vielmehr ist der unternehmerische Geschäftsverkehr der praxisrelevante Anwendungsbereich des einheitlichen Kaufrechts, so daß im Rahmen der AGB-Inhaltskontrolle regelmäßig nur der § 307 BGB einschlägig ist. Von daher wird die Darstellung der Inhaltskontrolle von AGB nach deutschem unvereinheitlichten Recht auf diesen Bereich beschränkt.

1) Ausschluß der Inhaltskontrolle

Gemäß § 307 III 1 BGB sind solche AGB von der Inhaltskontrolle ausgeschlossen, die keine von Rechtsvorschriften abweichende oder diese

[205] Rechtsvergleichende Übersichten zur Inhaltskontrolle von AGB finden sich auch bei *Zweigert/Kötz*, Einführung, Seite 326-340; *Kötz*, Europäisches Vertragsrecht I, Seite 216 - 234; *Neumayer*, Contracting Subject to Standard Terms and Conditions; umfassend bei *Ranieri*, Obligationenrecht, Seite 167 ff.

[206] Vgl. noch zum AGBG *Ulmer/Brandner/Hensen/Brandner*, AGBG, § 24 Rn.19; BGH, 08.03.1984, NJW 1984, 1751.

ergänzende Regelungen treffen. Bei rein innerdeutschen Sachverhalten bezieht sich diese Vorschrift auf die zur Ermöglichung der Inhaltskontrolle notwendige Abweichung bzw. Ergänzung von Vorschriften des nationalen Rechts, wie z.B. dem BGB oder HGB. Ist das anzuwendende Recht, abgesehen von Regelungslücken, aber der CISG zu entnehmen, so muß die Regelung des § 307 III 1 BGB auch auf dieses vereinheitlichte Recht bezogen werden. Dies bedeutet, daß eine Inhaltskontrolle von AGB in Verträgen im Anwendungsbereich der CISG nur stattfindet, wenn die Standardklauseln Abweichungen oder Ergänzungen vom UN-Kaufrecht beinhalten.[207]

Unter den Ausschluß des § 307 III 1 BGB fallen zunächst deklaratorische Klauseln, d.h. solche, die nur den Inhalt der einschlägigen gesetzlichen Regelung, sprich der CISG, wiedergeben.[208] Weiterhin wurde im Rahmen innerdeutscher Streitigkeiten auch entschieden, daß Leistungsbeschreibungen, die den Gegenstand der Hauptleistung unmittelbar festlegen,[209] und Preisvereinbarungen, soweit sie Art und Umfang der Vergütung unmittelbar regeln,[210] einer Inhaltskontrolle nicht unterliegen. Der Sinn dieses Ausschlusses liegt darin, daß weder eine Kontrolle der Preise noch der Angebote stattfinden soll.[211] Etwas anderes kann auch nicht für den Anwendungsbereich der Wiener Konvention gelten, denn auch nach der CISG steht die Vereinbarung von Leistung und Gegenleistung zur freien Entscheidung der Parteien, so daß mangels gesetzlicher Regelung in diesem Bereich nicht von einer solchen abgewichen werden kann.

2) Inhaltskontrolle gemäß § 307 BGB

Gemäß § 307 I 1 BGB halten solche AGB einer inhaltlichen Kontrolle nicht stand, die den Verwendungsgegner unangemessen benachteiligen. Eine solche Benachteiligung liegt immer dann vor, wenn der Verwender versucht, mißbräuchlich eigene Interessen auf Kosten des Vertragspartners durchzusetzen, ohne von vornherein die Interessen seines Partners hinreichend zu berücksichtigen und ihm einen angemessenen Ausgleich zuzugestehen.[212] Eine entsprechende inhaltliche Überprüfung der AGB ist in erster Linie anhand der Regelbeispiele des § 307 II BGB vorzunehmen, welche den § 307 I BGB konkretisieren, aber ihm dennoch eigenständige Bedeutung belassen.[213] Die

[207] I.d.S. *Wieland*, AGBG, Seite 72; *Ulmer/Brandner/Hensen/Brandner*, AGBG, § 8 Rn.31.
[208] *Ulmer/Brandner/Hensen/Brandner*, AGBG, § 8 Rn.30 f
[209] BGH, 24.03.1999, BGHZ 141, 141
[210] BGH, 14.10.1997, NJW 1998, 383
[211] BGH, 06.02.1985, NJW 1985, 3013; *Erman/Hefermehl/Werner*, BGB, § 8 AGBG Rn.1
[212] *Schlünder*, AGB Prüfung und Gestaltung, Rn.600
[213] *Palandt/Heinrichs*, Ergänzungsband, § 307 Rn.2; *Staudinger/Coester*, AGBG, § 9 Rn.65

Regelbeispiele des Abs.2 enthalten eine widerlegbare Vermutung[214] für das Vorliegen einer unangemessenen Benachteiligung, sofern ihre Voraussetzungen erfüllt sind.

a) Die unangemessene Benachteiligung nach § 307 II Nr.1 BGB

Nach der Regelung des § 307 II Nr.1 BGB ist eine Standardklausel im Zweifel dann unangemessen, wenn die in ihr enthaltene Bestimmung mit dem wesentlichen Grundgedanken der gesetzlichen Regelung, von der abgewichen wird, nicht zu vereinbaren ist. Dieser Ansatz geht von der Leitbildfunktion des dispositiven Gesetzesrechts aus.[215] Im Anwendungsbereich der CISG ist hier auf die Regeln der Konvention als maßgebliche gesetzliche Regelung, von der abgewichen wird, abzustellen.[216] Dies ergibt sich, wie auch schon bei der ähnlich gelagerten Problematik im Rahmen des § 307 III 1 BGB, daraus, daß die maßgeblichen Rechtsvorschriften bei der Abwicklung von internationalen Warenkaufverträgen dem UN-Kaufrecht zu entnehmen sind. Grundgedanken des unvereinheitlichten nationalen Rechts können nur dann eine Rolle als Maßstab der Prüfung im Rahmen des § 307 II Nr.1 BGB spielen, wenn die betroffene Gesetzesmaterie nicht von der Wiener Kaufrechtskonvention erfaßt ist und insoweit unvereinheitlichtes Recht anzuwenden ist, gemäß Art.7 II.

---

[214] *Thamm/Pilger*, AGBG, § 9 Rn.9

[215] *Ulmer/Brandner/Hensen/Brandner*, AGBG, § 9 Rn.132

[216] So u.a. auch *Wolf/Horn/Lindacher/Wolf*, AGBG, § 9 Rn.66; *Wieland*, AGBG, Seite 95; *Westphalen*, EWS 1990, 107; *Karollus*, öst.JBl 1993, 30; OLG *Zweibrücken*, 31.03.1998 = CISG online Case 481; a.A. *Soergel/Lüderitz/Fenge*, CISG, Art.4 Rn.6 Fn.10, wobei nur wenig zur Begründung ausgeführt wird; kritisch ist auch *Schluchter*, Die Gültigkeit von Kaufverträgen unter dem UN - Kaufrecht, Seite 196 ff. Sie ist der Ansicht, daß die wesentlichen Grundgedanken des dispositiven Rechts nicht der CISG, sondern dem unvereinheitlichten nationalen Recht zu entnehmen sind. Die Begründung soll im wesentlichen darin liegen, daß in die CISG keine Gedanken über die Grenzen der Abdingbarkeit eingegangen sind, so daß der CISG auch keine unabdingbaren wesentlichen Grundgedanken zu entnehmen seien. Im Übrigen würde mit der Heranziehung der CISG zur Ausfüllung des § 9 AGBG (die Ausführungen beziehen sich noch auf das AGBG) eine Unbestimmtheit eintreten. Diese Kritik kann nicht überzeugen. Sofern nämlich die CISG nicht ausgeschlossen ist und zur Anwendung kommt, stellt sie das für das betroffene Geschäft maßgebliche Recht dar. Insofern müssen auch dessen Wertungen bei der Beurteilung der Unangemessenheit einer Klausel zugrunde gelegt werden. Nur so kann der Anwendbarkeit des UN - Kaufrechts auf das betroffene Geschäft und dessen internationalem Charakter Rechnung getragen werden. Im Übrigen führt ein Einfluß der CISG auf die Inhaltskontrolle über die auslegungsbedürftigen nationalen Vorschriften zu einer wünschenswerten Rechtsvereinheitlichung, indem er zu einer Angleichung der Maßstäbe in der Bewertung unbilliger Klauseln führt.

Inhaltlich fordert § 307 II Nr.1 BGB für die Annahme einer unangemessenen Benachteiligung des AGB-Empfängers die Unvereinbarkeit der AGB-Klausel mit dem wesentlichen Grundgedanken der gesetzlichen Regelung. Der wesentliche Grundgedanke einer gesetzlichen Regel wiederum setzt sich aus dem ihr innewohnenden Zweck und den in ihr getroffenen Wertentscheidungen zusammen.[217] Ist nun eine AGB-Klausel auf ihre inhaltliche Wirksamkeit hin zu prüfen, so muß im Rahmen des § 307 II Nr.1 BGB festgestellt werden, welche gesetzliche Materie sie betrifft, wie die gesetzliche Regelung (von der sie abweicht) lautet und zuletzt anhand des Einzelfalles entschieden werden, ob die Abweichung mit dem Grundgedanken der gesetzlichen Regelung unvereinbar ist. Hierbei ist zu berücksichtigen, daß nur diejenigen wesentlichen Grundgedanken zu berücksichtigen sind, welche den Schutz des AGB-Empfängers bezwecken, da § 307 II Nr.1 BGB auch nur den Schutz des Verwendungsgegners bezweckt.[218] Weiterhin muß die Abweichung, für eine Annahme der Unangemessenheit, nicht nur unerheblich in die geschützten Interessen des Vertragspartners eingreifen[219] und im Falle einer erheblichen Abweichung darf keine Vereinbarung existieren, welche die Abweichung durch Gewährung anderer, gleichwertiger Vorteile kompensiert.[220] Letztlich ist zur Beurteilung der Frage, ob eine unangemessene Benachteiligung des Vertragspartners i.S.d. § 307 II Nr.1 BGB gegeben ist, eine Interessenabwägung[221] unter Berücksichtigung der dargelegten Kriterien durchzuführen.

b) Die unangemessene Benachteiligung nach § 307 II Nr.2 BGB

Nach dem Regelbeispiel des § 307 II Nr.2 BGB liegt eine unangemessene Benachteiligung vor, wenn wesentliche Rechte und Pflichten, die sich aus der Natur des Vertrages ergeben, so eingeschränkt werden, daß die Erreichung des Vertragszwecks gefährdet ist. Als wesentliche Vertragspflichten (Kardinalpflichten) sind bei synallagmatischen Verträgen v.a. die im Gegenseitigkeitsverhältnis stehenden Pflichten anzusehen.[222] Nebenpflichten können aber auch zu den wesentlichen Vertragspflichten gehören, wenn sie für den Schutz des Vertragspartners von grundlegender Bedeutung sind.[223] Dem sachlichen Anwendungsbereich der CISG unterfallen lediglich Warenkaufverträge bzw. Werklieferungsverträge i.S.d. Art.3 I, so daß grundsätzlich gegenseitige Verträge vorliegen. Demzufolge sind die gemäß

[217] *Wolf/Horn/Lindacher/Wolf*, AGBG, § 9 Rn.70
[218] *Palandt/Heinrichs*, Ergänzungsband, § 307 Rn.27
[219] *Palandt/Heinrichs*, Ergänzungsband, § 307 Rn.28
[220] *Soergel/Stein*, BGB III, § 9 AGBG Rn.38
[221] *Ulmer/Brandner/Hensen/Brandner*, AGBG, § 9 Rn.141
[222] *Jauernig/Teichmann*, BGB, § 9 AGBG Rn.6
[223] *Schlünder*, AGBG in Leitsätzen, § 9 Rn.41, mit Nachweisen aus der Rechtsprechung.

§ 307 II Nr.2 BGB im Rahmen der Inhaltskontrolle von AGB zu beachtenden Pflichten in erster Linie die Verpflichtung der Entgeltzahlung durch den Käufer, gemäß Art.53 und die Übergabe- bzw. Eigentumsverschaffungspflicht des Verkäufers, gemäß Art.30. Unter das Aushöhlungsverbot des § 307 II Nr.2 BGB fallen letztlich also v.a. solche AGB, die die soeben aufgezählten Rechte und Pflichten derart einschränken, daß der Vertragszweck gefährdet ist. Dies ist dann der Fall, wenn die mit dem Vertrag angestrebten wirtschaftlichen oder sonstigen Ziele nicht oder nur mit wesentlichen Einschränkungen erreicht werden können oder durch eine Verlagerung der Vertragsrisiken ernsthaft gefährdet sind.[224] Dies kann grundsätzlich bei einer nicht unerheblichen Einschränkung der wesentlichen Rechte und Pflichten angenommen werden.

Abschließend ist anzumerken, daß aufgrund der gesetzlichen Fixierung der Pflichten beim internationalen Warenkaufvertrag, gemäß Artt.30 ff, 53 ff, eine Einschränkung der wesentlichen Pflichten durch AGB bereits eine Abweichung von der gesetzlichen Regel i.S.d. § 307 II Nr.1 BGB darstellt.[225] Insoweit können die Nr.1 und Nr.2 des Abs.2 zwar nebeneinander angewendet werden, doch kommt der Regelung des § 307 II Nr.2 BGB nur eine Konkretisierungsfunktion hinsichtlich des § 307 II Nr.1 BGB zu.[226] Da im Anwendungsbereich der CISG stets nur AGB im Rahmen von Kauf- bzw. Werklieferungsverträgen nach dem UN-Kaufrecht zur Prüfung anstehen, stellt die dem § 307 II Nr.2 BGB soeben zugeschriebene Bedeutung den Regelfall dar.

c) Die unangemessene Benachteiligung nach § 307 I BGB

Wie bereits zuvor erwähnt, beinhaltet der § 307 II BGB lediglich Regelbeispiele des Abs.1. Dieser Regelung kommt bei der Inhaltskontrolle demnach immer dann Bedeutung zu, wenn die Unwirksamkeitsvermutung des § 307 II BGB nicht eingreift. Nach Abs.1 sind AGB unwirksam, wenn der Vertragspartner durch die zu kontrollierende Klausel entgegen den Geboten von Treu und Glauben unangemessen benachteiligt wird. Dies ist anhand einer Interessenabwägung zwischen den Parteien zu ermitteln.[227] Es bedarf also einer umfassenden Würdigung, die die Interessen beider Parteien und die Anschauungen der beteiligten Verkehrskreise miteinbezieht.[228] Hieraus wird für den Anwendungsbereich der CISG ersichtlich, daß insbesondere auch

---

[224] *Ulmer/Brandner/Hensen/Brandner*, AGBG, § 9 Rn.145

[225] Vgl. *Palandt/Heinrichs*, Ergänzungsband, § 307 Rn.31, zwar ohne Bezug zum UN-Kaufrecht, doch ist diese Ansicht entsprechend auf die hier in Rede stehenden Konstellationen anzuwenden.

[226] *Palandt/Heinrichs*, Ergänzungsband, § 307 Rn.31

[227] *Wolf/Horn/Lindacher/Wolf*, AGBG, § 9 Rn.50

[228] *Niebling*, AGB, Seite 41

berücksichtigt werden muß, daß die Verträge in der Regel zwischen Geschäftsleuten abgeschlossen worden sind und daß die Vertragspartner aus verschiedenen nationalen Geschäftskreisen stammen. Dies kann z.B. dann eine Rolle spielen, wenn unterschiedliche nationale Bräuche Niederschlag in den AGB gefunden haben. Es ist nämlich vorstellbar, daß die Bestimmungen in den AGB zwar nach den Maßstäben des Verwenders durchaus üblich sind, nach denjenigen des Empfängers aber als unangemessen anzusehen sind. Bei der Beurteilung der Frage nach der unangemessenen Benachteiligung muß daher das Verständnis beider Parteien einfließen und erst dann darf eine Gewichtung stattfinden. Zusammenfassend kann demnach festgehalten werden, daß der Maßstab der Angemessenheit am Einheitsrecht und dem international Üblichen auszurichten ist.[229]

Letztlich ist im Rahmen der Inhaltskontrolle nach § 307 I BGB die Regelung des Satz 2 zu nennen. Hiernach kann sich eine unangemessene Benachteiligung auch daraus ergeben, daß die Bestimmung nicht klar und verständlich ist. Das mit dem Schuldrechtsmodernisierungsgesetz ausdrücklich normierte Transparenzgebot existierte auch schon vor seiner Normierung über eine Auslegung des § 9 AGBG. Es ist zwar im Zusammenhang mit der auch für das UN-Kaufrecht geltenden (vgl. oben) Unklarheitsregel zu sehen, doch stellt es hier keine Auslegungsregel, sondern ein Mittel zur inhaltlichen Überprüfung von AGB dar.[230] Nach dem Transparenzgebot ist der Verwender allgemeiner Geschäftsbedingungen gehalten, Rechte und Pflichten seines Vertragspartners möglichst klar und durchschaubar darzustellen.[231] Das Maß der Klarheit und Verständlichkeit ist nach einem durchschnittlichen, sorgfältig handelnden Kunden auszurichten,[232] wobei von Vertragspartnern im kaufmännischen Geschäftsverkehr ein höherer Verständnishorizont erwartet werden kann.[233] Für den Anwendungsbereich der CISG bedeutet dies, daß die AGB zwar in ihrer Formulierung klar sein müssen, um die entstehenden Rechte und Pflichten erkennbar zu machen, doch ist es durchaus zulässig, wirtschaftliche bzw. juristische Fachausdrücke und einschlägige Handelsklauseln zu verwenden. Abgesehen von Ausnahmefällen agieren nämlich im Anwendungsbereich der Wiener Konvention lediglich Teilnehmer des internationalen Geschäftsverkehrs, denen gegenüber derart gestaltete AGB nicht als undurchsichtig anzusehen sind.

---

[229] I.d.S. OLG *Zweibrücken*, 31.03.1998 = CISG online Case 481; *Münchener Kommentar/ Basedow*, BGB I, § 12 AGBG Rn.22; *Wolf/Horn/Lindacher/Lindacher*, AGBG, Anhang § 2 Rn. 75; *Herber/Czerwenka*, CISG, Art. 6 Rn. 17; *Ulmer/Brandner/Hensen/Schmidt*, AGBG, Anhang § 2 Rn.12; *Staudinger/Magnus*, CISG, Art.4 Rn.26.

[230] *Ring/Klingelhöfer*, Das neue AGB-Recht, Rn.215

[231] *Ring/Klingelhöfer*, aaO

[232] *Westphalen*, NJW 2002, 16

[233] *Staudinger/Coester*, AGBG, § 9 Rn.151

3) Einfluß der §§ 308, 309 BGB auf die Inhaltskontrolle

Es wurde schon zuvor festgestellt, daß die §§ 308, 309 BGB für die Inhaltskontrolle von AGB im Anwendungsbereich der CISG in der Regel keine direkte Bedeutung haben, aufgrund der Regelung des § 310 I 1 BGB (vgl. oben). Verstößt aber eine Klausel gegen ein Verbot der §§ 308, 309 BGB, so kann sich dies mittelbar bei der Beurteilung nach dem Vorliegen einer unangemessenen Benachteiligung gemäß § 307 I, II BGB niederschlagen. Liegt ein Verstoß gegen ein Verbot des § 308 BGB (Klauselverbote mit Wertungsmöglichkeit) vor, so kann dies nach deutschem Recht im Rahmen des § 307 I BGB auch im unternehmerischen Bereich Anwendung finden.[234] Im Rahmen der dabei bestehenden Wertungsmöglichkeit ist aber auf die geltenden Gewohnheiten und Gebräuche des unternehmerischen Verkehrs Rücksicht zu nehmen, vgl. § 310 I 2 BGB. Bei einem Verstoß gegen die Klauselverbote des § 309 BGB können die besonderen Belange des unternehmerischen Geschäftsverkehrs mangels Wertungsmöglichkeit nicht berücksichtigt werden im Rahmen des § 307 BGB. Dennoch hat ein entsprechender Verstoß einer AGB-Klausel indizielle Bedeutung bei der Frage nach dem Vorliegen einer unangemessenen Benachteiligung des AGB-Empfängers, da die Verbote des § 309 BGB Konkretisierungen des § 307 II BGB sind.[235]

Für den Anwendungsbereich des UN-Kaufrechts bedeutet dies, daß sich die Berücksichtigung der Gewohnheiten des unternehmerischen Geschäftsverkehrs auf die im internationalen Handel der betroffenen Branche geltenden Gebräuche beziehen muß. Ansonsten können die Klauselverbote der §§ 308, 309 BGB weitgehend auch bei der Geltung der CISG Einfluß auf die Wirksamkeit von Standardklauseln haben.[236]

4) Unwirksamkeit überraschender Klauseln

Gemäß § 305 c I BGB, welcher mangels Ausschluß auch im kaufmännischen Geschäftsverkehr gilt, werden überraschende AGB-Klauseln nach deutschem unvereinheitlichten Recht nicht Vertragsbestandteil. Diese Regelung bezieht sich somit, zumindest für das unvereinheitlichte Recht, auf die Einbeziehung von AGB in einen Vertrag. Diese Problematik unterliegt im Geltungsbereich

---

234 *Palandt/Heinrichs*, Ergänzungsband, § 307 Rn.41

235 So schon BGH, 08.03.1984, BGHZ 90, 278; *Palandt/Heinrichs*, Ergänzungsband, § 370 Rn.41.

236 Bei *Hennemann*, AGB - Kontrolle, Seite 116 ff findet sich eine Darstellung des Einflusses der einzelnen Klauselverbote auf den kaufmännischen Verkehr, unter Bezugnahme auf das UN - Kaufrecht und den mit der Geltung der CISG verbundenen Besonderheiten; die Ausführungen beziehen sich noch auf das AGBG, sind jedoch aufgrund der weitgehend unveränderten Übernahme des AGBG in das BGB entsprechend für die §§ 308, 309 BGB gültig.

des UN-Kaufrechts den Vertragsschlußregeln der Konvention (vgl. oben), so daß bei der Inhaltskontrolle von AGB ein Rückgriff auf den § 305 c BGB auf den ersten Blick als unzulässig erscheint. Dennoch wird teilweise vertreten, daß die Prüfung, ob eine Klausel überraschend ist, zur Inhaltskontrolle gehört und somit gemäß Art.4 S.2 lit.a aus dem Bereich der CISG ausgegrenzt ist, was zur Anwendung der nationalen Regelungen führt.[237] Begründet wird dies damit, daß die Überprüfung, ob eine Klausel überraschend ist, funktional die inhaltliche Gültigkeit der Klausel betrifft,[238] was dazu führen würde, daß § 305 c I BGB insoweit als Gültigkeitsnorm anzusehen wäre. Der Schluß hieraus wäre dann wiederum, daß § 305 c I BGB bei der Inhaltskontrolle von AGB im Anwendungsbereich des UN-Kaufrechts Anwendung finden würde.

Problematisch erscheint dieser Ansatz insoweit, als § 305 c I BGB dem Wortlaut nach die Vertragseinbeziehung betrifft und somit an sich eine Anwendung neben den hierfür maßgeblichen Vertragsschlußregeln der CISG untersagt ist. Der dargestellten Meinung ist aber zuzugeben, daß bei der Frage, ob eine Klausel überraschend ist, letztlich auch eine inhaltliche Kontrolle vollzogen wird. Ausschlaggebend ist nämlich nicht wie bei der Einbeziehungskontrolle, ob die AGB in zumutbarer Weise zur Kenntnis genommen werden konnte. Vielmehr ist darauf abzustellen, ob sich nach den Gesamtumständen des Vertrages die Klausel als ungewöhnlich darstellt und ob der Verwendungsgegner mit einer solchen Klausel rechnen konnte,[239] wobei für im Handelsverkehr tätige Personen im Regelfall ein erhöhtes Maß an Geschäftserfahrung erwartet werden kann, was im Rahmen der Beurteilung nach § 305 c BGB berücksichtigt werden muß.[240] Der überraschende bzw. ungewöhnliche Charakter kann sowohl auf formalen als auch auf inhaltlichen Gegebenheiten beruhen.[241] Es sind also eine Vielzahl von Fällen denkbar, in denen die AGB zwar in zumutbarer Weise zur Kenntnisnahme gestellt wurden, der Inhalt einzelner Klauseln aber ungewöhnlich und überraschend ist. Hieraus wird ersichtlich, daß die Regelung des § 305 c I BGB funktional auch Aufgaben der Inhaltskontrolle wahrnimmt. Diese Annahme wird untermauert, wenn man berücksichtigt, daß eine überraschende Klausel beispielsweise dann vorliegen kann, wenn sie erheblich von dem einschlägigen dispositiven Recht abweicht.[242] Hier wird eine enge Verbindung zur Regelung des § 307 II Nr.1 BGB deutlich, welche unzweifelhaft die Inhaltskontrolle betrifft. Von daher kann davon ausgegangen werden, daß sich eine Prüfung nach § 305 c I BGB

[237] *Schlechtriem/Schlechtriem*, CISG, Vor Artt.14-24 Rn.9; *Staudinger/Magnus*, CISG, Art. 4 Rn.25; vgl. noch zu den Einheitlichen Kaufgesetzen *Mayer*, Die Vereinbarung von AGB, Seite 101.

[238] *Schlechtriem/Schlechtriem*, CISG, Vor Artt.14-24 Rn.9

[239] *Palandt/Heinrichs*, Ergänzungsband, § 305 c Rn.3, 4

[240] *Ulmer/Brandner/Hensen/Ulmer*, AGBG (7.Auflage), § 3 Rn.8

[241] *Erman/Hefermehl/Werner*, BGB, § 3 AGBG Rn.3; *Köndgen*, NJW 1989, 949

[242] *Palandt/Heinrichs*, Ergänzungsband, § 305 c Rn.3

mit der Inhaltskontrolle überschneiden kann.[243] Der Regelung des § 305 c I BGB kommt damit eine Bedeutung bei der Inhaltskontrolle von AGB zu, die im Anwendungsbereich der CISG zu berücksichtigen ist. Dies gilt um so mehr, als eine entsprechende Regelung nach dem UN-Kaufrecht zumindest nicht ausdrücklich existiert, es einer solchen für eine gerechte Handhabung der AGB-Problematik zwischen den Parteien aber bedarf. Dies wird deutlich, wenn man an Fälle denkt, in denen eine Klausel zwar keine unangemessene Benachteiligung beinhaltet, aber dennoch einen überraschenden und ungewöhnlichen Inhalt i.S.d. § 305 c I BGB aufweist. Letztlich ist festzuhalten, daß mit dem oben beschriebenen Ansatz davon auszugehen ist, daß die Frage, ob eine überraschende Klausel vorliegt, bei der Inhaltskontrolle von AGB im Anwendungsbereich des UN-Kaufrechts nach § 305 c I BGB zu prüfen ist.

Das gilt aber nur soweit sich der überraschende Charakter nicht auf Formalien, sondern auf den Inhalt der Klausel bezieht. Eine weitere Einschränkung bei der Anwendung des § 305 C I BGB im Rahmen der Inhaltskontrolle von AGB im Anwendungsbereich des UN-Kaufrechts ergibt sich m.E. nach aus dem Umstand, daß diese Regelung im unvereinheitlichten Recht im Zusammenhang mit der Einbeziehungskontrolle auch für AGB gilt, die gemäß § 307 III 1 BGB der Inhaltskontrolle entzogen sind.[244] Für eben solche AGB darf die Regelung des § 305 c I BGB auch im Anwendungsbereich der CISG nicht zur Inhaltskontrolle herangezogen werden. Andernfalls würde der Ausschluß des § 307 III 1 BGB zumindest teilweise umgangen werden. Dies wäre mit dem Sinn des Ausschlusses, nämlich einer nicht stattfindenden inhaltlichen Kontrolle der vereinbarten Hauptleistungspflichten zum Schutz der Privatautonomie, unvereinbar. Im Übrigen stellt eine deklaratorische Klausel keine überraschende Vereinbarung dar, zumindest soweit es den Inhalt (gesetzlicher Normalfall im Falle einer deklaratorischen Klausel) betrifft. Somit ist die Inhaltskontrolle unter Rückgriff auf § 305 c I BGB auf solche AGB zu beschränken, die nicht nach § 307 III 1 BGB von der Kontrolle ausgeschlossen sind.

5) Rückgriff auf die Bewertungsgrundsätze zu rein innerdeutschen Sachverhalten

Soweit sich die Frage nach einer unangemessenen Benachteiligung des Vertragspartners durch eine Bestimmung in Standardklauseln stellt, kann bei innerdeutschen Sachverhalten auf eine umfangreiche Literatur und Rechtsprechung zurückgegriffen werden. Insoweit ist auch der Einfluß der

[243] Vgl. noch zu § 3 AGBG *Ulmer / Brandner / Hensen / Ulmer*, AGBG, § 3 Rn. 5; *Wolf/Horn/Lindacher/Lindacher*, AGBG, § 3 Rn. 6; *Münchener Kommentar/Basedow*, BGB I, § 3 AGBG Rn.3.
[244] Vgl. zur besagten Geltung des § 305 c I BGB BGH, 10.11.1989, NJW 1990, 577.

§§ 308, 309 BGB auf die Beurteilung der Unangemessenheit einer Klausel für den unternehmerischen Bereich weitgehend geklärt. Inwieweit diese Judikatur entsprechend auf die im Geltungsbereich des UN-Kaufrechts verwendeten AGB angewendet werden kann, ist dagegen zu klären. Hierbei ist eine Differenzierung zu treffen. Zu unterscheiden sind AGB, die eine Rechtsmaterie betreffen, welche sowohl im UN-Kaufrecht als auch im unvereinheitlichten deutschen Recht gleich geregelt ist und solche AGB, die Regelungen betreffen, welche nach der Wiener Konvention und unvereinheitlichtem deutschen Recht unterschiedlich gelöst sind.[245]

Bei erstgenannten Standardklauseln kann bei der Inhaltskontrolle gemäß § 307 BGB auf die bestehenden Grundsätze und Leitlinien, welche für rein nationale Sachverhalte entwickelt wurden, zurückgegriffen werden. Da die gesetzlichen Regelungen gleich sind, besteht auch kein Grund für eine abweichende Beurteilung der unangemessenen Benachteiligung des Empfängers von AGB, gleich ob diese im deutschen oder internationalen Geschäftsverkehr gestellt wurden. Besonderheiten können allenfalls daraus entstehen, daß sich beispielsweise bei der Interessenabwägung die zu berücksichtigenden Umstände des nationalen Geschäftsverkehrs von denen des internationalen unterscheiden. Abgesehen von diesem Aspekt kann aber im Grundsatz davon ausgegangen werden, daß bei den in Rede stehenden Konstellationen auf die im deutschen Recht bestehende Kasuistik zur AGB-Inhaltskontrolle zurückgegriffen werden kann.

In den zweitgenannten Fällen, in denen die Norm des UN-Kaufrechts, von der abgewichen wurde, nicht der deutschen unvereinheitlichten Regel entspricht, kann nicht ohne weiteres auf die Bewertungsgrundsätze zu rein nationalen Sachverhalten im Rahmen des § 307 BGB zurückgegriffen werden. Dies ergibt sich daraus, daß den voneinander abweichenden Rechtsregelungen auch unterschiedliche Wertungen zugrunde liegen, die bei der Inhaltskontrolle von AGB zu berücksichtigen sind. Es wäre verfehlt, die für deutsches unvereinheitlichtes Recht entwickelten Grundsätze entsprechend anzuwenden, obwohl die maßgebliche Regelung der CISG eine andere Wertung trifft, als jene, die bei der Entwicklung der zur Verfügung stehenden Bewertungsrichtlinien zugrunde lag. Hier ist vielmehr eine Inhaltskontrolle der möglicher Weise unwirksamen Klausel nach den oben skizzierten Grundsätzen gemäß § 307 BGB vorzunehmen, welche in besonderem Maß auf die Wertung der CISG Rücksicht zu nehmen hat.

[245] Ähnlich *Hennemann*, AGB-Kontrolle, Seite 112 f.

6) Rechtsfolgen beim Vorliegen einer unwirksamen AGB-Klausel

Nachdem dargelegt wurde, wie AGB im Anwendungsbereich der Wiener Kaufrechtskonvention nach deutschem unvereinheitlichten Recht zu kontrollieren sind, verbleibt nur noch die Erörterung der Rechtsfolgen. Es wird davon ausgegangen, daß die gegebene Anwendbarkeit von unvereinheitlichtem Recht auf die Inhaltskontrolle von AGB auch die Rechtsfolgen der Unwirksamkeit[246] einer Klausel mitumfaßt.[247] Diesem Ansatz ist zuzustimmen. Die Regelung der Folgen beim Vorliegen einer unwirksamen AGB-Klausel sind konsequenter Weise als Teil der durchgeführten Inhaltskontrolle anzusehen.

Gemäß § 306 I BGB bleibt der Vertrag, vorbehaltlich der Regelung des Abs.3, bis auf die unwirksame Klausel bestehen. An die Stelle der Bestimmung aus der unwirksamen Klausel tritt gemäß § 306 II BGB die gesetzliche Regelung. Beim Fehlen einer solchen kann es geboten sein, eine vervollständigungsbedürftige Vertragslücke mittels ergänzender Auslegung zu schließen.[248] In Übereinstimmung mit der Ausschlußproblematik i.S.d. § 307 III 1 BGB ist im Anwendungsbereich des UN-Kaufrechts auf die Regelungen der CISG einschließlich seiner Ergänzungen nach Art.7 II als maßgebliche gesetzliche Regelung zurückzugreifen. Dies bedeutet, daß bei Unwirksamkeit einer AGB-Klausel an deren Stelle die entsprechende Regelung des Einheitsrechts tritt.[249] Ein Rückgriff auf das unvereinheitlichte Recht ist nur denkbar, wenn die CISG in dem betroffenen Bereich eine Regelungslücke enthält. Andernfalls würde die grundsätzliche für den geschlossenen Vertrag existierende Geltung des UN-Kaufrechts ausgeblendet werden. Wäre nämlich in dem betreffenden Punkt keine vertragliche Vereinbarung durch eine (unwirksame) Klausel geschlossen worden, so wäre die Regelung der CISG von vornherein anzuwenden gewesen.

Nach § 306 III BGB tritt eine Gesamtunwirksamkeit des Vertrages ein, wenn das Festhalten an dem gemäß Abs.2 geänderten Vertrag für eine der Vertragsparteien eine unzumutbare Härte darstellen würde. Diese Vorschrift ist eng auszulegen[250] und erfordert, daß eine im Einzelfall festzustellende

246 Bei *Koch*, NJW 2000, 911 ff findet sich eine Darstellung von häufig gebrauchten Einkaufs- und Verkaufsbedingungen, die unter Bezugnahme auf das UN - Kaufrecht nach deutschem unvereinheitlichten Recht im einzelnen auf ihre inhaltliche Wirksamkeit hin untersucht wurden; die Ausführungen beziehen sich noch auf das AGBG, sind jedoch aufgrund der weitgehend unveränderten Übernahme des AGBG in das BGB entsprechend auf die jetzt im BGB enthaltenen Regelungen übertragbar.

247 *Ulmer/Brandner/Hensen/Schmidt*, AGBG, Anhang § 2 Rn.12; *Staudinger/Magnus*, CISG, Art.4 Rn.25; vgl. noch zum EKG *Hausmann*, WM 1980, 735; *Westphalen*, AGB und EKG, Seite 68 f.

248 *Krampe*, AcP 194, 13, mit Nachweisen aus der Rechtsprechung.

249 *Ulmer/Brandner/Hensen/Schmidt*, AGBG, Anhang § 2 Rn.12

250 *Heinrichs*, NJW 1996, 2195

Unzumutbarkeit der Vertragsgeltung zum Zeitpunkt der Geltendmachung von Ansprüchen aus dem Vertrag vorliegt.[251]

Eine weitere Folge im Rahmen der Unwirksamkeit einer AGB-Klausel ist das Verbot der geltungserhaltenden Reduktion. Hiernach ist eine Standardklausel, deren Inhalt z.B. gegen § 307 BGB verstößt, grundsätzlich im Ganzen unwirksam.[252] Die Vertragsklausel darf nicht auf ein zulässiges Maß reduziert werden.[253] Dies gilt regelmäßig auch für den deutschen kaufmännischen Geschäftsverkehr.[254] Der Zweck dieses Verbots ist darin zu sehen, daß ansonsten der Verwender gefahrlos Übermaßklauseln verwenden könnte, denn das Gericht würde die unwirksamen Klauseln bei Fehlen des Verbots auf das zulässige Maß zurückführen.[255] Etwas anderes sollte auch nicht für den Anwendungsbereich des UN-Kaufrechts gelten. Hier wäre es gleichermaßen ungerechtfertigt, dem AGB-Verwender eine risikolose Möglichkeit einzuräumen, die Interessen des Vertragspartners in unzulässiger Weise einzuschränken. Festzuhalten bleibt, daß bei einer Inhaltskontrolle nach deutschem unvereinheitlichten Recht das Verbot der geltungserhaltenden Reduktion gilt.

II) AGB-Inhaltskontrolle nach unvereinheitlichtem österreichischem Recht

In Österreich gibt es spezielle gesetzliche Regelungen, die sich mit der Inhaltskontrolle von AGB beschäftigen. In erster Linie ist hier der § 879 III ABGB und der § 6 KSchG zu nennen. Im Rahmen der Inhaltskontrolle von AGB nach österreichischem Recht ist grundsätzlich zu unterscheiden, ob die Standardklauseln innerhalb eines Verbrauchergeschäfts i.S.d. § 1 KSchG gestellt wurden oder nicht. Nach dieser Regelung findet der § 6 KSchG nämlich nur Anwendung, wenn das zugrundeliegende Rechtsgeschäft zwischen einem Unternehmer und einem Verbraucher geschlossen wurde. Demnach kommt eine Inhaltskontrolle von AGB nach dem Katalog des § 6 I KSchG, der sich auf alle Vereinbarungen zwischen Unternehmer und Verbraucher bezieht, und dem Katalog des § 6 II KSchG, welcher sich auf Vertragsbestimmungen in AGB bezieht, nicht in Betracht, sofern kein Verbrauchergeschäft vorliegt. Im Vergleich zu den deutschen Regelungen ist diese Systematik ähnlich, aber nicht identisch. Der Unterschied besteht darin, daß die Klauselkataloge der §§ 308, 309 BGB nur dann nicht zur Anwendung kommen, wenn die AGB z.B.

---

[251] BGH, 27.06.1995, BGHZ 130, 115

[252] Ständige Rechtsprechung, vgl. z.B. BGH, 10.10.1991, BGHZ 115, 326; BGH, 30.11.1993, BGHZ 124, 262; BGH, 03.11.1999, NJW 2000, 1113.

[253] Vgl. Fn. zuvor.

[254] BGH, 12.10.1995, NJW 1996, 1407; *Palandt/Heinrichs*, Ergänzungsband, Vorb. zu §§ 307-309 Rn.8

[255] *Erman/Hefermehl/Werner*, BGB, § 6 AGBG Rn.9

gegenüber einem Unternehmer verwendet werden, gleich von wem sie gestellt sind. Nach österreichischem Recht ist der Klauselkatalog des § 6 I, II KSchG dann nicht anwendbar, wenn kein Verbrauchergeschäft vorliegt, d.h. z.B. auch dann, wenn die AGB von einem anderen Verbraucher gestellt werden. Dieser Unterschied spielt aber für die in Rede stehende Inhaltskontrolle von AGB im Anwendungsbereich der CISG eine untergeordnete Rolle. Wie bereits zuvor dargelegt wurde, ist der unternehmerische Geschäftsverkehr der praxisrelevante Anwendungsbereich des UN-Kaufrechts, so daß die Anwendbarkeit des KSchG, von Ausnahmefällen abgesehen, ausgeschlossen ist und sich die folgenden Ausführungen auf den Bereich des internationalen Geschäftverkehrs konzentrieren. Die Konsequenz dieser Umstände ist, daß eine Inhaltskontrolle vornehmlich anhand des § 879 III ABGB durchzuführen ist, welcher allgemein gilt.[256]

1) Ausschluß der Inhaltskontrolle

Nach § 879 III ABGB unterliegen solche Vertragsbestimmungen nicht einer Inhaltskontrolle nach dieser Vorschrift, die eine der beiderseitigen Hauptleistungen festlegen. Die inhaltliche Kontrolle von AGB gemäß § 879 III ABGB beschränkt sich demnach auf Nebenbestimmungen.[257] Der Begriff der Hauptleistungen soll in diesem Zusammenhang eng ausgelegt werden.[258] Darunter sollen die in § 885 ABGB genannten „Hauptpunkte" fallen, also die essentialia negotii eines Vertrages, die die Parteien vereinbaren müssen, damit überhaupt ein hinreichend bestimmter Vertrag zwischen ihnen zustande kommt.[259] Der Ausschluß von der Inhaltskontrolle soll nur die individuelle zahlenmäßige Umschreibung der beiderseitigen Leistungen betreffen, nicht aber Bestimmungen, die die Preisberechnung in allgemeiner Form regeln oder die vertragstypische Leistung generell näher umschreiben.[260] Unter den Ausschluß fallen auch nicht die im dispositiven Recht geregelten Fragen bei der Hauptleistung, wie z.B. Ort und Zeit der Erfüllung.[261] Unter dispositivem Recht sind im Anwendungsbereich des UN-Kaufrechts die Regelungen der CISG zu verstehen. Für das soeben verwendete Beispiel des Lieferortes und der Lieferzeit dann die Artt.31, 33.

Diese Ausschlußregelung entspricht, soweit sie reicht, im Ergebnis der deutschen Regelung gemäß § 307 III 1 BGB. Hiernach sind ebenfalls solche

[256] *Rummel/Rummel*, ABGB I, § 864a Rn.11
[257] *Schwimann/Apathy*, ABGB V, § 879 Rn.31
[258] *Kosesnik-Wehrle/Lehofer/Mayer*, KSchG, § 879 Abs.3 ABGB Rn.7
[259] *Rummel/Krejci*, ABGB I, § 879 Rn.238
[260] *Kosesnik-Wehrle/Lehofer/Mayer*, KSchG, § 879 Abs. 3 ABGB Rn. 7; *Rummel/Krejci*, ABGB I, § 879 Rn.238
[261] *Kosesnik-Wehrle/Lehofer/Mayer*, KSchG, § 879 Abs.3 ABGB Rn.7 m.w.N.

Standardbedingungen einer Inhaltskontrolle entzogen, die die Hauptleistungspflichten festlegen (vgl. oben Kapitel 3 C)I)1)). Insoweit sind die jeweiligen nationalen Vorschriften vergleichbar. Allerdings geht der Ausschluß nach deutschem Recht weiter. Von der Inhaltskontrolle sind nämlich allgemein solche AGB ausgeschlossen, welche keine Abweichung oder Ergänzung von dem anzuwendenden Recht enthalten. Deklaratorische Klauseln unterliegen nach deutschem Recht somit von vornherein keiner Inhaltskontrolle. Dieser Ausschluß ist nach österreichischem Recht nicht gegeben. Es fehlt an einer entsprechenden gesetzlichen Regelung. Für den Anwendungsbereich des Einheitlichen Kaufrechts hat dies zur Folge, daß AGB, welche den Inhalt der hier maßgeblichen gesetzlichen Regelungen der CISG wiedergeben, einer Inhaltskontrolle grundsätzlich unterliegen. Soweit ersichtlich besteht zu dieser Thematik keine Rechtsprechung. Es ist aber davon auszugehen, daß in der Praxis entsprechende Klauseln Bestand haben. Andernfalls würde dies bedeuten, daß die österreichischen Gerichte die Regelungen der CISG zumindest mittelbar als gröblich benachteiligend i.S.d. § 879 III ABGB ansehen. Letztlich ist es für die Praxis auch gleichgültig, ob eine entsprechende Inhaltskontrolle vorgenommen wird. Findet eine solche statt, so läuft diese im Falle der Annahme einer gröblichen Benachteiligung nämlich leer. Dies resultiert daraus, daß an die Stelle der nichtigen Vertragsbestimmung das dispositive Recht tritt,[262] welches bei einer deklaratorischen Klausel denselben Inhalt wie die AGB hat. Im Anwendungsbereich der Wiener Konvention sind dann die Regeln der CISG maßgeblich, welche auch schon in der Klausel aufgegriffen wurden. Dennoch ist es meiner Ansicht nach nicht sinnvoll, solche AGB überhaupt einer Inhaltskontrolle zugänglich zu machen. Einerseits hat dies keinerlei praktische Bedeutung und andererseits kann es nicht die Aufgabe nationaler Gerichte sein, die Regelungen des UN-Kaufrechts zu überprüfen, wenn dies auch nur indirekt und ohne konkrete Folgen möglich ist. Auf diese Weise könnte nämlich der von den Mitgliedstaaten gefundene Konsens je nach nationaler Ansicht in Frage gestellt werden, was dem Gedanken der Rechtsvereinheitlichung abträglich ist. Insofern enthält die österreichische Regelung ein Defizit, welches in dem Fall einer deklaratorischen Klausel im UN-Kaufrecht derart aufgelöst werden sollte, daß die Rechtsprechung entsprechenden AGB den Zugang zur Inhaltskontrolle verwehrt.

2) Inhaltskontrolle gemäß § 879 III ABGB

AGB halten einer Inhaltskontrolle gemäß § 879 III ABGB nicht stand, wenn sie unter Berücksichtigung aller Umstände des Falles einen Teil gröblich benachteiligen. Bei dieser Kontrolle der inhaltlichen Angemessenheit der Standardklauseln ist auf den Zeitpunkt des Vertragsschlusses abzustellen.[263] Es

[262] *Rummel/Krejci*, ABGB I, § 879 Rn.257
[263] *Schuhmacher*, WBl 1993, 286

können verschiedene Fallgruppen unterschieden werden, bei denen von einer gröblichen Benachteiligung auszugehen ist.

Die wichtigste Gruppe sind Verschlechterungen der Rechtspositionen des Verwendungsgegners durch Abweichungen vom dispositiven Recht.[264] Hierbei dient das dispositive Recht als Leitbild für einen ausgewogenen Interessenausgleich.[265] Im Anwendungsbereich des Einheitlichen Kaufrechts ist auf die Regelungen der CISG als maßgebliches dispositives Recht, von dem abgewichen wird, abzustellen.[266] Von einer gröblichen Benachteiligung des Vertragspartners ist im Rahmen dieser Fallgruppe immer dann auszugehen, wenn es keine sachliche Rechtfertigung für das Abweichen von den gesetzlichen Regelungen, sprich denen der CISG, gibt.[267] Der dahinter stehende Zweck wird darin gesehen, daß eine entsprechende Abweichung im Rahmen des Einsatzes von AGB, bei dem eine „verdünnte Vertragsfreiheit" des Verwendungsgegners besteht, nicht toleriert werden kann.[268] In diesem Zusammenhang ist aber nur dann von einer gröblichen Benachteiligung auszugehen, wenn die Abweichung vom dispositiven Recht nicht durch eine andere gleichwertig vorteilhafte Vertragsbestimmung ausgeglichen wird.[269] Nach den bisherigen Ausführungen wird deutlich, daß dieser Aspekt der Inhaltskontrolle der deutschen Regelung gemäß § 307 II Nr.1 BGB entspricht. Der Unterschied besteht lediglich darin, daß es in Österreich keine ausdrückliche gesetzliche Regelung diesbezüglich gibt.

Eine weitere Fallgruppe, bei der von einer gröblichen Benachteiligung des die AGB empfangenden Vertragspartners ausgegangen werden kann, stellt die Einschränkung von Kardinalspflichten dar.[270] Kardinalspflichten sind nicht nur die Hauptpflichten, sondern vielmehr fallen auch wesentliche Nebenpflichten unter diesen Begriff, wobei dann von einer gröblichen Benachteiligung auszugehen ist, wenn durch eine entsprechende Pflichten einschränkende Klausel die Erreichung des Vertragszwecks vereitelt oder zumindest gefährdet wird.[271] Diese Komponente der Inhaltskontrolle nach unvereinheitlichtem österreichischen Recht entspricht der Regelung des § 307 II Nr.2 BGB, so daß hinsichtlich der Bedeutung für das UN-Kaufrecht auf die dortigen Ausführungen (vgl. Kapitel 3 C)I)2) b)) verwiesen werden kann.

---

[264] *Rummel/Krejci*, ABGB I, § 879 Rn.240
[265] I.d.S. OGH, 23.06.1981, öst. JBl 1982, 653.
[266] Vgl. hierzu die entsprechende Argumentation unter Kapitel 3 C)I)2)a).
[267] *Fialka*, Grundsätzliche Abgrenzungsfragen, Seite 172 f
[268] OGH, 13.04.1983, öst. JBl 1983, 534
[269] *Rummel/Krejci*, ABGB I, § 879 Rn.241
[270] *Kosesnik-Wehrle/Lehofer/Mayer*, KSchG, § 879 Abs.3 ABGB Rn.22, mit Nachweisen aus der Rechtsprechung.
[271] *Kosesnik-Wehrle/Lehofer/Mayer*, KSchG, § 879 Abs.3 ABGB Rn.23

Im Übrigen kann sich eine gröbliche Benachteiligung des Vertragspartners durch die Verwendung von AGB immer dann ergeben, wenn dies eine Interessenabwägung zwischen dem Gewicht der vom Verwender der AGB verfolgten Interessen und dem Gewicht der Belastungen des Empfängers ergibt.[272] Dabei ist die Benachteiligung unter Berücksichtigung aller Umstände des Einzelfalles zu prüfen.[273] Im Rahmen dieser umfassenden Abwägung ist auch zu berücksichtigen , welche Vertragspartner sich gegenüber stehen.[274] Für den Anwendungsbereich der CISG bedeutet dies, daß berücksichtigt werden muß, daß die Verträge i.d.R. zwischen Geschäftsleuten geschlossen werden, die aus verschiedenen nationalen Geschäftskreisen stammen. Demnach ist der Maßstab für die gröbliche Benachteiligung am Einheitlichen Kaufrecht auszurichten.[275] Es wird ersichtlich, daß dieser Teil der Inhaltskontrolle nach unvereinheitlichtem österreichischen Recht der Regelung des § 307 I BGB entspricht. Nach beiden Rechtsordnungen ist eine umfassende Interessenabwägung nach den Geboten von Treu und Glauben zu treffen, wobei die Wertungen des Einheitsrechts richtiger Weise Einfluß auf das Ergebnis nehmen, über die jeweils auszufüllenden unbestimmten Rechtsbegriffe.

Abschließend kann festgehalten werden, daß die Inhaltskontrolle von AGB nach unvereinheitlichtem österreichischen Recht gemäß § 879 III ABGB im Ergebnis sehr der deutschen gemäß § 307 BGB gleicht. Dies ist insoweit zu begrüßen, als dadurch der Rechtsvereinheitlichung im Geltungsbereich des UN-Kaufrechts auch für den Bereich der AGB-Inhaltskontrolle, der nicht von der CISG geregelt ist, Vorschub geleistet wird.

3) Einfluß des § 6 KSchG auf die Inhaltskontrolle

Aufgrund des in § 1 KSchG normierten Geltungsbereichs, welcher sich lediglich auf Verbrauchergeschäfte bezieht, kommt die Regelung des § 6 KSchG bei dem hier in Rede stehenden Bereich des internationalen Geschäftsverkehrs nicht zur Anwendung. Demnach sind die Klauselkataloge der Absätze 1 und 2 des § 6 KSchG nicht unmittelbar bei der Inhaltskontrolle von AGB im Anwendungsbereich des UN-Kaufrechts zu berücksichtigen. Allerdings können sie als Konkretisierungsmaßstäbe für die Generalklausel gemäß § 879 III ABGB im Rahmen der Frage nach einer gröblichen Benachteiligung dienen.[276] Die einzelnen Tatbestände des § 6 KSchG können

---

[272] OGH, 13.04.1983, öst. JBl 1983, 535

[273] *Koziol/Welser*, Grundriß des bürgerlichen Rechts, Seite 144

[274] *Kosesnik-Wehrle/Lehofer/Mayer*, KSchG, § 879 Abs.3 ABGB Rn.32

[275] Vgl. insoweit die obigen Ausführungen unter Kapitel 3 C)I)2)c) zur vergleichbaren Situation bei der Inhaltskontrolle nach deutschem unvereinheitlichten Recht.

[276] *Krejci/Krejci*, Handbuch zum KSchG, Seite 116 f; *Kosesnik-Wehrle/Lehofer/Mayer*, KSchG, § 879 Abs.3 ABGB Rn.33

von daher zur Auslegung der gröblichen Benachteiligung i.S.d. § 879 III ABGB herangezogen werden, auch wenn kein Verbrauchergeschäft gegeben ist.[277] Allerdings dürfen die dort enthaltenen Tatbestände nicht ohne Weiteres auf den unternehmerischen Geschäftsverkehr übertragen werden.[278] Es bedarf vielmehr der Beurteilung, ob im konkreten Fall eine vergleichbare Ungleichgewichtslage, wie sie für Geschäfte zwischen Unternehmern und Verbrauchern vom Gesetzgeber vermutet wird, besteht.[279] Hieraus wird ersichtlich, daß die Klauselkataloge des § 6 KSchG auch im Anwendungsbereich des UN-Kaufrechts Indizwirkung für die inhaltliche Unwirksamkeit von AGB haben. Es verbleibt aber stets die Notwendigkeit, die besonderen Umstände des unternehmerischen Geschäftsverkehrs, im Geltungsbereich der CISG die des internationalen Geschäftsverkehrs, zu berücksichtigen. Hieraus können sich im Einzelfall andere Entscheidungen ergeben, als sie die Regelung des § 6 KSchG vermuten lassen.

Abschließend sei darauf hingewiesen, daß dem § 6 KSchG für die Beurteilung der inhaltlichen Wirksamkeit von AGB im Anwendungsbereich der Wiener Konvention eine sehr ähnliche Bedeutung zukommt, wie den §§ 308, 309 BGB.[280] Dies vermag auch nicht zu verwundern, denn die Regelungen des AGBG nahmen besonders für § 6 KSchG häufig eine Vorbildfunktion ein.[281]

4) Unwirksamkeit überraschender Klauseln

Gemäß § 864a ABGB werden solche AGB nicht Vertragsbestandteil, die für den Verwendungsgegner nachteilig sind, sich als ungewöhnlich darstellen und mit denen der Empfänger nicht zu rechnen brauchte. Hierbei handelt es sich um eine, auch außerhalb von Verbrauchergeschäften geltende,[282] Vorschrift, die die vertragliche Einbeziehung von AGB betrifft,[283] so daß im Anwendungsbereich des Einheitskaufrechts eigentlich kein Platz für deren Anwendung ist. Dieser Regelungsbereich ist abschließend von der CISG mitgeregelt (vgl. oben). Allerdings wurde schon zu der im deutschen Recht geltenden Regelung hinsichtlich überraschender Klauseln (§ 305c BGB) dargelegt, daß diese bei der Inhaltskontrolle von AGB im Anwendungsbereich des UN-Kaufrechts zu berücksichtigen ist (vgl. oben unter Kapitel 3 C)I)4)). Die Vorschrift des § 864a ABGB gleicht dem § 305c BGB nach Voraussetzungen und

277 *Rummel/Krejci*, ABGB I, § 879 Rn.244; *Kosesnik-Wehrle/Lehofer/Mayer*, KSchG, § 879 Abs.3 ABGB Rn.34

278 *Rummel/Krejci*, aaO; *Kosesnik-Wehrle/Lehofer/Mayer*, aaO

279 *Rummel/Krejci*, aaO; *Kosesnik-Wehrle/Lehofer/Mayer*, aaO

280 Insofern kann hinsichtlich des Einflusses des § 6 KSchG auf die Inhaltskontrolle auch auf die obigen Ausführungen unter Kapitel 3 C)I)3) verwiesen werden.

281 Vgl. *Krejci/Welser*, Handbuch zum KSchG, Seite 333 in Fn.1.

282 *Schwimann/Apathy*, ABGB V, § 864a Rn.5

283 OGH, 13.04.1983, SZ 56/62, 282; *Welser*, öst. JBl 1979, 453

Rechtsfolgen weitestgehend, so daß auch diese Regelung bei der Inhaltskontrolle von AGB im Anwendungsbereich des UN-Kaufrechts angewendet werden muß. Dies wird um so deutlicher, als sich auch bei § 864a ABGB die Ungewöhnlichkeit, neben äußeren Umständen, aus dem Inhalt der Klausel ergeben kann,[284] so daß diese Regelung funktional Teile der Inhaltskontrolle übernimmt. Im Übrigen kann für die Gebotenheit der Berücksichtigung des § 864a ABGB im Rahmen der Inhaltskontrolle auf obige Ausführungen (Kapitel 3 C)I)4)) verwiesen werden, wobei insbesondere auch die Beschränkungen bei der Anwendung des § 864a ABGB bei der Inhaltskontrolle zu berücksichtigen sind. Diese besagen übertragen auf das österreichische Recht, daß der § 864a ABGB nur dann Bedeutung für die Inhaltskontrolle erlangt, wenn es sich um AGB handelt, deren ungewöhnlicher Charakter sich nicht aus formalen Aspekten ergibt und die nicht unter den Ausschluß i.S.d. § 879 III ABGB fallen.

5) Rückgriff auf die Bewertungsgrundsätze zu rein innerösterreichischen Sachverhalten

Die Frage, ob zur Beurteilung des Vorliegens einer gröblichen Benachteiligung i.S.d. § 879 III ABGB auf die österreichische Literatur und Rechtsprechung zurückgegriffen werden kann, hängt von der in den AGB betroffenen Rechtsmaterie ab.[285] Ist eine Rechtsmaterie betroffen, die im UN-Kaufrecht und im unvereinheitlichten österreichischen Recht gleich geregelt ist, so kann bei der Inhaltskontrolle gemäß § 879 III ABGB grundsätzlich auf die, für rein nationale Sachverhalte entwickelten, Grundsätze und Leitlinien zurückgegriffen werden. Ist die betroffene Rechtsmaterie aber ungleich geregelt, so ist der Rückgriff auf die gewohnten Leitlinien nicht ohne weiteres möglich. In diesen Fällen bedarf es vielmehr einer Inhaltskontrolle gemäß § 879 III ABGB, die den hierzu beschriebenen Grundsätzen entspricht und die Wertungen der CISG in besonderem Maße berücksichtigt.

6) Rechtsfolgen beim Vorliegen einer nichtigen AGB-Klausel

Nach der Darstellung der Inhaltskontrolle von AGB im Anwendungsbereich der Wiener Konvention nach unvereinheitlichtem österreichischem Recht verbleibt zu erörtern, welches die Rechtsfolgen sind, die mit der Annahme einer „gröblichen Benachteiligung“ verbunden sind. Wie schon im Rahmen der Darstellung zum deutschen Recht festgestellt wurde, sind die Rechtsfolgen im

---

284 *Schwimann/Apathy*, ABGB V, § 864a Rn.8

285 Vgl. die ausführliche Erörterung dieser Problematik zum deutschen Recht (Kapitel 3 C)I)5)), welche hier entsprechend zum tragen kommt.

Anschluß an eine Inhaltskontrolle richtiger Weise dem unvereinheitlichten Recht zu entnehmen.[286]

Nach unvereinheitlichtem österreichischem Recht führt die Gesetzwidrigkeit einer Klausel nach § 879 III ABGB zu deren Nichtigkeit. Der verbleibende Restvertrag ist grundsätzlich nicht von der Nichtigkeitsfolge betroffen, sondern bleibt wirksam.[287] Etwas anderes gilt nur, wenn davon auszugehen ist, daß der Vertrag ohne die nichtige Nebenabrede nicht fortbestehen könnte.[288] An die Stelle der nichtigen AGB-Klausel tritt das dispositive Recht bzw. die ergänzende Vertragsauslegung.[289] Im Anwendungsbereich des UN-Kaufrechts ist auf die Regelungen der CISG einschließlich seiner Ergänzungen nach Art.7 II als maßgebliche gesetzliche Regelung zurückzugreifen.[290] Aus alledem wird ersichtlich, daß diese Rechtsfolgen den nach deutschem Recht geltenden Regelungen gemäß § 306 BGB entsprechen.

Ein wesentlicher und folgenschwerer Unterschied der Rechtsfolgen nach österreichischem Recht zu den Folgen nach deutschem Recht besteht aber in der Anwendung der geltungserhaltenden Reduktion. Nach österreichischem Recht ist eine gesetzwidrige AGB-Klausel nämlich nur soweit nichtig, wie die gröbliche Benachteiligung reicht, d.h. soweit sie unzulässig ist.[291] Nach der geltungserhaltenden Reduktion wird die Vertragsklausel dann auf ein zulässiges Maß reduziert.[292] Die Anwendung der geltungserhaltenden Reduktion wird damit begründet, daß andernfalls der völlige Entfall der AGB-Klausel zu einem vom hypothetischen Parteiwillen mitunter stark abweichenden Ergebnis führen kann, insbesondere wenn die belastende Klausel mit einer anderen gekoppelt ist, die den Verwendungsgegner begünstigt.[293]

Dies vermag nicht zu überzeugen. Ein solches Vorgehen führt zu einer risikolosen Möglichkeit des Verwendens von unzulässigen AGB. Der Verwender der Standardklauseln wird gegenüber dem Empfänger zu Unrecht begünstigt. Das von der österreichischen h.M. angeführte Argument eines gegebenenfalls eintretenden Ergebnisses, welches von dem hypothetischen Parteiwillen stark abweicht, läßt unberücksichtigt, daß der Verwender von AGB

---

286 Vgl. die obigen Ausführungen und Hinweise bei Kapitel 3 C)I)6).

287 *Schwimann/Apathy*, ABGB V, § 879 Rn.37, mit Nachweisen aus der Rechtsprechung.

288 OGH, 26.04.1989, öst. JBl 1990, 42

289 *Schwimann/Apathy*, ABGB V, § 879 Rn.38

290 Vgl. auch die diesbezüglichen Ausführungen im Rahmen der Darstellung der Inhaltskontrolle nach unvereinheitlichtem deutschen Recht unter Kapitel 3 C)I)6).

291 Vgl. die österreichische h.M.: *Krejci/Krejci*, Handbuch zum KSchG, Seite 172 f; *Schwimann/Apathy*, ABGB V, § 879 Rn. 38; *Kosesnik-Wehrle/Lehofer/Mayer*, KSchG, § 879 Abs.3 ABGB Rn.94; OGH, 01.09.1982, öst. JBl 1983, 323; OGH, 13.04.1983, öst. JBl 1983, 536.

292 Vgl. die Fn. zuvor.

293 Vgl. stellvertretend *Schwimann/Apathy*, ABGB V, § 879 Rn.38.

grundsätzlich das Risiko für die Gültigkeit des Inhaltes der Standardbedingungen tragen sollte. Dieses ist ihm bei der Anwendung der geltungserhaltenden Reduktion weitestgehend zu Lasten des Vertragspartners abgenommen. Daran ändert sich auch nichts, wenn darauf verwiesen wird, daß eine geltungserhaltende Reduktion dann nicht stattfinden soll, wenn bewußt eine unerlaubte Klausel verwendet wurde oder wenn es offenkundig ist, daß die Klausel die Grenzen des Zulässigen überschreitet.[294] Dies bezieht sich nämlich einerseits auf ein subjektives Element, welches in einem Prozeß schwer zu beweisen sein dürfte und andererseits auf einen auslegungsbedürftigen Begriff, bei dem Abgrenzungsprobleme auftauchen können. Solche Unsicherheiten wiederum können sich zum Nachteil des AGB-Empfängers auswirken, so daß auch eine derart eingeschränkte geltungserhaltende Reduktion m.E. nach die genannten Vorbehalte nicht auszuräumen vermag. Dennoch bleibt festzuhalten, daß die geltungserhaltende Reduktion nach österreichischem Recht angewandt wird.

Für die inhaltliche Kontrolle von AGB im Anwendungsbereich der CISG bedeutet dies, daß im Falle eines Verweises durch das IPR auf das unvereinheitlichte österreichische Recht gesetzwidrige AGB lediglich teilnichtig sind, nämlich nur in dem Umfang, bis sie auf ein gesetzlich zulässiges Maß reduziert sind. Daran ist auch nichts zu ändern, da die Rechtsfolgen sich nach unvereinheitlichtem Recht richten (vgl. oben). In der Praxis hat dies zur Folge, daß der kundige Verwender von AGB in einem internationalen Warenkaufvertrag versuchen wird, im Rahmen der Regelungslücken der CISG zur Anwendung österreichischen Rechts (oder einer entsprechenden Rechtsordnung) zu gelangen, beispielsweise durch eine vertragliche Vereinbarung. Der Verwendungsgegner hingegen hat ein berechtigtes Interesse daran, eine andere Rechtsordnung zur Geltung kommen zu lassen, die eine der deutschen Regelung entsprechende Handhabung der Rechtsfolgen bei einer gesetzwidrigen AGB-Klausel beinhaltet. Letztlich verbleibt anzumerken, daß die Existenz der unterschiedlichen Regelungen der im Rahmen des UN-Kaufrechts erstrebten Rechtsvereinheitlichung abträglich sind. Die Geltung solcher erheblicher nationaler Unterschiede läßt sich aber aufgrund der Konzeption des UN-Kaufrechts, wonach bei Regelungslücken unvereinheitlichtes Recht anzuwenden ist, nicht vermeiden.

---

[294] *Schwimann/Apathy*, ABGB V, § 879 Rn.38, mit Verweis auf *Roth*, Vertragsänderung, Seite 37, der eine eingeschränkte Anwendung der geltungserhaltenden Reduktion im deutschen Recht für möglich hält.

III) AGB - Inhaltskontrolle nach unvereinheitlichtem schweizerischem Recht

In der Schweiz gibt es nur wenige gesetzliche Regelungen, die sich mit der Inhaltskontrolle von AGB beschäftigen. Neben Sonderregeln für bestimmte Bereiche, wie z.B. das Versicherungswesen (vgl. Artt.8, 19, 30 Bundesgesetz betreffend die Aufsicht über die privaten Versicherungseinrichtungen) oder bei Anlagefonds (vgl. Artt.6 ff Bundesgesetz über die Anlagefonds), existiert nur Art.8 UWG, der die Inhaltskontrolle von Standardbedingungen betrifft. Insoweit ist das schweizerische Regelungswerk nicht mit den österreichischen oder gar deutschen Vorschriften zu vergleichen. Es bleibt im Bezug auf Allgemeine Geschäftsbedingungen weit hinter der Regelungsdichte dieser Rechtssysteme zurück.

Ein weiterer Unterschied zu den zuvor untersuchten Rechtssystemen besteht darin, daß sofern es zu einer Inhaltskontrolle kommt (vgl. Näheres hierzu unten), nach schweizerischem Recht grundsätzlich nicht unterschieden wird, ob die AGB in einem Vertrag mit verbraucherrechtlichen Bezügen oder im Rahmen sonstiger (unternehmerischer) Geschäfte gestellt wurden. Ursache hierfür ist, daß sich der persönliche Anwendungsbereich des für die Inhaltskontrolle möglicherweise heranzuziehenden Art.8 UWG nicht auf Verbrauchergeschäfte bzw. auf solche Geschäfte, an denen ein Verbraucher beteiligt ist, beschränkt. Vielmehr gilt diese Regelung allgemein,[295] wobei dies nicht ausschließt, daß je nach Art des Verwendungsgegners bei der Rechtsanwendung differenziert werden kann bzw. muß. Entsprechendes gilt auch für eine gegebenenfalls vorzunehmende Inhaltskontrolle nach den allgemeinen Bestimmungen, gemäß Artt.19, 20 OR[296] (vgl. Näheres dazu in diesem Kapitel unter C)III)2)). Für den Anwendungsbereich des UN-Kaufrechts, der insbesondere Verträge im internationalen unternehmerischen Geschäftsverkehr erfaßt, bedeutet dies, daß die zuvor angesprochenen Regelungen grundsätzlich auf AGB anwendbar sind, welche bei entsprechenden Verträgen gestellt wurden. Von daher kommt der fehlenden Differenzierung für das UN-Kaufrecht nur insofern eine Bedeutung zu, als für die Anwendbarkeit der Kontrollvorschriften nicht darauf geachtet werden muß, ob diese unmittelbar nur für Verbraucher gelten, wie dies in Deutschland für die §§ 308, 309 BGB und in Österreich für § 6 KSchG der Fall ist.

Letztlich bleibt festzuhalten, daß sich die folgenden Untersuchungen zur Inhaltskontrolle von AGB im Anwendungsbereich der Wiener Konvention nach schweizerischem Recht, wie bei den vorherigen Länderberichten auch, auf den

---

[295] I.d.S. *Berner Kommentar/Kramer*, ZGB VI/1, Artt.19-20 OR Rn.285/298; *Jetzer/Zindel*, SJZ 90, 433.

[296] *Berner Kommentar/Kramer*, ZGB VI/1, Artt.19-20 OR Rn.298

für das UN-Kaufrecht praxisrelevanten Bereich des unternehmerischen Geschäftsverkehr konzentrieren.

1) Ausschluß der Inhaltskontrolle

In der Schweiz gibt es keine dem § 307 III 1 BGB oder dem § 879 III ABGB entsprechende Vorschrift, nach der die Inhaltskontrolle bestimmter Standardbedingungen von vornherein ausgeschlossen ist. Soweit ersichtlich, ist zu dieser Frage auch durch die Rechtsprechung noch nicht Stellung genommen worden. Der Grund hierfür liegt darin, daß die schweizerische Rechtsprechung eine offene Inhaltskontrolle, außer nach Art.8 UWG, neben einer Geltungskontrolle für entbehrlich hält,[297] so daß sich auch die Frage nach dem Ausschluß bestimmter Allgemeiner Geschäftsbedingungen von der Inhaltskontrolle nicht stellt. Es sei einmal dahingestellt, ob und inwieweit die Kontrolle von AGB nach schweizerischem Recht, die (vornehmlich) anhand einer Geltungskontrolle vollzogen wird,[298] für die rein nationalen Sachverhalte eine sachgerechte Lösung bietet, doch wirft diese Handhabung für den Anwendungsbereich des UN-Kaufrechts schon bei der in Rede stehenden Frage nach dem Ausschluß bestimmter AGB von der Inhaltskontrolle Probleme auf. Sofern nämlich Standardbedingungen im Anwendungsbereich der CISG zu überprüfen sind, richtet sich die Einbeziehungs- bzw. Geltungskontrolle nach dem einheitlichen Recht.[299] Ist dann über einen Verweis durch das IPR schweizerisches Recht hinsichtlich der inhaltlichen Kontrolle anzuwenden, so stellt sich die Frage, ob die zu beurteilenden, wirksam einbezogenen Standardbedingungen überhaupt einer Inhaltskontrolle unterliegen. Die Schweizer Gerichte können dann nicht wie gewohnt, unter Hinweis auf die durch sie vorzunehmende Geltungskontrolle nach schweizerischem Recht (dieses ist insoweit nicht anwendbar), die mit der Inhaltskontrolle verbundenen Fragen umgehen. Es ist dann notwendiger Weise durch die Gerichte zu klären, welche AGB der Inhaltskontrolle zugänglich sind. Etwas anderes ergibt sich nur, wenn die Geltungs- und Auslegungskontrolle nach dem UN-Kaufrecht derjenigen nach schweizerischem Recht entspricht, so daß die Gerichte die gewohnte Vorgehensweise anwenden können. Dem ist aber nicht so, denn wie schon zuvor für Deutschland[300] und Österreich[301] dargelegt, ist die Ungewöhnlichkeitsregel, welche die Schweizer Rechtsprechung bei der

[297] Vgl. z.B. BGer, 06.12.1983, BGE 109 II, 457; Näheres zu den Einzelheiten der Inhaltskontrolle nach schweizerischem Recht ist in diesem Kapitel unter C)III)2) ausgeführt. Vgl. allgemein zur AGB - Kontrolle im schweizerischen Recht *Brunner*, ZSR 1999, 327 ff.

[298] Vgl. auch *Schwarz,* AGB im schweizerischen Privatrecht, Seite 235, der von einem Fehlen der Inhaltskontrolle im schweizerischen Recht ausgeht.

[299] Siehe oben bei Kapitel 2 B)I).

[300] Siehe oben in diesem Kapitel unter C)I)4).

[301] Siehe oben in diesem Kapitel unter C)II)4).

Geltungskontrolle zur Anwendung bringt,[302] im Anwendungsbereich der CISG der Inhaltskontrolle zuzuordnen.[303] Somit verbleibt es bei der Notwendigkeit, daß die schweizer Gerichte im Anwendungsbereich des UN-Kaufrechts darüber entscheiden müssen, welche AGB einer Inhaltskontrolle zugänglich sind. Da aber, soweit ersichtlich, zu dieser Frage auch für den Anwendungsbereich des Einheitlichen Kaufrechts keine Rechtsprechung besteht, kann an dieser Stelle nicht dargelegt werden, wie sich die Rechtslage in der Schweiz diesbezüglich darstellt.

Es soll aber versucht werden, einen Lösungsweg aufzuzeigen, der sowohl den Gedanken des UN-Kaufrechts entspricht, als auch der in diesem Zusammenhang erwünschten Rechtsvereinheitlichung Vorschub leistet. Eine solche Lösung kann meiner Einschätzung nach nur darin liegen, daß die Schweizer Gerichte die aufgeworfene Frage entsprechend der deutschen Regelung gemäß § 307 III 1 BGB[304] lösen. Hiernach unterliegen nur solche AGB einer Inhaltskontrolle, die von Rechtsvorschriften abweichende oder diese ergänzende Regelungen enthalten, wobei im Anwendungsbereich des Einheitlichen Kaufrechts auf die Regelungen der CISG als maßgebliche Vorschriften abzustellen ist. Soweit von dieser Vorschrift deklaratorische Klauseln erfaßt sind, kann für die Sinnhaftigkeit dieses Ausschlusses auf die Ausführungen zum österreichischen Recht[305] verwiesen werden, wo dargelegt wurde, daß ein fehlender Ausschluß dieser Klauseln im Anwendungsbereich des UN-Kaufrechts dem Gedanken der Rechtsvereinheitlichung abträglich ist. Im Übrigen sind solche AGB ausgeschlossen, die sich unmittelbar auf die Vereinbarung der Hauptleistungen beziehen. Dies entspricht den Wertungen der CISG, wonach die Vereinbarung der Leistung und Gegenleistung zur freien Entscheidung der Parteien steht. Dieser die Privatautonomie der Vertragsparteien schützende Ansatzpunkt dürfte auch i.S. der Schweizer Gerichte sein.[306] Bei der Annahme dieser Lösung für die Frage des Ausschlusses von AGB von der Inhaltskontrolle würden demnach die Wertungen des Einheitlichen Kaufrechts berücksichtigt werden und aufgrund der Angleichung der Handhabung dieser Frage mit den Regelungen in Deutschland und Österreich würde die Rechtsvereinheitlichung gefördert werden. Dies wiederum führt zu einer Rechtssicherheit für die im Anwendungsbereich der CISG agierenden Vertragsparteien. Von daher wäre es

---

[302] *Hofer*, AGB, Gesetz und Praxis in der Schweiz, Seite 226; *Guhl*, OR, § 13 Rn.50 m.N. aus der Rechtsprechung.

[303] Vgl. die ausführlichen Untersuchungen in diesem Kapitel unter C)III)3).

[304] Vgl. hierzu in diesem Kapitel oben unter C)I)1).

[305] Vgl. oben in diesem Kapitel unter C)II)1).

[306] Hiervon ist insbesondere deswegen auszugehen, da hinsichtlich der Kontrolle von AGB darauf verwiesen wird, daß sich das BGer mit Rücksicht auf die Vertragsfreiheit gegen eine generelle Inhaltskontrolle von Standardbedingungen wendet, was ein „Mehr" zu dem beschriebenen Ausschluß bestimmter Klauseln darstellt, vgl. *Hofer*, AGB, Gesetz und Praxis in der Schweiz, Seite 230.

meines Erachtens sinnvoll in der beschriebenen Weise vorzugehen, doch bleibt abzuwarten, wie die Schweizer Gerichte bei dem ersten zu entscheidenden Fall handeln.

2) Inhaltskontrolle im Einzelnen

Für die Inhaltskontrolle von AGB nach schweizerischem Recht gibt es nur eine Norm, die speziell auf Standardbedingungen zugeschnitten ist. Es handelt sich dabei um Art.8 UWG, der seit 1988 gilt. Danach handelt unlauter, „wer vorformulierte allgemeine Geschäftsbedingungen verwendet, die in irreführender Weise zum Nachteil einer Vertragspartei: a) von der unmittelbar oder sinngemäß anwendbaren gesetzlichen Ordnung erheblich abweichen oder b) eine der Vertragsnatur erheblich widersprechende Verteilung von Rechten und Pflichten vorsehen.“ Hier wird schon nach dem Wortlaut eine Ähnlichkeit zu der deutschen Regelung gemäß § 307 II BGB ersichtlich. Diese wiederum ist ihrem Inhalt nach mit dem des § 879 III ABGB vergleichbar[307], so daß sich der Art.8 UWG als die analoge schweizerische Vorschrift zu den zitierten Normen aus Deutschland und Österreich darstellt. Die Anforderungen von lit.a bzw. lit.b entsprechen demnach grundsätzlich den im Rahmen des § 307 II Nr.1, 2 BGB und § 879 III ABGB erarbeiteten Voraussetzungen. Für die Bejahung von lit.a des Art.8 UWG ist erforderlich, daß in erheblicher Weise von dispositivem Recht, welchem eine Ordnungs- bzw. Leitbildfunktion zukommt, abgewichen wird.[308] Bei der Beurteilung der Einseitigkeit der AGB ist es zur Konkretisierung des generalklauselhaften Maßstabs durchaus zulässig eine Umschau in andere Rechtsordnungen, insbesondere nach Deutschland, vorzunehmen,[309] so daß für die notwendigen Voraussetzungen auch auf die diesbezüglichen Ausführungen verwiesen werden kann (vgl. oben in diesem Kapitel unter C)I)2)a)). Abschließend hierzu ist anzumerken, daß in diesem Zusammenhang auf die Regeln der CISG als das maßgebliche dispositive Recht, von dem abgewichen wird, abzustellen ist.[310] Hinsichtlich der Voraussetzungen von lit.b des Art.8 UWG ist zu sagen, daß es für eine Unlauterkeit der AGB spricht, wenn sie geschäftsfremde, widersprüchliche oder Kardinalspflichten mißachtende Klauseln enthalten, wobei es aber letztlich einer Entscheidung am Einzelfall bedarf.[311] Auch insoweit dürfte eine Umschau in andere Rechtsordnungen geboten sein. Letztlich sei darauf hingewiesen, daß es in der Schweiz keine solch ausgeprägte Kasuistik zu den Voraussetzungen für die Annahme der Widerrechtlichkeit von AGB im Rahmen einer

[307] Vgl. oben in diesem Kapitel unter C)II)2).
[308] *Berner Kommentar/Kramer*, ZGB VI/1, Artt.19-20 OR Rn.283/294
[309] *Berner Kommentar/Kramer*, ZGB VI/1, Artt.19-20 OR Rn.295
[310] Vgl. auch insoweit entsprechend die obigen Untersuchungen in diesem Kapitel unter C)I)2)a).
[311] I.d.S. *Berner Kommentar/Kramer*, ZGB VI/1, Artt.19-20 OR Rn.297.

spezifischen Inhaltskontrolle gibt, wie sie in Deutschland und Österreich besteht. Dies liegt zum einen an den noch darzustellenden Schwächen des Art.8 UWG und zum anderen an der verhaltenen Durchführung von inhaltlichen Kontrollen von Standardbedingungen durch die Schweizer Gerichte.

Art.8 UWG enthält noch eine weitere Voraussetzung, nämlich das Erfordernis, daß die AGB „in irreführender Weise“ zum Nachteil des Vertragspartners gereichen. Ein Irrtum des Verwendungsgegners hinsichtlich der in lit.a bzw. lit.b aufgeführten Tatbestände ist demnach Voraussetzung für eine Anwendung des Art.8 UWG.[312] Die Eignung der AGB, einen Irrtum entstehen zu lassen, kann sich aus der Formulierung der Klauseln, aus ihrer Plazierung oder aus ihrer grafischen Gestaltung ergeben.[313] Durch die Existenz dieser Voraussetzung wird ein erheblicher Unterschied zu der deutschen bzw. österreichischen Regelung deutlich. Eine solche Anforderung gibt es weder gemäß § 307 BGB noch gemäß § 879 III ABGB. Die Auswirkungen des Erfordernisses des Irrtums sind beträchtlich. In der schweizerischen Literatur wird sogar davon gesprochen, daß der Art.8 UWG dadurch zu einer „stumpfen Waffe“ der Inhaltskontrolle wird und eine offene Inhaltskontrolle auch nicht über Art.8 UWG erreicht wird.[314] Die Begründung liegt darin, daß Art.8 UWG es dem Verwender von AGB erlaubt, die Anwendbarkeit der Bestimmung trotz Vorliegens mißbräuchlicher Klauseln auszuschließen, indem er seinen Vertragspartner auf die nachteiligen Bestimmungen klar und unmißverständlich hinweist (z.B. durch Fettdruck der entsprechenden AGB).[315] Im Übrigen kann davon ausgegangen werden, daß i.d.R. mit Vorliegen der Voraussetzungen des Art.8 UWG auch die Voraussetzungen der Ungewöhnlichkeitsregel[316] gegeben sind, so daß es dann nicht einer Inhaltskontrolle nach lit.a bzw. lit.b des Art.8 UWG bedarf.[317] Es wird ersichtlich, daß die Inhaltskontrolle nach Art.8 UWG entweder nicht zur Anwendung kommt oder es ihrer nicht unbedingt bedarf. Hierin ist auch der Grund zu sehen, daß, wie zuvor angesprochen, nur eine magere Judikatur im Bereich der Inhaltskontrolle von AGB besteht.

Für AGB im Anwendungsbereich des UN-Kaufrechts führt dies dazu, daß eine konkrete Inhaltskontrolle nach Art.8 UWG, ebenso wie bei rein nationalen schweizerischen Sachverhalten, meist nicht zur Anwendung kommt. Sollte es dennoch einmal der Fall sein, so dürfte diese Inhaltskontrolle nach Art.8 UWG oft in Überschneidung mit der Ungewöhnlichkeitsregel stattfinden. Bei einer

---

[312] BGer, 13.08.1991, BGE 117 II, 333

[313] *Müller*, SJZ 94, 359

[314] *Baudenbacher*, ZBJV 123, 526; *Guhl*, OR, § 13 Rn.53; *Stauder*, VuR 1995, 430; *Kramer*, ZEuP 1995, 505; *Ghestin*/Stauder, Les clauses abusives, Seite 288; *Neumayer*, Contracting Subject to Standard Terms and Conditions, Seite 50

[315] *Kramer*, ZEuP 1995, aaO; *Guhl*, OR, aaO

[316] Näheres hierzu unten in diesem Kapitel unter C)III)3).

[317] *Guhl*, OR, aaO, mit Hinweis auf eine, diese Annahme stützende gerichtliche Entscheidung, vgl. BGer, 05.08.1993, BGE 119 II, 443.

nach Art.8 UWG stattfindenden Inhaltskontrolle ist dann auch auf die Besonderheit Rücksicht zu nehmen, daß sich, von Ausnahmefällen abgesehen, unternehmerische Vertragsparteien gegenüberstehen, die aus verschiedenen Rechtssystemen stammen. Es müssen von daher bei der Beurteilung der Unlauterkeit von AGB die internationalen Gebräuche der betreffenden Branche, die unterschiedlichen Rechtsauffassungen und die Stellung der Parteien als geschäftlich Handelnde berücksichtigt werden.[318]

Zusammenfassend kann hinsichtlich der AGB-Inhaltskontrolle nach Art.8 UWG gesagt werden, daß diese nur von geringer praktischer Bedeutung ist, nur bei irrtumserregenden Standardklauseln zur Anwendung kommen kann und bislang von der Rechtsprechung nur gering aufgearbeitet wurde. Dies führt meines Erachtens zu einer Verunsicherung der Parteien, die bei der Inhaltskontrolle von AGB auf die Schweizer Gerichte angewiesen sind, was insbesondere für im Anwendungsbereich der CISG kontrahierende Parteien gilt. Diese sind nämlich oftmals kaum oder überhaupt nicht mit den schweizerischen Regelungen vertraut und haben auch nicht die Möglichkeit auf eine ausdifferenzierte Judikatur in diesem Bereich zurückzugreifen. Die bestehende Unsicherheit wird noch durch einen, auch von der schweizerischen Literatur aufgegriffenen,[319] Aspekt verstärkt. Im Rahmen der Inhaltskontrolle nach Art.8 UWG gibt es nämlich keine den §§ 308, 309 BGB und § 6 KSchG entsprechenden Verbotskataloge. Diese gelten zwar in Deutschland und Österreich auch nicht unmittelbar für den im Anwendungsbereich des Einheitlichen Kaufrechts hauptsächlich Platz greifenden internationalen Geschäftsverkehr, doch können sie mittelbar Einfluß nehmen und den Gerichten bei der Konkretisierung der Generalklauseln helfen.[320] Das Fehlen eines entsprechenden Kataloges führt zu einem großen Entscheidungsspielraum der Schweizer Gerichte im Rahmen der

[318] Vgl. hierzu auch die entsprechende obige Untersuchung und die obigen Hinweise im Rahmen des deutschen Länderberichts unter Kapitel 3 C)I)2)c); vgl. daneben *Berner Kommentar/Kramer*, ZGB VI / 1, Artt. 19 - 20 Rn. 298, wonach die „Latte“ bei der Inhaltskontrolle von AGB in Unternehmer-Verträgen höher zu legen ist.

[319] *Berner Kommentar/Kramer*, ZGB VI/1, Artt.19-20 OR Rn.284/295; *Jetzer/Zindel*, SJZ 90, 435

[320] Siehe in diesem Kapitel oben unter C)I)3) und C)II)3).

unbestimmten Rechtsbegriffe: „erhebliche Abweichung“ in lit.a bzw. „erhebliche widersprechende“ Verteilung von Rechten und Pflichten in lit.b.[321]

Noch problematischer stellt sich die Inhaltskontrolle von klaren AGB dar. Diese unterliegen mangels Irreführung nämlich nicht der Kontrolle nach Art.8 UWG. Für solche AGB hält die schweizerische Rechtsordnung keine spezifischen Kontrollnormen bereit. Im Rahmen der Rechtsprechung wurde in Fällen der Verwendung klarer AGB, soweit ersichtlich, bislang keine konkrete Inhaltskontrolle durchgeführt. Vielmehr findet die Aussonderung von einseitigen AGB im Vorfeld der Inhaltskontrolle statt.[322] Hierbei wird insbesondere auf die Ungewöhnlichkeitsregel[323] als Teil der Geltungskontrolle und auf die Unklarheitsregel als Teil der Auslegungskontrolle zurückgegriffen.[324] Diese Kontrollmechanismen sind aber zumindest für rein nationale Sachverhalte nicht der Inhaltskontrolle zuzuordnen, so daß eine offene inhaltliche Kontrolle von klaren AGB nicht ersichtlich ist. Von der Lehre wird daher z.T. für eine solche eingetreten.[325] Der dogmatische Anknüpfungspunkt für eine offene Inhaltskontrolle soll nach Art.19 II OR gegeben sein, wobei dann von einer unzulässigen Klausel auszugehen ist, wenn sie von dem vorgegebenen Recht, welchem eine Ordnungsfunktion zukommt, abweicht und damit gegen die öffentliche Ordnung i.S.d. Art.19 II OR verstößt.[326] Dieser Ansatz ist durchaus nachvollziehbar, denn es sind Fälle denkbar, in denen sich eine Klausel weder als unklar noch als ungewöhnlich darstellt, den Verwendungsgegner aber dennoch einseitig und unangemessen benachteiligt. Trotzdem bleibt festzuhalten, daß die schweizerische Rechtsprechung eine derart ausgestaltete Inhaltskontrolle nicht anwendet.

Für den Bereich des einheitlichen Kaufrechts birgt diese Situation jedoch ein erhebliches Problem. Die Schweizer Gerichte greifen für die Kontrolle von AGB nur auf Mechanismen zurück, die bei Anwendbarkeit des UN-Kaufrechts

---

321 Vgl. *Berner Kommentar/Kramer*, ZGB VI/1, aaO; *Jetzer/Zindel*, SJZ 90, aaO, die aber auch darauf hinweisen, daß dem großen Entscheidungsspielraum und der Orientierungsunsicherheit durch die Zuhilfenahme der Klauselkataloge anderer Länder und der „schwarzen Liste“ im Anhang der EG - Richtlinie über mißbräuchliche Klauseln in Verbraucherverträgen (RL 93/13/EWG) entgegengetreten werden kann, wenn dies auch nicht zur vollständigen Beseitigung der Probleme ausreicht. Greift man diesen Aspekt auf, so bleibt aber für den Anwendungsbereich des UN-Kaufrechts immer zu berücksichtigen, daß diese Kataloge nur indizielle Wirkung haben können und es stets einer Prüfung hinsichtlich der Übertragbarkeit der verbraucherschützenden Verbote auf den internationalen Geschäftsverkehr bedarf.

322 *Honsell/Vogt/Wiegand/Huguenin Jacobs*, OR I, Art.19/20 Rn.27

323 Näheres hierzu unten in diesem Kapitel unter C)III)3).

324 *Honsell/Vogt/Wiegand/Huguenin Jacobs*, OR I, aaO

325 *Berner Kommentar/Kramer*, ZGB VI/1, Artt.19-20 OR, Rn.290 f; *Baudenbacher*, ZBJV 1987, 515; *Kramer*, ZEuP 1995, 501

326 Siehe Fn. zuvor.

den Regelungen der CISG unterfallen. Die Einbeziehungs- und Auslegungskontrolle unterliegt nämlich den Vorschriften des einheitlichen Kaufrechts.[327] Dies würde nur dann kein Problem darstellen, wenn die diesbezüglichen Regelungen der CISG denen des schweizerischen Rechts entsprechen würden. Dann könnten die Gerichte nämlich in der Sache genauso vorgehen, wie sie es für rein nationale Sachverhalte gewohnt sind. Für die Unklarheitsregel ist dies zu bejahen,[328] doch kann davon nicht ohne weiteres für die Ungewöhnlichkeitsregel ausgegangen werden, was in den folgenden Ausführungen dargelegt wird. Es kann damit festgehalten werden, daß die Regelungen zur Kontrolle von AGB nach schweizerischem Recht in der gewohnten Anwendung nicht für das UN-Kaufrecht passen.

3) Ungewöhnlichkeitsregel

In der Schweiz besteht eine durch Lehre und Praxis entwickelte Ungewöhnlichkeitsregel,[329] welche nach einer Definition des BGer allgemeine Geschäftsbedingungen erfaßt, die geschäftsfremde Bestimmungen enthalten, die zu einer wesentlichen Änderung des Vertragscharakters führen oder in erheblichem Maß aus dem Rahmen des Vertragstypus fallen[330] und die von dem abweichen, was vernünftigerweise erwartet werden darf.[331] Auf die Ungewöhnlichkeitsregel darf sich grundsätzlich nur die unerfahrene oder schwache Partei berufen,[332] wobei auch eine an für sich aus wirtschaftlichen oder anderen Gründen starke Partei als die schwächere anzusehen ist, wenn sie gezwungen ist die AGB anzunehmen, weil sie sonst keine Vertragspartei findet.[333] Diese Ungewöhnlichkeitsregel ist das schweizerische Pendant zu der deutschen Regelung gemäß § 305c I BGB und der österreichischen Vorschrift gemäß § 864a ABGB. Ein Unterschied besteht aber darin, daß die deutsche bzw. österreichische Regel nicht beinhaltet, daß sich i.d.R. nur die schwache Partei auf die Ungewöhnlichkeit berufen kann.

Nach der Ungewöhnlichkeitsregel werden erfaßte Klauseln nicht Vertragsbestandteil, so daß sie zumindest im unvereinheitlichten Recht der Einbeziehungs- bzw. Geltungskontrolle unterfällt[334] und ein Rückgriff auf diese

---

[327] Vgl. oben in Kapitel 2 unter B)I) und in Kapitel 3 unter A)I).
[328] Siehe oben in Kapitel 3 unter A)II)3).
[329] Vgl. z.B. BGer, 06.12.1983, BGE 109 II, 457; BGer, 05.08.1993, BGE 119 II, 446; *Hofer*, AGB, Gesetz und Praxis in der Schweiz, Seite 225 f; *Honsell/Vogt/Wiegand/Huguenin Jacobs*, OR I, Art.19/20 Rn.27; *Berner Kommentar/Kramer*, ZGB VI, Art.1 OR Rn.205 f.
[330] BGer, 06.12.1983, BGE 109 II, 458
[331] *Hofer*, AGB, Gesetz und Praxis in der Schweiz, Seite 226
[332] Anders aber *Guhl*, OR, § 13 Rn.51, der sich gegen die Beschränkung der Ungewöhnlichkeitsregel auf schwache Parteien ausspricht.
[333] BGer, 06.12.1983, BGE 109 II, 457
[334] *Schwarz*, AGB im schweizerischen Privatrecht, Seite 233

Regel im Rahmen der Inhaltskontrolle eigentlich versagt ist. Allerdings wurde schon zu der im deutschen Recht geltenden Regelung hinsichtlich überraschender Klauseln dargelegt, daß diese bei der Inhaltskontrolle von AGB im Anwendungsbereich des UN-Kaufrechts zu berücksichtigen ist.[335] Ein wesentliches Argument hierfür war, daß bei der Prüfung, ob eine ungewöhnliche Klausel vorliegt, funktional die inhaltliche Gültigkeit der Standardbedingung untersucht wird. Dies gilt für die schweizerische Rechtslage verstärkt, da die Kontrolle von AGB weitgehend unter Zuhilfenahme der Ungewöhnlichkeitsregel durchgeführt wird. Zu weiten Teilen wird deswegen von einer „verdeckten" bzw. „verkappten" Inhaltskontrolle gesprochen.[336] Diese Annahme läßt sich dadurch untermauern, daß nach dem BGer selbst inhaltliche Gesichtspunkte im Rahmen der Ungewöhnlichkeitsregel insofern eine Rolle spielen können, als eine Anwendung dieser Regel um so eher berechtigt ist, je stärker eine Klausel die Rechtsstellung des Vertragspartners beeinträchtigt.[337] Im Übrigen weist die obige Definition hinsichtlich der von der Ungewöhnlichkeitsregel umfaßten AGB eine enge Verbindung zu Art.8 UWG auf,[338] welcher zweifelsfrei die Inhaltskontrolle betrifft. Von daher kann davon ausgegangen werden, daß von der Ungewöhnlichkeitsregel funktional Bereiche der Inhaltskontrolle mitumfaßt werden. Dies ist im Anwendungsbereich des UN-Kaufrechts zu berücksichtigen. Dies gilt um so mehr, als eine entsprechende Regelung nach der CISG zumindest nicht ausdrücklich existiert, es einer solchen für eine gerechte Handhabung der Kontrolle von AGB aber bedarf. Nach der schweizerischen Rechtslage kommt die Besonderheit hinzu, daß es für klare AGB, zumindest nach der für nationale Sachverhalte geltenden Rechtsprechung, keine Inhaltskontrolle gibt. Dies würde im Anwendungsbereich des UN-Kaufrechts dazu führen, daß die Inhaltskontrolle von AGB, welche nach unvereinheitlichtem Recht durchzuführen ist, komplett entfällt. Dann wäre der Schutz des Verwendungsgegners in unzulässiger Weise auf die nach den Regeln der CISG vorzunehmende Einbeziehungs- und Auslegungskontrolle beschränkt, welche aber zumindest ausdrücklich keine Überraschungsklausel enthalten. Es besteht auch keine Notwendigkeit die Vertragsschlußregeln der CISG derart auszulegen, sofern dies überhaupt möglich ist, daß im Rahmen der Einbeziehungskontrolle von der Existenz einer Ungewöhnlichkeitsregel auszugehen ist. Diese kann und sollte nämlich nach dem oben Gesagten bei der Inhaltskontrolle Anklang finden. Von daher ist, um überhaupt eine Inhaltskontrolle von AGB (neben Art.8 UWG) im Anwendungsbereich der CISG nach schweizerischem Recht zu ermöglichen, davon auszugehen, daß die Frage, ob eine ungewöhnliche Klausel vorliegt, bei der Inhaltskontrolle der AGB zu prüfen ist.

---

335 Vgl. oben in diesem Kapitel unter C)I)4).

336 *Kramer*, SJZ 81, 20 f; *ders.*, ZEuP 1995, 505; *Baudenbacher*, ZBJV 1987, 517; *Honsell/Vogt/Wiegand/Huguenin Jacobs*, OR I, Art.19/20 Rn.27

337 BGer, 06.12.1983, BGE 109 II, 457

338 So auch *Hofer*, AGB, Gesetz und Praxis in der Schweiz, Seite 226.

Für die deutsche und österreichische Überraschungs- bzw. Ungewöhnlichkeitsregel wurde auch dargestellt, daß deren Berücksichtigung bei der Inhaltskontrolle in zwei Punkten zu beschränken ist.[339] Geht man von der hier vertretenen Konzeption aus, daß die Ungewöhnlichkeitsregel auch nach schweizerischem Recht als Teil der Inhaltskontrolle von AGB im Anwendungsbereich des UN-Kaufrechts anzuwenden ist, so muß man konsequenter Weise auch für die schweizerische Rechtslage diese Einschränkungen berücksichtigen. Die erste, daß eine Anwendung der Ungewöhnlichkeitsregel nur dann vorzunehmen ist, wenn sich die Ungewöhnlichkeit der Klausel aus deren Inhalt ergibt, ist unproblematisch zu übernehmen. Es ist nämlich nur insoweit die Inhaltskontrolle betroffen, als tatsächlich Funktionen der inhaltlichen Kontrolle übernommen werden. Hinsichtlich der zweiten Beschränkung, daß sich eine Anwendung der Ungewöhnlichkeitsregel im Rahmen der Inhaltskontrolle nur auf solche AGB beziehen darf, die überhaupt einer Inhaltskontrolle unterliegen, ist die Übernahme für das schweizerische Recht nicht ohne ein Wort der Begründung möglich. Nach schweizerischem unvereinheitlichtem Recht gibt es nämlich keine dem § 307 III 1 BGB oder § 879 III ABGB entsprechende Ausschlußvorschrift, die über den Weg der allgemein anzuwendenden Ungewöhnlichkeitsregel ausgehebelt werden könnte. Allerdings wurde zuvor erarbeitet,[340] daß es für den Anwendungsbereich der Wiener Konvention sinnvoll wäre, eine dem § 307 III 1 BGB entsprechende gerichtliche Handhabung vorzunehmen. Unter dieser Prämisse ist dann die beschriebene Einschränkung der Anwendung der Ungewöhnlichkeitsregel bei der Inhaltskontrolle von AGB im Anwendungsbereich der CISG angezeigt.[341]

4) Zusammenfassende Anmerkungen zur AGB - Inhaltskontrolle nach unvereinheitlichtem schweizerischem Recht

Aus den bisherigen Untersuchungen wird ersichtlich, daß eine Inhaltskontrolle von AGB nach schweizerischem Recht nicht mit derjenigen in Deutschland oder Österreich vergleichbar ist. Sie ist viel weniger durch gesetzliche Bestimmungen ausgestaltet, was zu einer größeren Bedeutung der richterlichen Spielräume und den damit verbundenen Unsicherheiten führt. Im Übrigen ist eine AGB-Inhaltskontrolle im Anwendungsbereich der CISG nach schweizerischem Recht auch nach den hier vertretenen Auffassungen nicht so effizient wie in Deutschland oder Österreich. Dies liegt daran, daß nur eine relativ leicht umgehbare Kontrolle nach Art.8 UWG möglich ist, oder im Bereich klarer AGB nur über die Ungewöhnlichkeitsregel. Eine allgemeine offene Inhaltskontrolle nach den Artt.19/20 OR findet nämlich durch die

[339] Vgl. oben in diesem Kapitel unter C)I)4) und C)II)4).
[340] Vgl. oben in diesem Kapitel unter C)III)1).
[341] Vgl. auch obiger Argumentation in diesem Kapitel unter C)III)1).

Schweizer Gerichte nicht statt. Denkt man aber an Fälle klarer und unmißverständlicher AGB, die den Vertragspartner dennoch einseitig und unangemessen benachteiligen, so stellt sich diese Situation als unbefriedigend dar. Letztlich führt dies zu einem ungleichen Schutz der die AGB empfangenden Partei bei der Inhaltskontrolle von AGB im Anwendungsbereich der CISG.

5) Rückgriff auf die Bewertungsgrundsätze zu rein innerschweizerischen Sachverhalten

Inwieweit zur Ausübung der Inhaltskontrolle auf die in der schweizerischen Literatur und Rechtsprechung entwickelten Bewertungsgrundsätze zurückgegriffen werden kann, ist im Prinzip genauso wie für Deutschland und Österreich zu beurteilen.[342] Es sind je nach der betroffenen Rechtsmaterie solche Fälle, in denen die Regelung im UN-Kaufrecht mit der Schweizerischen übereinstimmt, von solchen zu unterscheiden, in denen die betroffene Rechtsmaterie ungleich geregelt ist. Bei der Inhaltskontrolle nach schweizerischem Recht ist die Bedeutung des Rückgriffs auf bekannte Grundsätze und Leitlinien aber gering, da aus den oben genannten Gründen kaum eine Inhaltskontrolle durch die Gerichte durchgeführt wird, so daß auch nur eine geringe Judikatur in diesem Bereich besteht.

6) Rechtsfolgen

Nach der Untersuchung der Einzelheiten zur AGB-Inhaltskontrolle nach schweizerischem unvereinheitlichten Recht verbleibt nur noch die Erörterung der Rechtsfolgen im Falle einer widerrechtlichen Klausel. Wie schon im Rahmen der Ausführungen zum deutschen Recht festgestellt wurde, sind die Rechtsfolgen im Anschluß an eine Inhaltskontrolle richtiger Weise dem unvereinheitlichten Recht zu entnehmen.[343]

Die Rechtsfolgen im Falle einer unlauteren Klausel i.S.d. Art.8 UWG sind umstritten.[344] Einerseits wird von einer von Amts wegen zu berücksichtigenden Nichtigkeit der betreffenden Klausel gemäß Art.2 UWG i.V.m. Art.20 OR ausgegangen.[345] Andererseits wird angenommen, daß die Mißbräuchlichkeit der Klausel erst durch eine wettbewerbsrechtliche Beseitigungsklage nach Art.9

---

[342] Vgl. die Erörterungen zu dieser Problematik zum deutschen Recht, oben in diesem Kapitel unter C)I)5).
[343] Vgl. die obigen Ausführungen und Hinweise in diesem Kapitel unter C)I)6).
[344] Vgl. allgemein zum Meinungsstand *Jetzer/Zindel*, SJZ 90, 435, mit weiterführenden Hinweisen.
[345] *Guhl*, OR, § 13 Rn.53; *Hofer*, AGB, Gesetz und Praxis in der Schweiz, Seite 223

lit.b UWG angegriffen werden muß, welche im Falle eines Erfolges zu deren Aufhebung durch Richterspruch mit ex-tunc-Wirkung führt.[346] Nach beiden Ansichten kommt es letztlich zu einer Nichtigkeit der widerrechtlichen Klausel, wobei nach der zweiten Auffassung ein Unterschied zu den Regelungen in Deutschland und Österreich besteht. Hier ist die Nichtigkeit der unzulässigen AGB-Klausel jeweils von Amts wegen zu berücksichtigen. Bei einer Inhaltskontrolle von AGB anhand der allgemeinen Vorschriften nach Artt.19, 20 OR, wenn diese auch nicht von der Rechtsprechung angewandt wird, würde ein Verstoß gegen die öffentliche Ordnung i.S.d. Art.19 II OR zur Nichtigkeit der Klausel führen, gemäß Art.20 OR.[347] Dasselbe muß gelten, wenn sich eine Widerrechtlichkeit der Klausel aus der bei der Inhaltskontrolle zu berücksichtigenden Ungewöhnlichkeitsregel ergibt.

Der restliche Vertrag soll im Übrigen grundsätzlich aufrechterhalten werden.[348] Dies entspricht der deutschen Regelung gemäß § 306 I BGB und der Handhabung dieser Frage nach österreichischem Recht gemäß § 879 III ABGB.[349] Im Falle der Verwendung einer unbilligen AGB-Klausel bedarf es dann zur Lückenfüllung einer richterlichen Korrektur in Form der Vertragsergänzung.[350] Diese Vertragsergänzung findet dann v.a. über die Anwendung von dispositivem Gesetzesrecht und danach durch Heranziehung der ergänzenden Vertragsauslegung statt.[351] Auch dieses Vorgehen entspricht der deutschen bzw. österreichischen Rechtslage. Für den Anwendungsbereich der Wiener Kaufrechtskonvention folgt daraus, daß auf die Regelungen der CISG, inklusive seiner Ergänzungen nach Art.7 II, zurückzugreifen ist.[352]

Letztlich verbleibt anzumerken, daß die Problematik der geltungserhaltenden Reduktion nach hiesigem Kenntnisstand noch nicht durch die Rechtsprechung aufgearbeitet wurde, so daß dazu keine gefestigten Angaben gemacht werden können. Dieser Umstand dürfte darauf zurückzuführen sein, daß die Schweizer

---

346 *Berner Kommentar/Kramer*, ZGB VI/1, Artt.19-20 OR Rn.288

347 *Hofer*, AGB, Gesetz und Praxis in der Schweiz, Seite 228

348 *BernerKommentar/Kramer*, ZGB VI/1, Artt.19-20 OR Rn.378

349 Vgl. für Deutschland und Österreich oben in diesem Kapitel unter C)I)6) und C)II)6).

350 *Bucher*, OR, Seite 157; *Schwarz*, AGB im schweizerischen Privatrecht, Seite 234

351 *Hofer*, AGB, Gesetz und Praxis in der Schweiz, Seite 229; soweit hier zunächst auf eine erweiterte Vertragsauslegung verwiesen wird, ist das damit zu erklären, daß die Ausführungen nicht klar zwischen Auslegungs- und Inhaltskontrolle unterscheiden. Für die hier in Rede stehenden Rechtsfolgen der Inhaltskontrolle kommt eine erweiterte Vertragsauslegung aber nicht in Betracht, da eine solche nur im Vorfeld stattfinden muß, damit überhaupt klar ist, welcher AGB-Inhalt auf seine Rechtmäßigkeit hin zu prüfen ist. Die erweiterte Vertragsauslegung ist eher das Mittel zur Lückenschließung im Falle einer fehlenden Einigung, nicht aber zur Schließung von Lücken, die aufgrund der Unwirksamkeit von AGB-Klauseln nach einer Inhaltskontrolle entstanden sind.

352 Vgl. insoweit die für das deutsche Recht getroffenen Aussagen (oben in diesem Kapitel unter C)I)6)), welche hier entsprechend gelten.

Gerichte sich dieser Frage, infolge der Umgehung einer offenen und konkreten Inhaltskontrolle, entzogen haben. Allerdings kann insbesondere auch für den Anwendungsbereich des UN-Kaufrechts meines Erachtens nicht davon ausgegangen werden, daß die Vornahme der geltungserhaltenden Reduktion zu sachgerechten Lösungen führt.[353]

IV) AGB-Inhaltskontrolle nach unvereinheitlichtem französischem Recht

In Frankreich gibt es keine spezielle Vorschriften, die sich mit der Inhaltskontrolle von AGB beschäftigen.[354] Zwar gibt es mit den Artt.L.132-1 ff CConsom. und der Handhabung von Freizeichnungsklauseln, insbesondere im Kaufrecht,[355] Regelungen, die oft in Verbindung mit einem „contrat d`adhésion"[356] (Anschlußvertrag) stehen, doch beziehen sich diese allgemein auf Vertragsbedingungen und nicht gesondert auf Standardbedingungen.[357] Hierin besteht ein Unterschied zu den zuvor dargestellten Rechtssystemen. Insbesondere in Deutschland und in Österreich, aber auch in der Schweiz gibt es, wenn auch in sehr divergierender Dichte, Regelungen hinsichtlich der AGB-Inhaltskontrolle. Dieser Unterschied ist auch die Ursache dafür, daß in den folgenden Untersuchungen von dem, aus den vorherigen Länderberichten gewohnten, Schema zur Darstellung der AGB-Inhaltskontrolle abgewichen wird.

Eine Gemeinsamkeit im Zusammenhang mit der inhaltlichen Kontrolle von AGB weist das französische Recht zumindest mit den Regelungen in Deutschland und Österreich dahingehend auf, daß solche Geschäfte, die zwischen einem „professionnel" und einem „non-professionnel ou consommateur" geschlossen worden sind, von solchen zu unterscheiden sind, die als Teil des beiderseitigen Geschäftsverkehrs stattfinden. Dies ergibt sich aus dem persönlichen Anwendungsbereich des Art.L.132-1 CConsom. Die gegebenenfalls für die Inhaltskontrolle von AGB anzuwendenden Vorschriften des Code de la consommation kommen danach nämlich nur bei Verträgen

---

353 Vgl. die obige Argumentation in diesem Kapitel unter C)II)6).

354 *Sonnenberger/Autexier*, Einführung in das französische Recht, Seite 124

355 Vgl. Näheres hierzu in diesem Kapitel unten unter C)IV)1)b).

356 Dieser Begriff wird immer dann verwendet, wenn ein Vertrag unter Anwendung von AGB geschlossen wurde, vgl. *Otto*, AGB und IPR, Seite 16.

357 Vgl. für die Vorschriften des CConsom. *Witz/Wolter*, ZEuP 1995, 888; für die Handhabung der Freizeichnungsklauseln ergibt sich dies schon daraus, daß die diesbezüglich maßgeblichen Regelungen dem allgemeinen Vertragsrecht entstammen.

zwischen einem „professionnel“[358] und einem Verbraucher oder „non-professionnel“[359] zur Anwendung. Es ist also zwischen Geschäften mit verbraucherrechtlichen Bezügen und sonstigen Geschäften zu unterscheiden. Eine solche Unterscheidung ist in Deutschland gemäß § 310 I 1 BGB[360] und in Österreich infolge des § 1 KSchG[361] ebenfalls zu treffen. In der Schweiz ist eine solche Differenzierung grundsätzlich entbehrlich.[362] Allerdings spielt diese generell zu treffende Unterscheidung für die in Rede stehende Inhaltskontrolle von AGB im Anwendungsbereich der Wiener Kaufrechtskonvention nur eine untergeordnete Rolle. Wie bereits mehrfach dargelegt wurde[363] ist nämlich aufgrund des Art.2 lit.a, abgesehen von Ausnahmefällen, der unternehmerische Geschäftsverkehr der praxisrelevante Anwendungsbereich des UN-Kaufrechts, auf den sich das Hauptaugenmerk der Untersuchungen richtet. Die Folge dieser Umstände ist, daß eine inhaltliche Überprüfung von Standardbedingungen im Geltungsbereich der CISG nach unvereinheitlichtem französischem Recht vornehmlich unter Ausschluß der Regelungen des Code de la consommation stattfindet.[364]

1) Inhaltskontrolle

Sofern in den folgenden Ausführungen von einer „Inhaltskontrolle“ die Rede ist, so ist dies immer unter dem Gesichtspunkt zu verstehen, daß es nach französischem Recht keine explizite AGB-Inhaltskontrolle gibt, sondern die für die inhaltliche Kontrolle von Standardbedingungen in Betracht kommenden allgemeinen Regelungen untersucht werden. Dabei drängen sich insbesondere die Vorschriften der Artt.L.132-1 ff CConsom. und die Handhabung der Freizeichnungsklauseln im Kaufrecht auf.

---

358 Unter einem „professionnel“ versteht man eine natürliche oder juristische Person, die im Verkaufssektor tätig ist oder Dienstleistungen erbringt und bei der Ausübung dieser Tätigkeit mit Dritten in vertragliche Beziehung tritt, wobei es gleichgültig ist, ob es sich um Kaufleute, Handwerker, Freiberufler oder Landwirte handelt, vgl. *Sonnenberger*, RIW 1990, 170; diese Definition ist mit dem Unternehmerbegriff nach § 14 BGB vergleichbar.

359 Die Bedeutung der Einbeziehung der „non - professionnel“ in den persönlichen Anwendungsbereich des Art. L. 132-1 CConsom. für die Inhaltskontrolle von AGB im Anwendungsbereich des UN - Kaufrechts wird in diesem Kapitel unten unter C)IV)1)a) näher untersucht.

360 Vgl. oben in diesem Kapitel unter C)I).

361 Vgl. oben in diesem Kapitel unter C)II).

362 Vgl. oben in diesem Kapitel unter C)III).

363 Vgl. z.B. oben in diesem Kapitel unter C)I).

364 Diese Annahme gilt zunächst nur vorbehaltlich der noch folgenden Untersuchungen zur Bedeutung der Einbeziehung der „non-professionnel“ in den persönlichen Anwendungsbereich des Art.L.132-1 CConsom. für die AGB - Inhaltskontrolle im Anwendungsbereich der CISG, vgl. unten in diesem Kapitel unter C)IV)1)a).

Bevor aber im Einzelnen untersucht wird, wie diese beiden Aspekte auf die Inhaltskontrolle von AGB im Anwendungsbereich des UN-Kaufrechts Einfluß nehmen, ist zu prüfen, ob die entsprechenden nationalen Vorschriften und die diesbezüglich entwickelten Grundsätze überhaupt zur Anwendung kommen. Für die Inhaltskontrolle von AGB wurde die Maßgeblichkeit nationalen unvereinheitlichten Rechts festgestellt.[365]
Hier handelt es sich aber gerade nicht um spezielle Kontrollmechanismen für Standardbedingungen. Vielmehr handelt es sich um Vorschriften und Grundsätze, die sich allgemein mit der Gültigkeit einzelner Vertragsteile beschäftigen. Aufgrund des Art.4 lit.a, wonach das Wiener Übereinkommen, sofern nicht ausdrücklich etwas anderes bestimmt ist, nicht die Gültigkeit des Vertrages oder einzelner Vertragsbestimmungen regelt, ist grundsätzlich von der Anwendbarkeit der entsprechenden Regelungen auszugehen.[366]

a) Bedeutung der Einbeziehung der „non-professionnels" in den persönlichen Anwendungsbereich des Art.L.132-1 CConsom. für die Inhaltskontrolle von AGB im Anwendungsbereich des UN-Kaufrechts

Hinsichtlich der Regelungen des Code de la consommation wurde soeben[367] dargelegt, daß sie regelmäßig nicht zur Anwendung kommen im Anwendungsbereich des UN-Kaufrechts, zumindest soweit Verbraucher betroffen sind. Allerdings umfaßt der persönliche Anwendungsbereich des mit der Umsetzung der EG-Richtlinie über mißbräuchliche Klauseln in Verbraucherverträgen durch das Gesetz Nr.95-96 vom 01.02.1995 letztmalig geänderten Art.L.132-1 CConsom. auch Geschäfte von „professionnels" mit „non-professionnels". Es stellt sich nun die Frage, ob und inwieweit solche Verträge im Geltungsbereich der CISG vorkommen. Wäre dies nämlich der Fall, so würde mit der Regelung des Art.L.132-1 CConsom. für besagte Fälle ein Instrumentarium zur Verfügung stehen, welches bei der Inhaltskontrolle von

[365] Vgl. oben in diesem Kapitel unter B).
[366] So i.E. auch *Hennemann*, AGB - Kontrolle, Seite 173, hinsichtlich der Handhabung von Freizeichnungsklauseln mit Ausnahme der „vendeur professionnel" - Rechtsprechung, die gesondert untersucht wird (vgl. Näheres hierzu unten in diesem Kapitel unter C)IV)1)b), wo auch speziell auf die Übertragbarkeit dieser Rechtsprechung auf das UN - Kaufrecht eingegangen wird). Hennemann leitet die allgemeine Anwendbarkeit aber daraus ab, daß die Anwendbarkeit der „vendeur professionnel" - Rechtsprechung für den Geltungsbereich des UN - Kaufrechts isoliert diskutiert wird und infolge des Fehlens einer entsprechenden Diskussion für die allgemeinen Haftungsgrenzen von deren Übertragbarkeit auf das internationale Kaufrecht auszugehen ist. Im Ergebnis ist dem zuzustimmen, doch stellt das Fehlen einer juristischen Diskussion keinen ausreichenden, gesetzlich manifestierbaren Grund für die Anwendbarkeit des französischen unvereinheitlichten Rechts im besagten Bereich dar. Vielmehr ist auf die speziell die Anwendbarkeit unvereinheitlichten Rechts betreffende Regelung des Art.4 lit.a abzustellen.
[367] Vgl. oben in diesem Kapitel unter C)IV).

AGB angewendet werden kann. Seinem Inhalt nach würde dies gemäß Art.L.132-1 Abs.6 CConsom. dazu führen, daß mißbräuchliche Klauseln als nicht geschrieben gelten, also unwirksam sind.[368] Die Mißbräuchlichkeit einer Klausel richtet sich danach, ob ein beachtliches Mißverhältnis („déséquilibre significatif") zwischen den Rechten und Pflichten der Vertragsparteien zum Nachteil des Verbrauchers bzw. „non-professionnel" besteht,[369] wobei nach Art.L.132-1 Abs.5 CConsom. die den Vertragsschluß begleitenden Umstände, alle anderen Klauseln des Vertrages sowie die in einem anderen, mit dem betreffenden Vertrag in rechtlichem Zusammenhang stehenden Vertrag enthaltenen Klauseln zu berücksichtigen sind. Eine Besonderheit des französischen Rechts in diesem Zusammenhang besteht darin, daß die Unwirksamkeit von Klauseln neben dem Richter[370] auch durch Executiv-Dekret nach Bestätigung durch den „Conseil d`Etat" auf Empfehlung der „Commission des clauses abusives" ausgesprochen werden kann.[371]

Entscheidend für die Beantwortung der aufgeworfenen Frage ist, was unter dem Begriff der „non-professionnel" zu verstehen ist. Hierbei ist mangels gesetzlicher Definition insbesondere problematisch, ob auch ein außerhalb seines Geschäftsbereichs handelnder Kaufmann unter den Begriff des „non-professionnel" fällt und somit den Schutz des Code de la consommation genießt.[372] Entgegen einer zunächst restriktiven Handhabung[373] dieser Frage, kam es mit der Entscheidung der Cour de Cassation 1re Chambre vom 28.04.1987[374] zu einer Ausdehnung des Begriffs.[375] Seit einem Urteil vom

---

368 *Berger-Walliser*, RIW 1996, 463

369 Vgl. den Wortlaut des Art.L.132-1 Abs.1: „ ... sont abusives les clauses qui ont pour objet ou pour effet de créer ou détriment du non-professionnel ou consommateur un déséquilibre significatif entre les droits et les obligations des parties au contrat".

370 Vgl. *Szönyi*, GRUR Int. 1996, 93, die auch darauf verweist, daß eine Rechtsgrundlage für die Möglichkeit der Nichtigkeitserklärung durch den Richter erst mit der Neuregelung des Art.L.132-1 CConsom. mit dem Gesetz Nr. 95-96 vom 01.02.1995 geschaffen wurde, wobei eine entsprechende richterliche Befugnis auch schon vorher durch die Rechtsprechung angenommen wurde, vgl. *Reich*, VuR 1995, 222.

371 *Berger-Walliser*, RIW 1996, 463

372 *Berger-Walliser*, RIW 1996, 461

373 *Witz/Wolter*, ZEuP 1995, 886; *Remien*, ZEuP 1994, 40 f, mit Hinweis auf die Entscheidung der Cour de Cassation 1re Chambre Civile, 15.04.1986, Bull Civ. 1986 I Nr.90, 91.

374 Cass. Civ. 1ère, 28.04.1987, JCP 1987 II Nr.20893; in dieser Entscheidung hielt die Cour de Cassation das Gesetz vom 10.01.1978, welches hinsichtlich der Einbeziehung der „non - professionnel" in den Anwendungsbereich der Vorschrift über mißbräuchliche Klauseln in den Art.L.132-1 CConsom. inhaltlich übernommen wurde, auf AGB eines Vertrages anwendbar, die einem Kauf einer Alarmanlage durch eine Immobilienverwaltungsgesellschaft zugrundegelegt wurden. Vgl. zu dieser Entscheidung auch die Anmerkungen von *Delebecque*, Recueil Dalloz Sirey 1988 II, Jurisprudence 1 ff.

375 *Witz/Wolter*, ZEuP 1995, 886

25.05.1992[376] deutete sich eine Lösung an, wonach Kaufleute dann unter den Schutz des Code de la consommation fallen, wenn sie in einem Bereich tätig werden, in dem ihnen spezielle Fachkenntnisse fehlen und das abgeschlossene Geschäft nicht in direktem Bezug zu deren Geschäftstätigkeit steht.[377] Allerdings wird unter Hinweis auf ein Urteil der Kammer für Handelssachen[378] und ein Urteil der ersten Kammer[379] der Cour de Cassation darauf hingewiesen, daß zwar noch keine abschließende Klarheit hinsichtlich der Bedeutung des Begriffs der „non-professionnels" besteht, doch davon auszugehen ist, daß die Zeit der extensiven Auslegung vorbei ist.[380] Nach der letztgenannten Entscheidung der Cour de Cassation vom 24.01.1995[381] ist für die Anwendung des Art.L.132-1 CConsom. ausschlaggebend, ob der Vertrag einen direkten Bezug („rapport direct") zur beruflichen Tätigkeit des Vertragspartners aufweist. Ist das der Fall, so ist nicht von einem „non-professionnel" auszugehen. Diese enge Auslegung hat die Cour de Cassation unter Rückgriff auf das Kriterium des „direkten Bezuges zur beruflichen Tätigkeit" auch in weiteren Entscheidungen beibehalten.[382] Auf den beruflichen Fachbereich, in dem die Vertragsparteien arbeiten oder auf ihre Fachkompetenz kommt es indes nicht mehr an. Die enge Auslegung wird u.a. damit begründet, daß andernfalls die ohnehin unklaren Grenzen des Verbraucherschutzrechts verwischt würden.[383] Außerdem gebiete die Aufnahme des Begriffs der „non-

---

[376] Cass. Civ. 1ère, 25.05.1992, Semaine Juridique 1992, édition générale, IV Nr.2142, 234 f

[377] *Paisant*, Semaine Juridique 1993, édition générale, I Nr.3655, 101

[378] Cass. Com., 10.05.1994, Recueil Dalloz Sirey 1995 I, somm. 89 mit Anm. von *Denis Mazeaud*; in dieser Entscheidung wurde bei einem bankbezogenen Vertrag zwischen einer Bank und einem Kaufmann, der nicht Bankier war, dessen Stellung als „non-professionnel" verneint.

[379] Cass. Civ. 1ère, 24.01.1995, Recueil Dalloz Sirey 1995 I, Jurisprudence 327 mit Anm. von *Gilles Paisant*; in dieser Entscheidung wurde bei einem Vertrag zwischen einer Druckerei und einem Stromlieferanten die Stellung der Druckerei als „non - professionnel" verneint, so daß diese sich nicht auf den Code de la consommation zur Abwehr gegen Haftungsausschlußklauseln des Stromlieferanten nach einem Stromausfall berufen konnte.

[380] *Witz/Wolter*, ZEuP 1995, 887; *Hennemann*, AGB-Kontrolle, Seite 33

[381] Vgl. Fn.379.

[382] Vgl. Cass. Civ. 1ère, 03.01.1996, Recueil Dalloz Sirey 1996 I, Jurisprudence 228 mit Anmerkungen von *Gilles Paisant*; in dieser Entscheidung wurde der direkte Bezug zur beruflichen Tätigkeit für den Fall bejaht, in dem eine Flaschenfabrik mit einer Gemeinde einen Wasserversorgungsvertrag abschloß.
Vgl. weiterhin Cass. Civ. 1ère, 30.01.1996, Recueil Dalloz Sirey 1996 I, Jurisprudence 229 mit Anmerkungen von *Gilles Paisant*; hier wurde die Geltung des Art.L. 132-1 CConsom. für einen Leasingvertrag über ein Informatiksystem, welches v.a. Software für Kundenmarketing enthält, abgelehnt, da hiermit ein direkter Bezug zur beruflichen Tätigkeit hergestellt sei.
An dieser Differenzierung zwischen „professionnel" und „non - professionnel" hält die französische Rechtsprechung bislang fest, vgl. Cass. Com., 14.03.2000, JCP 2000 II Nr.10367. Vgl. allgemein zu dieser Problematik *Licari*, La protection, Seite 370 ff.

[383] *Calais-Auloy/Steinmetz*, Droit de la consommation, Rn.13

professionnel“ in den Gesetzestext nicht zwingend eine Ausdehnung des persönlichen Anwendungsbereichs auf bestimmte Unternehmer, da die Hinzufügung nur als Ausdehnung des Schutzes auf Geldanleger, die weder Verbraucher noch Unternehmer seien, anzusehen ist.[384]

Zusammenfassend ist ein Kaufmann demnach nur dann als „non-professionnel“ anzusehen, wenn das geschlossene Geschäft keinen direkten Bezug zu seiner beruflichen Tätigkeit aufweist, wobei für die Annahme eines „non-professionnel“ strenge Maßstäbe anzulegen sind.

Daraus ergibt sich für den Anwendungsbereich des UN-Kaufrechts, daß Verträge mit Beteiligung eines „non-professionnels“ weitgehend ausgeschlossen sind. Es ist nämlich davon auszugehen, daß die im Geltungsbereich der Wiener Konvention kontrahierenden Parteien in erster Linie international agierende Geschäftsleute bzw. Unternehmen sind, die gerade in Ausübung ihrer beruflichen Tätigkeit handeln. Die dabei geschlossenen Verträge weisen somit einen „direkten Bezug“ zur beruflichen Tätigkeit auf. Insoweit kommt es also nicht zu Verträgen unter Beteiligung eines „non-professionnels“. Sollte aber ein Fall gegeben sein, in dem ein Kaufmann oder ein Unternehmen einen internationalen Kaufvertrag abschließt, der auf den ersten Blick nicht unmittelbar zur Ausübung seiner originären beruflichen Tätigkeit gehört, so ist zunächst denkbar, daß ein Vertrag unter Beteiligung eines „non-professionnel“ vorliegt. Dies hätte dann zur Folge, daß der CConsom. zur Inhaltskontrolle von AGB des Vertrages herangezogen werden könnte. Meines Erachtens ist die Annahme einer solchen Möglichkeit für die Praxis aber nicht aufrecht zu erhalten. Dies zeigt die in den zuvor zitierten Beispielen bestehende Rechtsprechung der Cour de Cassation, wonach stets ein direkter Bezug zur beruflichen Tätigkeit bejaht wurde, wenn ein Unternehmer an dem Vertrag beteiligt war. Aus den zitierten Entscheidungen[385] wird ersichtlich, daß nahezu kein Raum mehr für die Charakterisierung eines Unternehmers als „non-professionnel“ verbleibt.

Von daher führt die Aufnahme der „non-professionnel“ in den persönlichen Anwendungsbereich des Art.L.132-1 CConsom. nicht dazu, daß die Anzahl der möglichen Fälle, in denen auf verbraucherschützende Vorschriften bei der Inhaltskontrolle von AGB im Anwendungsbereich der CISG zurückzugreifen ist, erweitert wird. Ihr kommt letztlich für die AGB-Inhaltskontrolle unter UN-Kaufrecht keine besondere Bedeutung zu.

Die Vorschriften für einen Vertrag zwischen einem „professionnel“ und einem Verbraucher (bzw. einem „non-professionnel“) können im UN-Kaufrecht lediglich dann eine Rolle spielen, wenn der „professionnel“ auf Käuferseite

[384] Vgl. *Calais-Auloy/Steinmetz*, Droit de la consommation (4.édition), Rn.167.
[385] Vgl. die Fn.378, 379 und 382.

tätig wird und sich der Verkäufer gegen die Einkaufsbedingungen wehren will. Der Ausschluß des Art.2 lit.a erfaßt nämlich nur Käufe und keine Verkäufe durch Konsumenten.[386] Dieser Aspekt stellt sich aber bei der Inhaltskontrolle nach anderen nationalen Vorschriften entsprechend dar und ist keine Besonderheit des französischen Rechts. In einem solchen Fall ist dann, wie oben dargelegt, zu prüfen, ob eine Mißbräuchlichkeit einer Klausel vorliegt, die zu deren Unwirksamkeit führt. Der Vertrag im Übrigen bleibt in einem entsprechenden Fall bestehen, sofern er ohne die mißbräuchliche Klausel bestehen kann, d.h. wenn sie nicht als wesentlich für den Vertrag als Ganzes anzusehen ist oder der Verwender die entscheidende Bedeutung der Klausel für den Vertragsschluß nachweisen kann.[387]

b) Handhabung der Freizeichnungsklauseln, insbesondere im Kaufrecht

Die in Frankreich bestehenden Grundsätze zur Begrenzung der Verwendung von Haftungsfreizeichnungsklauseln spielen für die Inhaltskontrolle von AGB eine große Rolle. Zwar beziehen sie sich nicht explizit auf Standardbedingungen, doch sind solche Klauseln oft in Allgemeinen Geschäftsbedingungen enthalten, so daß die Freizeichnungsgrenzen für deren inhaltliche Kontrolle heranzuziehen sind. Dies ist auch der Grund dafür, daß die dazu entwickelten Doktrin hier im Rahmen der Inhaltskontrolle untersucht werden, zumal keine anderweitigen Regelungen in diesem Bereich in Frankreich bestehen. Von besonderem Interesse sind im Rahmen der Grenzen der Freizeichnungsklauseln wiederum die kaufrechtlichen Regelungen, da sich die CISG in erster Linie auf Kaufverträge bezieht.

Bevor die Begrenzungen der Freizeichnungsklauseln näher untersucht werden, ist zum besseren Verständnis zunächst auf die nach französischem Recht vorzunehmende Differenzierung innerhalb der Pflichtverletzungen einzugehen. Problematisch ist insbesondere die Unterscheidung zwischen der Lieferung eines aliuds und der Lieferung einer mangelhaften Sache. Die erstgenannte Pflichtverletzung ist als Verstoß gegen die „obligation de conformité“ als Teil der „obligation de délivrance“[388] zu qualifizieren. Die zweitgenannte Pflichtverletzung stellt einen Verstoß gegen die „obligation de garantie“[389] dar, sofern der Mangel versteckt war. Leistungsstörungen bezüglich der Lieferverpflichtung richten sich grundsätzlich nach dem allgemeinen Leistungsstörungsrecht, wogegen sich die Gewährleistungsverpflichtungen des Verkäufers nach den speziellen kaufrechtlichen Gewährleistungsvorschriften

[386] *Witz/Salger/Lorenz/Lorenz*, CISG, Art.2 Rn.2
[387] *Berger-Walliser*, RIW 1996, 463
[388] Dies ist nach französischem Recht die Pflicht zur Lieferung der verkauften Sache.
[389] Dies stellt im französischen Recht die Gewährleistungsverpflichtung dar.

richten.[390] Die allgemeinen Leistungsstörungsrechte sehen gemäß Artt.1184, 1610 CC einen Erfüllungsanspruch bzw. Nachbesserungsanspruch (bei Handelsgeschäften gegebenenfalls unter Herabsetzung der Gegenleistung) oder ein Vertragsaufhebungsrecht vor. Weiterhin kommt nach den Artt.1142, 1147 CC unter bestimmten Voraussetzungen ein Schadenersatzanspruch in Betracht. Die Gewährleistungsansprüche des Käufers wegen Sachmängel kommen dagegen nur in Betracht, wenn verborgene Mängel („vices cachés") vorliegen.[391]

Vor diesem Hintergrund sollen nun die bestehenden Begrenzungen von Haftungsfreizeichnungsklauseln untersucht werden. Im französischen Recht wird grundsätzlich zwischen Freizeichnungsklauseln unterschieden, die eine Haftung für Vertragsverletzungen ausschließen bzw. einschränken (clauses de non responsabilité ou limitatives de responsabilité) und solchen, die eine vertragliche Verpflichtung ausschließen bzw. einschränken (clauses de non obligation).[392]

„Clauses de non responsabilité ou limitatives de responsabilité" sind nur bedingt zulässig. Ein Ausschluß der Haftung für Arglist („dol") und wegen grober Pflichtwidrigkeit („faute lourde") ist nicht möglich, wogegen eine Freizeichnung von der Haftung wegen Fahrlässigkeit („faute simple") zulässig ist.[393] Unter „faute lourde" fallen auch Verstöße gegen wesentliche Vertragspflichten,[394] so daß letztlich nur solche Haftungsbeschränkungen einer rechtlichen Überprüfung standhalten, die sich auf einen „faute simple" beziehen und keine Kardinalspflichten betreffen. Hier wird eine Übereinstimmung mit den deutschen Wertungen ersichtlich. Von besonderer Bedeutung ist in diesem Zusammenhang, daß gegenüber gewerblichen Verkäufern, um welche es sich meist im UN-Kaufrecht handelt, aufgrund deren besonderer Fachkenntnis eine Tendenz besteht, Pflichtverletzungen zumindest als „faute lourde" zu qualifizieren,[395] so daß deren Freizeichnungsmöglichkeiten weiter eingeschränkt sind.

„Clauses de non obligation" sind grundsätzlich zulässig, d.h. eine Partei kann infolge der Vertragsfreiheit vertragliche Verpflichtungen frei festlegen bzw. ausschließen.[396] Davon ausgenommen sind wiederum essentielle Vertragspflichten, um nicht Sinn und Zweck des Vertrages zu gefährden.[397]

---

[390] *Le Tourneau*, Conformités et garanties, Seite 246

[391] Vgl. Näheres hierzu unten.

[392] *Hennemann*, AGB-Kontrolle, Seite 49

[393] *Hübner/Constantinesco*, Einführung, Seite 180

[394] Com., 09.05.1990, Bull Civ. 1990 IV Nr.142, 95 f; Civ., 18.01.1984, Bull Civ. 1984 I Nr.27, 21

[395] *Ghestin/Desché*, Traité des contrats, Anm.871

[396] *Hennemann*, AGB-Kontrolle, Seite 50 m.w.N.

[397] Vgl. *Hennemann*, AGB-Kontrolle, Seite 50.

Insoweit können Vertragsbedingungen als nichtig angesehen werden, wenn sie eine wesentliche Vertragspflicht („obligation essentielle") unterlaufen.[398] Hierdurch wird eine (mittelbare) Inhaltskontrolle durch die Rechtsprechung ermöglicht, die argumentativ darauf gestützt wird, daß durch den Ausschluß einer „obligation essentielle" die Gegenleistung ihre Causa verliert.[399] Die Bestimmung, welches die „obligation essentielle" sind, kann unter Zuhilfenahme der entwickelten Kasuistik vorgenommen werden.[400] Hierzu gehören sicherlich die vertragstypischen Leistungen, im Kaufrecht z.B. die Eigentumsverschaffungspflicht. Für das UN-Kaufrecht ist von besonderer Bedeutung, daß eine solche (mittelbare) Inhaltskontrolle auch für den kaufmännischen Verkehr gilt, da dieser hauptsächlich relevant ist für den Geltungsbereich der CISG.

Für das Kaufrecht kommen einige zu beachtende Besonderheiten hinzu. Prinzipiell ist es unter Berücksichtigung obiger Darstellungen auch hier möglich die gewährleistungsrechtlichen Haftungsansprüche des Käufers auszuschließen oder zu begrenzen. Gewährleistungsansprüche kommen aber nur dann in Betracht, wenn die Kaufsache mit verborgenen Mängeln („vices cachés") behaftet war, gemäß Art.1642 CC (vgl. schon oben). Der Käufer kann dennoch seine Rechtsbehelfe aus Artt.1610, 1611, 1184, 1142 CC nicht geltend machen, wenn er die nicht vertragskonforme oder mangelhafte Sache vorbehaltlos annimmt, obwohl der Mangel erkennbar war.[401] Auf der anderen Seite ist eine Haftungsfreizeichnung aber aus einem Umkehrschluß aus Art.1643 CC dann ausgeschlossen, wenn der Verkäufer den Mangel kennt. Für den Anwendungsbereich des UN - Kaufrechts, in dem vornehmlich am internationalen Geschäftsverkehr teilnehmende Parteien agieren, erfährt diese Regelung insofern eine ganz besondere Bedeutung, als nach der Rechtsprechung des französischen Kassationshofs unwiderleglich vermutet wird, daß der gewerbliche Verkäufer den Mangel der Sache kannte.[402] Dies führt dann dazu, daß der „vendeur professionnel" keine Möglichkeit hat , seine Haftung wegen Mängel der Kaufsache zu beschränken oder auszuschließen, da eine solche Vertragsklausel nichtig ist.[403] Diese Kenntnisfiktion gilt nur dann nicht, wenn ein Kaufvertrag zwischen „professionnels de la même spécialité"

---

[398] Vgl. hierzu Cass. Com., 22.10.1996, Recueil Dalloz Sirey 1997 I, Jurisprudence 121 mit Anmerkungen von *Seriaux* sowie Recueil Dalloz Sirey 1997 II, Sommaires 175 mit Anmerkungen von *Delebecque*.

[399] *Delebecque*, Clauses d`allègement des obligations, Seite 16

[400] Vgl. hierzu z.B. die Nachweise bei *Delebecque*, Clauses d`allègement des obligations, Seite 15.

[401] *Ferid/Sonnenberger*, Das französische Zivilrecht, 2 G Rn.593

[402] Vgl. z.B. Cass. Civ., 22.06.1971, JCP 1971 II Nr.16881; Cass. Com., 20.01.1970, JCP 1970 II Nr. 7280; vgl. i.d.S. auch *Sonnenberger/Autexier*, Einführung in das französische Recht, Seite 132; *Ferid/Sonnenberger*, Das französische Zivilrecht, 2 G Rn.622.

[403] *Kötz*, Europäisches Vertragsrecht I, Seite 216; *Niggemann*, RIW 1991, 374 m.N. aus der Rechtsprechung.

geschlossen wurde, so daß zwischen ihnen Haftungsbegrenzungsklauseln zulässig sind.[404] Die Zugehörigkeit des gewerblichen Verkäufers bzw. Käufers zur selben Branche („même spécialité“) ist in enger Auslegung dieses Begriffes dann anzunehmen, wenn beide Händler mit dem gleichen Produkt, aber auf verschiedenen Vertriebsstufen, handeln oder wenn, was in der Praxis nur selten der Fall sein dürfte, ein Hersteller einen anderen Hersteller des gleichen Produktes beliefert.[405] Der dahinter stehende Gedanke ist darin zu sehen, daß auch der kaufende Händler aufgrund seiner Fachkenntnis den Mangel hätte erkennen können und eine einseitige Belastung zum Nachteil des Verkäufers in diesen Fällen nicht gerechtfertigt ist.

Letztlich kann man die zu den Freizeichnungsklauseln entwickelten Grundsätze dahingehend zusammenfassen, daß der gewerbliche Verkäufer, welcher für den Anwendungsbereich des Wiener Kaufrechts hauptsächlich von Interesse ist, keine Freizeichnungsmöglichkeiten hinsichtlich der Haftung für die Vertragsgemäßheit der verkauften Sache hat, es sei denn der Käufer kommt aus derselben Branche. Dann kann er sich vollständig freizeichnen, wenn nicht der Mangel selbst für einen solchen Käufer nicht zu erkennen war.[406] Im Übrigen ist die Freizeichnung für die Haftung sonstiger Vertragsverletzungen nur für „faute simple“ möglich, wobei Kardinalspflichten nicht abbedungen werden können und eine Tendenz zur Qualifikation von Pflichtverletzungen durch gewerbliche Verkäufer als „faute lourde“ besteht. In diesem Umfang sind also an sich in AGB enthaltene Freizeichnungsklauseln auch im Geltungsbereich der CISG zu überprüfen.

Umstritten ist jedoch die Übertragbarkeit der „vendeur professionnel“-Rechtsprechung auf Freizeichnungsklauseln im Anwendungsbereich des UN-Kaufrechts. Auch wenn diese Rechtsprechung die Gültigkeit einzelner Vertragsbestimmungen betrifft und somit an sich gemäß Art.4 lit.a unvereinheitlichtes Recht anzuwenden ist, wird teilweise vertreten, diese Doktrin sei im UN-Kaufrecht unanwendbar. Zur Begründung wird teilweise darauf abgestellt, daß die „vendeur professionnel“-Rechtsprechung im Hinblick auf den „ordre public national“ entwickelt wurde und somit nicht auf den internationalen Kauf übertragen werden kann.[407] *Niggemann* greift diesen Punkt auf und stimmt dem insoweit zu, als nach dem französischen Recht zwischen dem „ordre public national“ und dem „ordre public international“ zu unterscheiden ist und angesichts der anders gelagerten Rechtslage in vielen Ländern nicht behauptet werden könne, daß eine nach ausländischem Recht

[404] Cass. Com., 08.07.1975, JCP 1976 II Nr.18332; Cass. Com., 08.10.1973, JCP 1975 II Nr. 17927; Cass. Com., 08.12.1980, Bull Civ. 1980 IV Nr. 415, 333; Cass. Com., 03.12.1985, Bull Civ. 1985 IV Nr.287, 245

[405] Vgl. *Ghestin/Desché*, Traité des contrats, Anm.965 f.

[406] *Hennemann*, AGB-Kontrolle, Seite 60

[407] *Audit*, La vente internationale de marchandises, Anm.120

zulässige Haftungsbeschränkung den französischen „ordre public international" verletze.[408] Allerdings zieht er aus diesem Argument alleine nicht den Schluß der Unanwendbarkeit der „vendeur professionnel"-Rechtsprechung für das UN-Kaufrecht, da dieser Aspekt nicht die Anwendung unvereinheitlichten Rechts im Bezug auf die Gültigkeit von vertraglichen Haftungsbegrenzungen entfallen lasse.[409] Vielmehr stellt er darauf ab, daß gegen eine Übertragbarkeit der „vendeur professionnel"-Rechtsprechung auf Sachverhalte im Geltungsbereich der Wiener Konvention spricht, daß aus dem die Vertragsfreiheit anerkennenden Art. 8 die grundsätzliche Zulässigkeit von Haftungsbegrenzungsklauseln folge.[410] Weiterhin sei festzustellen, daß die CISG gemäß Art.40 eine besondere Bestimmung für den bösgläubigen Verkäufer enthalte, welche den Charakter einer Ausnahmevorschrift habe.[411] Dieser Ausnahmecharakter würde systemwidrig in einen Regelcharakter gewandelt werden, wenn mit der Anwendung der „vendeur professionnel"-Rechtsprechung von der Gleichstellung des gewerblichen Verkäufers mit einem Bösgläubigen auszugehen sei.[412] Letztlich führe dies dazu, daß eine Berücksichtigung dieser Umstände durch den französischen Richter v.a. bei der Bestimmung und der Auslegung des „ordre public international" geboten sei.[413] Diese Berücksichtigung führe dann dazu, daß eine Verletzung des internationalen Charakters der CISG gegeben sei, wenn über Art.4 lit.a Vertragsbestimmungen infolge der „vendeur professionnel"-Rechtsprechung für ungültig erklärt werden, die nach dem Aufbau und Zusammenhang der CISG wirksam sind.[414]

Hennemann dagegen sieht in der Unterscheidung zwischen dem „ordre public national" und dem „ordre public international" keine Grundlage, um die besagte Rechtsprechung nicht im UN-Kaufrecht zur Geltung kommen zu lassen.[415] Als Begründung weist er darauf hin, daß die Problematik der Kenntnisfiktion zu Lasten des gewerblichen Verkäufers unabhängig davon besteht, welcher „ordre public" zu schützen ist.[416] Es sei nämlich nicht ersichtlich, warum ein gewerblicher Verkäufer im internen französischen Handel bessere Kenntnis vom Zustand der Kaufwaren haben sollte als ein gewerblicher Verkäufer im internationalen Handel.[417]

---

[408] *Niggemann*, RIW 1991, 375
[409] *Niggemann*, aaO
[410] *Niggemann*, aaO
[411] *Niggemann*, aaO
[412] *Niggemann*, aaO
[413] *Niggemann*, aaO
[414] *Niggemann*, aaO
[415] *Hennemann*, AGB-Kontrolle, Seite 174 f
[416] *Hennemann*, AGB-Kontrolle, Seite 175
[417] *Hennemann*, aaO

Meines Erachtens führt die ursprüngliche Ausrichtung der „vendeur professionnel"-Rechtsprechung am „ordre public national" nicht zu einem Ausschluß der Bösgläubigkeitsfiktion beim gewerblichen Verkäufer im UN-Kaufrecht. *Hennemann* geht nämlich zu Recht davon aus, daß die Kenntnisfiktion im internationalen Handel dieselbe Berechtigung wie in nationalen Sachverhalten erfährt. Geht man nämlich von der Rechtsprechung des Kassationshofs aus, ohne Wertungen über deren prinzipielle Berechtigung zu treffen, so wäre es nicht gerechtfertigt den national agierenden gewerblichen Verkäufer gegenüber dem international tätigen gewerblichen Verkäufer zu benachteiligen. Dieser hat grundsätzlich die gleichen Fähigkeiten und Möglichkeiten, die Fehlerhaftigkeit seiner Waren zu erkennen. Soweit darauf verwiesen wird, daß die Bösgläubigkeitsfiktion der Internationalität und den Wertungen des UN-Kaufrechts widerspricht, so vermag dies auch nicht zu überzeugen. In dem in Rede stehenden Bereich regelt die CISG nämlich über Art.4 lit.a ausdrücklich die Anwendbarkeit unvereinheitlichten Rechts. Bei dieser Anwendung der nationalen Grundsätze ist zwar auf den internationalen Charakter des Falles Rücksicht zu nehmen, so daß z.B. bei bestehenden Zweifeln die Wertungen der CISG Einfluß auf die gerichtliche Entscheidung nehmen können. Dieser Einfluß würde aber auch unter Berücksichtigung einer wünschenswerten Rechtsvereinheitlichung zu weit gehen, wenn bestehende Rechtsgrundsätze gänzlich ausgeschlossen werden. Insofern kann in einer Anwendung der „vendeur professionnel"-Rechtsprechung keine Verletzung des internationalen Charakters der CISG mit den vorgeschlagenen Konsequenzen gesehen werden.

Weiterhin wird gegen die Übertragung der Gleichstellung eines gewerblichen Verkäufers mit einem bösgläubigen Verkäufer in den Anwendungsbereich der CISG eingewandt, daß eine solche Handhabung den französischen Verkäufer im internationalen Handel in nicht zu rechtfertigender Weise benachteilige.[418] Von daher sei von einer IPR-Sachnorm[419] auszugehen, welche zur Gültigkeit der Haftungsfreizeichnungsklauseln führe.[420] Dagegen wird jedoch eingewandt, daß es bei der Anwendung verschiedener Rechtssysteme eben zu Ungleichheiten kommt[421] und es an der für die Annahme einer entsprechenden IPR-Sachnorm

[418] I.d.S. *Audit*, La vente internationale de marchandises, Anm.120; vgl. auch *Niggemann*, RIW 1991, 374, der auf die extrem käuferfreundliche Wirkung der „vendeur professionnel" - Rechtsprechung hinweist.

[419] Als IPR - Sachnorm werden Sondernormen bezeichnet, die interne Normen des eigenen Rechts verdrängen, weil diese, obwohl nach IPR auf einen Sachverhalt anwendbar, für die Regelung des internationalen Sachverhaltes für ungeeignet betrachtet werden, vgl. *Hennemann*, AGB-Kontrolle, Seite 176 m.w.N.

[420] *Audit*, La vente internationale de marchandises, Anm.120

[421] *Hennemann*, AGB - Kontrolle, Seite 176 f, mit dem berechtigten Hinweis auf die Entscheidung des EuGH, wonach die „vendeur professionnel" - Rechtsprechung mit dem Gebot der Wettbewerbsgleichheit innerhalb der europäischen Gemeinschaft vereinbar ist, vgl. EuGH, 24.01.1991, *Alsthom Atlantique / Sulzer*, Sammlung 1991 I, 124.

notwendigen Voraussetzung fehlt, daß die Besonderheiten des internationalen Handels eine solche unentbehrlich machen.[422] Insbesondere sei, wie schon zuvor einmal aufgegriffen, nicht ersichtlich, warum ein internationaler gewerblicher Verkäufer einem nationalen gewerblichen Verkäufer gegenüber zu bevorzugen sei.[423]

Auch hier ist meiner Einschätzung nach der überzeugenden letztgenannten Auffassung zu folgen. Zwar ist aufgrund des IPR regelmäßig französisches Recht auf die Frage nach der Gültigkeit von Freizeichnungsklauseln anzuwenden, wenn der Verkäufer aus Frankreich stammt,[424] so daß ihn die Kenntnisfiktion trifft, doch rechtfertigt dies nicht diese Rechtsprechung im internationalen Handel auszuschließen. Eine gegebenenfalls bestehende Benachteiligung des französischen Verkäufers im Vergleich zu Verkäufern anderer Nationen mag zwar unerwünscht sein, doch ändert sich nichts an der gesetzlichen Lage, die eben meist über Art.4 lit.a und die IPR-Verweisungsnormen zur Anwendung französischen Rechts hinsichtlich der Haftungsbegrenzungen führt. Um diese, für den international agierenden französischen Verkäufer, auch meiner Einschätzung nach, mißliche Situation zu beheben, ist der richtige Ansatzpunkt jedoch nicht die Konstruktion einer Unanwendbarkeit der „vendeur professionnel"-Rechtsprechung im UN-Kaufrecht. Will man die mit der Bösgläubigkeitsfiktion verbundenen Konsequenzen im internationalen Kaufrecht vermeiden, so sollte man auch dort ansetzen, wo sie entstehen, nämlich bei der nationalen Rechtsprechung. Gibt man dort die Kenntnisfiktion auf, so würde diese auch im Anwendungsbereich der CISG nicht mehr zum Tragen kommen.[425]

---

[422] *Hennemann*, AGB-Kontrolle, Seite 177

[423] *Hennemann*, aaO

[424] Vgl. die obigen Ausführungen zu den regelmäßig zutreffenden Verweisungen des IPR in Fn.204.

[425] Eine weitere Möglichkeit, um die Folgen der „vendeur professionnel" - Rechtsprechung zu vermeiden, wäre die Aufgabe der Differenzierung zwischen einer Pflichtverletzung in Form einer aliud - Lieferung und einer Pflichtverletzung durch Lieferung einer mangelhaften Sache. Würde man einheitlich auf die Vertragskonformität der Leistung abstellen, so würde jeder Verstoß als Verletzung der „obligation de délivrance" zu den allgemeinen Leistungsstörungsregeln führen. Hierdurch wiederum wären die speziellen kaufrechtlichen Gewährleistungsvorschriften, einschließlich der Bösgläubigkeitsfiktion zu Lasten des gewerblichen Verkäufers, nicht mehr maßgeblich. Letztlich würde bei einem weiten Verständnis der „ obligation de délivrance " der Anwendungsbereich der „vendeur professionnel"- Rechtsprechung verkleinert werden. Für die Freizeichnungsklauseln würde das dann bedeuten, daß sie ihre Grenzen v.a. bei einer Freizeichnung der Haftung für „dol" und „faute lourde" finden würden. Für ein solches Vorgehen spricht meines Erachtens neben der Relativierung der „ vendeur professionnel " - Rechtsprechung auch die einfacherere Handhabung von Pflichtverletzungen im französischen Recht. Zudem zeigt auch ein Vergleich mit dem UN - Kaufrecht, daß eine Aufgabe der Differenzierung durchaus sinnvoll ist. Nach der CISG kommt es nämlich ebenfalls nur auf die Vertragskonformität der Leistung an (siehe Art.35). Vgl. i.d.S. auch *Witz*, L`adaptation du droit

Abschließend kann also festgehalten werden, daß auch die „vendeur professionnel“-Rechtsprechung richtigerweise im UN-Kaufrecht anzuwenden ist. Allerdings hat die französische Rechtsprechung, soweit ersichtlich, zu diesem Problem noch nicht Stellung nehmen müssen, so daß deren Entscheidung abzuwarten bleibt. Dies wirkt sich für die im UN-Kaufrecht tätig werdenden Parteien, soweit ihre Geschäfte Bezüge zum französischen Recht aufweisen, dahingehend aus, daß sie hinsichtlich der Behandlung von Freizeichnungsklauseln mit Unklarheiten konfrontiert werden. Diese werden durch die schwierige Abgrenzung der „professionnel de la même spécialité“ noch verstärkt,[426] so daß bei der Verwendung von Freizeichnungsklauseln Vorsicht geboten ist.

2) Rechtsfolgen

Die Rechtsfolge[427] im Falle des Vorliegens einer unzulässigen Freizeichnungsklausel hinsichtlich der Haftung für die Vertragsgemäßheit der Kaufsache[428] ist deren Nichtigkeit.[429] In den Fällen, in denen eine Freizeichnung von „faute simple“ möglich ist, nämlich im Bezug auf „sonstige Vertragspflichten“, führt eine Freizeichnung zu deren Unanwendbarkeit auf „faute lourde“ oder „dol“, erfaßt aber die „faute simple“ selbst wenn die Klausel ihrer Formulierung nach nicht darauf beschränkt ist. Dies ähnelt im Ergebnis einer geltungserhaltenden Reduktion.

3) Einfluß der „Listen“

In den vorherigen Länderberichten wurde auf die Relevanz von verbraucherschützenden Katalogen mit Klauselverboten für die AGB-Kontrolle im UN-Kaufrecht eingegangen.[430] Zu Vergleichszwecken soll diese Thematik auch für das französische Recht beleuchtet werden. Hinsichtlich der

---

francais interne aux règles de la Convention de Vienne sur la vente internationale marchandises, Seite 216, der für ein weites Verständnis der „obligation de délivrance“ eintritt, so daß sich der „drakonische“ Anwendungsbereich der „vices cachés“ verkleinert.

426 I.d.S. *Niggemann*, RIW 1991, 374, der von einer „erheblichen Unsicherheit über die Zulässigkeit von Haftungsbegrenzungsklauseln“ ausgeht infolge der ungenauen Abgrenzung dessen, was „professionnel de la même spécialité“ sind.

427 Zu den Rechtsfolgen im Falle des Vorliegens einer mißbräuchlichen Klausel i.S.d. Art. L. 132-1 CConsom. vgl. die obigen Untersuchungen zu Art. L. 132 - 1 CConsom. in diesem Kapitel unter C)IV)1)a).

428 Beim gewerblichen Verkäufer ist durch die „vendeur professionnel“ - Rechtsprechung die Zulässigkeit zu versagen, es sei denn der Käufer ist ein „ professionnel de la même spécialité“, Kapitel 3 C)IV)1)b).

429 Vgl. *Niggemann*, RIW 1991, 374, m.N. aus der Rechtsprechung.

430 Vgl. oben in diesem Kapitel unter C)I)3) und C)II)3).

Mißbräuchlichkeit von Klauseln bestehen in Frankreich drei Listen. Eine erste „graue Liste" auf der Grundlage des alten Rechts ist in den Empfehlungen der „Commission des clauses abusives" zu sehen.[431] Eine zweite „graue Liste" besteht in dem als Annex zu Art.L.132-1 CConsom. veröffentlichten Katalog von Klauseln, die als mißbräuchlich angesehen werden können. Diese Liste wurde wortgetreu aus der EG-Richtlinie über mißbräuchliche Klauseln in Verbraucherverträgen übernommen.[432] Ihr kommt gemäß Art.L.132-1 Abs.3 CConsom. eine nicht abschließende und indizielle Bedeutung zu. Letztlich besteht noch eine „schwarze Liste" durch das Dekret vom 24.03.1978, welches Klauseln enthält, die verboten sind.[433] Diese sich teilweise überschneidenden Listen spielen jedoch für die AGB-Inhaltskontrolle im Anwendungsbereich des UN-Kaufrechts nur eine sehr geringe Rolle. Sie können nämlich nur über den Code de la consommation und die davon erfaßten Verträge zwischen einem „professionnel" und einem „non-professionnel ou consommateur" Wirkung entfalten. Jener Bereich ist für den Anwendungsbereich des UN-Kaufrechts aber nur von untergeordneter Rolle. Eine Indizwirkung für die AGB-Inhaltskontrolle im internationalen Geschäftsverkehr, wie sie für Deutschland und Österreich festgestellt wurde,[434] kommt ihnen nicht zu. Dies liegt daran, daß es nach französischem Recht eben keine spezielle Inhaltskontrolle von AGB gibt, über deren Generalklausel die in den Listen getroffenen Wertungen einfließen könnten.

4) Abschließende Bemerkungen

Die inhaltliche Kontrolle von AGB nach französischem Recht nimmt im Vergleich zu den bisher dargestellten Rechtssystemen eine besondere Rolle ein. Diese zeichnet sich durch das Fehlen von Vorschriften über eine spezielle Inhaltskontrolle i.S. einer Wirksamkeitskontrolle aus. Oft bieten jedoch die Regelungen und Grundsätze zu den Grenzen einer Haftungsfreizeichnung einen Maßstab, an dem entsprechende Standardbedingungen zu messen sind, wobei diese Vorschriften nicht nur für Klauseln in Allgemeinen Geschäftsbedingungen anwendbar sind. Letztlich kommt im Rahmen der Haftungsfreizeichnungsklauseln der „vendeur professionnel"- Rechtsprechung, insbesondere im UN-Kaufrecht, eine besondere Bedeutung zu. Die Anwendbarkeit dieser Rechtsprechung für das UN-Kaufrecht ist aber noch nicht durch die Gerichte geklärt und es bestehen noch einige Unklarheiten, v.a. bei der Abgrenzung der „professionnel de la même spécialité".

---

[431] *Witz/Wolter*, ZEuP 1995, 890; eine Aufzählung der Empfehlungen von Juni 1979 bis August 1990 findet sich bei *Klima*, RIW 1992, 100 f.

[432] *Berger-Walliser*, RIW 1996, 462

[433] *Witz/Wolter*, RIW 1995, 890

[434] Vgl. die obigen Untersuchungen in diesem Kapitel unter C)I)3) und C)II)3).

V) AGB - Inhaltskontrolle nach unvereinheitlichtem US - amerikanischem Recht

In den USA gibt es mit § 2-302 UCC[435] eine Vorschrift, die vornehmlich zur Inhaltskontrolle von AGB herangezogen werden kann.[436] Es besteht für den Richter also die Möglichkeit einer direkten, offenen Kontrolle des AGB-Inhaltes.[437] Insoweit ist die Rechtslage in den USA mit den deutschen und österreichischen Regelungen vergleichbar. Im Rahmen des § 2-302 UCC ist aber für dessen Anwendung nicht zu unterscheiden, ob es sich um ein Geschäft mit Beteiligung eines Verbrauchers oder ein solches unter Beteiligung zweier Geschäftsleute handelt. Der UCC erhebt nämlich, abgesehen von speziell normierten Ausnahmefällen,[438] allgemeinen Geltungsanspruch, soweit sein sachlicher Anwendungsbereich tangiert ist.[439] Hierdurch ist aber nicht ausgeschlossen, daß je nach Art des Verwendungsgegners bei der Rechtsanwendung danach differenziert werden kann bzw. muß, ob der Empfänger der AGB Verbraucher oder Kaufmann ist.[440] Im Übrigen bestehen keine speziellen Kontrollvorschriften, die nur bei Geschäften mit Beteiligung eines Verbrauchers zur Anwendung kommen. Dies ist mit der schweizerischen Rechtslage vergleichbar, wonach gemäß Art.8 UWG bzw. Artt.19, 20 OR auch nicht danach unterschieden werden muß, ob ein Verbrauchergeschäft oder ein solches unter Beteiligung zweier Geschäftsleute geschlossen ist.[441] Für den Anwendungsbereich des UN-Kaufrechts spielt dies jedoch eine untergeordnete Rolle. Es führt lediglich zu der Erleichterung, daß nicht gesondert berücksichtigt werden muß, ob die für die Inhaltskontrolle in Betracht kommenden Regelungen unmittelbar auf den Geschäftsverkehr anwendbar sind.[442] Eine Gemeinsamkeit weist die Regelung in den USA insbesondere mit der französischen Rechtslage dahingehend auf, daß die Kontrollvorschrift des

---

[435] Diese Norm lautet:"(1) If the court as a matter of law finds the contract or any clause of the contract to have been unconscionable at the time it was made the court may refuse to enforce the contract, or it may enforce the remainder of the contract without the unconscionable clause, or it may so limit the application of any unconscionable clause as to avoid any unconscionable result."

(2) When it is claimed or appears to the court that the contract or any clause thereof may be unconscionable the parties shall be afforded a reasonable opportunity to present evidence as to its commercial setting, purpose and effect to aid the contract in making the determination.";

eine aktuelle Fassung des UCC ist unter *www.law.cornell.edu/ucc/ucc.table.html* abrufbar.

[436] I.d.S. *Tangl*, ZfRV 2000, 17.

[437] *Otto*, AGB und IPR, Seite 68/81

[438] Es gibt im UCC besondere Vorschriften, die nur auf Kaufleute Anwendung finden, vgl. *Elsing/Van Alstine*, US-amerikanisches Handels- und Wirtschaftsrecht, Seite 105.

[439] *Bonell*, RabelsZ 58 (1994), 23

[440] Vgl. Näheres hierzu unten in diesem Kapitel unter C)V)1)b).

[441] Vgl. oben in diesem Kapitel unter C)III).

[442] Anders in Deutschland, Österreich und Frankreich für die §§ 308, 309 BGB (Deutschland), 6 KSchG (Österreich) und Artt.L.132-1 ff CConsom. (Frankreich).

§ 2-302 UCC nicht auf Standardbedingungen beschränkt ist, wenn sie auch meist in diesem Zusammenhang Bedeutung erlangt.[443]

Eine Besonderheit gegenüber den zuvor untersuchten Kontrollvorschriften in Deutschland, Österreich, Frankreich und der Schweiz stellt der sachliche Anwendungsbereich des § 2-302 UCC dar. Während die bereits untersuchten Regelungen nicht auf einen Vertragstyp beschränkt waren, umfaßt § 2-302 UCC nur Warenkäufe. Dies ergibt sich aus den §§ 2-102, 105 UCC. Für die in Rede stehende Thematik der Inhaltskontrolle von AGB im UN-Kaufrecht stellt dieser Aspekt für eine Anwendung des § 2-302 UCC aber keine großen Probleme dar, denn auch die CISG ist grundsätzlich nur auf Warenkäufe anwendbar. Soweit bestimmte Werklieferungsverträge oder Verträge mit anderen Arbeits- und Dienstleistungen neben der Warenlieferung betroffen sind, richtet sich die Anwendbarkeit des UN-Kaufrechts gemäß Art.3 danach, ob der überwiegende Teil der Pflichten der einen Partei in der Ausführung der Arbeit oder anderer Dienstleistungen besteht.[444] Die Handhabung nach dem UCC sieht ähnlich aus.[445] Insofern decken sich die sachlichen Anwendungsbereiche weitgehend, so daß die Beschränkung des § 2-302 UCC auf Warenkäufe seiner Anwendung für eine inhaltliche Kontrolle von AGB im UN-Kaufrecht nicht entgegensteht. Es sei aber darauf hingewiesen, daß dennoch in Einzelfällen die Möglichkeit besteht, daß infolge der weiten Auslegung[446] des Warenbegriffs nach dem UN-Kaufrecht ein Vertrag der CISG unterfällt, die darin enthaltenen AGB aber nicht nach § 2-302 UCC kontrolliert werden können, da dessen sachlicher Anwendungsbereich nicht betroffen ist. In einem solchen Fall bietet sich m.E. nach eine analoge Anwendung des § 2-302 UCC auf entsprechende AGB an. Andernfalls käme es zu einer Ungleichstellung von Standardbedingungen, die nur davon abhängig ist, welche Leistung dem Vertrage nach zu erbringen ist. Dies erscheint nicht sachgerecht.

Im Rahmen der Heranziehung des § 2-302 UCC zur Inhaltskontrolle Allgemeiner Geschäftsbedingungen im Anwendungsbereich der Wiener Konvention ist auch darauf hinzuweisen, daß es sich bei dem Uniform

---

[443] *Hippel*, RabelsZ 33 (1969), 565; *Otto*, AGB und IPR, Seite 90; *Minuth*, UCC und deutsches Recht, Seite 91 f

[444] Vgl. auch oben in Kapitel 1 unter C)I)1).

[445] Vgl. *Elsing/Van Alstine*, US - amerikanisches Handels - und Wirtschaftsrecht, Seite 105 Fn.5, m.N. aus der Rechtsprechung. Sie verweisen darauf, daß bei „Mischverträgen“ durch die Rechtsprechung auf den „ dominant purpose test “ abgestellt wird. Hiernach wird ermittelt, welchen überwiegenden Zweck das Geschäft hat, um so festzustellen, ob Art.2 des UCC zur Anwendung kommt.

[446] *Magnus*, ZEuP 1999, 651

Commercial Code nur um ein Modellgesetz[447] handelt und für die Rechtspraxis das Recht des jeweiligen US-Bundesstaates maßgeblich ist.[448] Bei der Untersuchung der Inhaltskontrolle von AGB nach US-amerikanischem Recht beschränken sich die folgenden Ausführungen aber dennoch auf den UCC, da dieser von allen bis auf einen Bundesstaat übernommen wurde.[449]
Letztlich kann festgestellt werden, daß mit § 2-302 UCC prinzipiell ein Instrumentarium zur Verfügung steht, um Standardbedingungen im Anwendungsbereich der CISG inhaltlich zu überprüfen, wenn das IPR auf US-amerikanisches Recht verweist. Im Folgenden wird die Inhaltskontrolle, wie bei den vorherigen Länderberichten auch, in erster Linie für den Bereich des internationalen Geschäftsverkehrs untersucht, da der praxisrelevante Anwendungsbereich des UN-Kaufrechts der unternehmerische Geschäftsverkehr ist.

1) Inhaltskontrolle gemäß § 2-302 UCC

In dem nun folgenden Teil wird zunächst kurz auf den historischen Hintergrund des § 2-302 UCC eingegangen, um ein besseres Verständnis zu ermöglichen. Sodann werden die Voraussetzungen dieser Vorschrift im Einzelnen beleuchtet. Abschließend werden einige Reformbestrebungen hinsichtlich des § 2-302 UCC aufgezeigt und deren Bedeutung für das UN-Kaufrecht untersucht, so daß die diesbezüglichen Erwägungen bei der Darstellung der Inhaltskontrolle von AGB im Anwendungsbereich des UN-Kaufrechts nach unvereinheitlichtem US-amerikanischem Recht nicht unberücksichtigt bleiben.

a) Historischer Hintergrund

Vor der Ausarbeitung und Geltung des § 2-302 UCC wurde die inhaltliche Kontrolle von Standardbedingungen über eine verdeckte Inhaltskontrolle vorgenommen. Dabei wurden v.a. drei Theorien (die „Consideration-Lehre",

[447] Der Uniform Commercial Code wurde von der von Vertretern der Einzelstaaten gegründeten „National Conference of Commissioners on Uniform State Laws" (NCCUSL) entworfen, welche keine Gesetzgebungskompetenz innehat, aber „Uniform Acts" erarbeitet und den Bundesstaaten zur Annahme vorschlägt.

[448] *Tangl*, ZfRV 2000, 19; *Hay*, US-amerikanisches Recht, Seite 109 f

[449] Lediglich in Louisiana gelten die Regelungen des Art.2 UCC über Warenkaufverträge nicht, vgl. *Hay*, US - amerikanisches Recht, Seite 110. Demnach gelten auch die folgenden Untersuchungen zur Inhaltskontrolle von AGB nicht, wenn der internationale Kaufvertrag zwar dem UN - Kaufrecht unterfällt, aber das Vertragsstatut zu einer Anwendung des Rechts von Louisiana führt.

die Lehre von der „public policy“ und die Lehre von der „unconscionability“) zur Bekämpfung mißbräuchlicher Klauseln angewandt.[450]

Nach der „Consideration-Lehre“ ist ein vertragliches Versprechen nur dann bindend, wenn ihm eine Gegenleistung seitens der anderen Partei gegenübersteht.[451] Hierbei wurde das Erfordernis der „Consideration“ stark formalisiert, so daß schon geringste Geldleistungen (z.B. 1 Cent) auslangen können, um die Gegenseitigkeitsanforderung zu erfüllen.[452] Demnach stellte diese Theorie eine unbestimmte, aber für die Gerichte vielfältig einsetzbare Möglichkeit dar, um mißbräuchliche Klauseln, die zu unbilligen Ergebnissen führten, nicht zur Anwendung kommen zu lassen, wenn auch der Grundgedanke dieser Lehre nichts mit der Inhaltskontrolle von Standardbedingungen zu tun hat.[453]

Die „public policy“- Lehre wurde insoweit zur verdeckten Inhaltskontrolle herangezogen, als damit über eine Begrenzung der Vertragsfreiheit mißbräuchliche Standardbedingungen die Wirksamkeit versagt wurde, weil sie gegen öffentliche Interessen und Wertungen verstießen.[454] Dieser Ansatz ist in erster Linie auf Haftungsfreizeichnungsklauseln und Einwendungs- bzw. Einredeverzichtklauseln angewandt worden.[455]

Nach der „Unconscionability“- Lehre wurde schon vor der Positivierung des § 2-302 UCC darauf geachtet, daß Verträge nicht einseitig und gewissenlos, sondern „fair and open“ sind.[456] Klauseln mit entsprechend unbilligen Inhalten wurden dann über diesen Ansatz für unwirksam erklärt.[457] Der § 2-302 UCC hat die Grundsätze dieser Theorie verinnerlicht, so daß er im Rahmen des Warenkaufs als deren Weiterführung verstanden werden kann.[458]

---

[450] *Otto*, AGB und IPR, Seite 81 f; *Minuth*, UCC und deutsches Recht, Seite 96, der auch auf die „subjektive Vertragstheorie“ hinweist, vgl. aaO insbesondere in Fn.67.
[451] *Otto*, AGB und IPR, Seite 82; *Minuth*, UCC und deutsches Recht, Seite 102 f, jeweils m.w.N.
[452] Vgl. schon *Gutschke*, ZfRV 1967, 42.
[453] *Minuth*, UCC und deutsches Recht, Seite 103 m.w.N.
[454] *Otto*, AGB und IPR, Seite 84
[455] Vgl. hierzu *Otto*, AGB und IPR, Seite 84 ff m.w.N.
[456] *Tangl*, ZfRV 2000, 21f, mit Hinweis auf eine Entscheidung aus dem Jahre 1894, in der schon auf die Vertragsfairneß abgestellt wurde (*Rothmiller* v. *Stein*, 38 N.E. 718, 721); *Otto*, AGB und IPR, Seite 88 f, mit Hinweis auf eine Entscheidung aus dem Jahre 1948, in der eine Klausel aufgrund der Einseitigkeit des Vertrages als „unconscionable“ betrachtet wurde (Campbell Soup Co. v. Wentz 172 F 2d 80).
[457] *Tangl*, ZfRV 2000, 22
[458] I.d.S. *Otto*, AGB und IPR, Seite 89.

b) Inhaltskontrolle im Einzelnen

Gemäß § 2-302 UCC hält eine Standardbedingung einer Überprüfung nicht stand, wenn sie „unconscionable" ist. Die entscheidende Frage zur Beurteilung der Mißbräuchlichkeit von AGB ist demnach diejenige nach der genauen Bedeutung des Begriffs „unconscionable". Mangels einer Legaldefinition sind viele Konkretisierungs- und Definitionsversuche unternommen worden. Dabei wurden oft die Begriffe „oppression", „unfair surprise", inequality of bargaining power", „hardship", „conspiciousness", „gross disproportion", „unexpectedness" und „equity and good conscience" verwendet.[459] In der deutschsprachigen Lehre wurde der Begriff mit „Gewissenlosigkeit", „grober Unbilligkeit", „Unsittlichkeit" und auch „Sittenwidrigkeit" versucht zu übersetzen.[460] Aus dieser Vielfalt von Konkretisierungsansätzen wird deutlich, daß eine einheitliche Definition der „unconscionability" kaum zu finden ist. Vielmehr wurde und wird der Begriff durch die Rechtsprechung bestimmt.[461] Wie in der Praxis vorzugehen ist, um eine Standardbedingung auf ihre „unconscionability" hin zu überprüfen, ergibt sich aus der offiziellen Kommentierung zu § 2-302 UCC.[462] Der „official Comment" verweist darauf, daß sich die „unconscionability" danach beurteilt, ob die verwendeten Klauseln vor dem wirtschaftlichen Hintergrund und den besonderen Bedürfnissen des einzelnen Gewerbes oder des Handels als einseitig anzusehen sind.[463] Dabei ist auf den Zeitpunkt des Vertragsschlusses abzustellen.[464] Im Übrigen weist der „official Comment" darauf hin, daß mit der Regelung des § 2-302 UCC verhindert werden soll, daß von einer Partei Druck („oppression") ausgeübt wird oder es zu unfairen Überraschungen („unfair surprise") kommt, wobei aber keine generelle Risikoumverteilung erfolgen soll.[465] Letztlich ist also anhand des jeweiligen Einzelfalles unter Berücksichtigung aller Umstände festzustellen, ob der Vertrag bzw. einzelne Klauseln zu einer einseitigen Verlagerung der gegenseitigen Rechte und Pflichten führt.[466]

---

[459] *Otto*, AGB und IPR, Seite 90

[460] *Minuth*, UCC und deutsches Recht, Seite 83, mit Hinweisen auf die entsprechende Literatur.

[461] Vgl. *Otto*, AGB und IPR, Seite 91.

[462] *Tangl*, ZfRV 2000, 28

[463] Vgl. off. cmt. 1: " The basic test is whether, in the light of the general commercial backround and the commercial needs of the particular trade or case, the clauses involved are so one-sided as to be unconscionable under the circumstances existing at the time of making the contract"; der offizielle Kommentar ist unter dem jeweiligen Normtext zur Erläuterung des Gesetzeswortlautes aufgeführt.

[464] Siehe Fn. zuvor.

[465] Vgl. den off.cmt.1: "The principle is one of prevention of oppression and unfair surprise and not of disturbance or allocation of risks because of superior bargaining power."

[466] *Tangl*, ZfRV 2000, 28; *Neumayer*, Contracting Subject to Standard Terms and Conditions, Seite 58

Diese noch relativ unbestimmte und mit einem weiten Spielraum der Gerichte verbundene Konkretisierung der „unconscionability" wird durch diesbezüglich herausgebildete Merkmale und entwickelte Fallgruppen weiter aufgeschlüsselt. Dabei wird zwischen „procedural" und „substantive unconscionability" unterschieden.[467] Erstere bezieht sich auf die Verhinderung eines unbilligen Vertragsinhaltes infolge einer zu mißbilligenden Vertragsanbahnung durch unfaire und irreführende Verhandlungsmethoden, z.B. durch komplizierte Sprache oder Kleindruck.[468] Daneben fallen unter diese Gruppe auch Fälle, in denen ein auffälliges Mißverhältnis in der Verhandlungsstärke zum Abschluß von Verträgen mit stark einseitig belastenden Bedingungen führt.[469] Für den Anwendungsbereich des UN-Kaufrechts spielen diese Fallgruppen m.E. nach jedoch keine Rolle. Dies resultiert daraus, daß die aufgeführten formalen Mängel im Rahmen der Vertragsanbahnung nicht der Inhaltskontrolle zuzuordnen sind. Es handelt sich dabei vielmehr um Umstände, die der Geltungskontrolle unterfallen. Auch wenn § 2-302 UCC solche Aspekte für nationale Sachverhalte erfaßt, kann dies nicht auf das UN-Kaufrecht übertragen werden. Die Einbeziehungs- bzw. Geltungskontrolle richtet sich im Anwendungsbereich der Wiener Konvention nämlich ausschließlich nach den Vorschriften der CISG.[470] Insoweit ist § 2-302 UCC also subsidiär zu den Regelungen des einheitlichen UN-Kaufrechts und darf nicht angewendet werden. Hinsichtlich des zweiten Aspekts im Rahmen der „procedural unconscionability", der Berücksichtigung des Mißverhältnisses in der Verhandlungsstärke bei Vertragsschluß, ist zu sagen, daß auch dieser keine Inhaltskontrolle i.e.S. enthält. Auch er bezieht sich nämlich nicht auf den Inhalt einzelner Vertragsbedingungen an sich, sondern nimmt als Ansatzpunkt für die Mißbräuchlichkeit einer Klausel die ungleiche Stärke der Parteien. Von daher kann zusammenfassend festgehalten werden, daß die „procedural unconscionability" für die Inhaltskontrolle von AGB im Bereich des UN-Kaufrechts keine Bedeutung hat.

Anders ist dies hinsichtlich der „substantive unconscionability". In dieser Kategorie werden Vertragsinhalte auf ihre inhaltliche Angemessenheit überprüft, ohne daß die Bedingungen bei Vertragsschluß in die Beurteilung miteinfließen.[471] Dabei ist festzustellen, ob die zu untersuchenden Vertragsbedingungen ein untragbares vertragliches Risikoverhältnis oder ein erhebliches Mißverhältnis zwischen den Leistungspflichten erzeugen.[472] Fälle in denen dies häufig angenommen werden kann, stellen der vollständige bzw.

---

467 *Minuth*, UCC und deutsches Recht, Seite 89; *Tangl*, ZfRV 2000, 28, jeweils m.w.N. und Hinweisen auf kritische Stimmen zu dieser Differenzierung.
468 *Minuth*, UCC und deutsches Recht, Seite 89
469 *Minuth*, aaO, m.N. aus der Rechtsprechung.
470 Vgl. oben in Kapitel 2 unter B)I).
471 *Minuth*, UCC und deutsches Recht, Seite 90
472 *Minuth*, aaO

weitgehende Ausschluß von Gewährleistungsansprüchen, die unangemessene Begrenzung von Schadenersatzansprüchen, die einseitige Gewährung von verfahrensrechtlichen Vorteilen, das Auftreten eines offensichtlichen Mißverhältnisses zwischen Leistung und Gegenleistung und die überhöhte Forderung von Zinsen dar.[473] Vergleicht man diese Konkretisierungen z.B. mit dem deutschen Recht, so wird ersichtlich, daß ähnliche Wertungen getroffen werden.

Zusammenfassend kann für die AGB-Inhaltskontrolle bisher festgehalten werden, daß Klauseln dann als „unconscionable" anzusehen sind, wenn dies eine stark am Einzelfall ausgelegte Prüfung unter Berücksichtigung obiger Kriterien und Fallgruppen ergibt. Für den Anwendungsbereich des UN-Kaufrechts kommt aber noch ein äußerst relevanter Aspekt hinzu. Nach der US-amerikanischen Rechtsprechung ist der § 2-302 UCC nämlich nur sehr restriktiv auf „merchant-to-merchant"- Geschäfte anzuwenden.[474] Da im Geltungsbereich der CISG vornehmlich Geschäfte dieser Art stattfinden hat, die besagte Rechtsprechung für die AGB-Inhaltskontrolle in diesem Bereich erhebliche Auswirkungen. Es bedarf innerhalb des Geschäftsverkehrs insofern ganz besonderer Umstände dafür, daß Klauseln in entsprechenden Verträgen als „unconscionable" anzusehen sind.[475] Diese besonderen Umstände können nicht anhand einzeln aufzählbarer Voraussetzungen festgemacht werden. Vielmehr ist auf den Einzelfall abzustellen. Letztlich sind die zuvor dargestellten Umstände und Grundsätze entscheidend, allerdings mit der Maßgabe, daß je nach Art des Geschäfts („merchant-to-merchant" oder ein solches unter Beteiligung eines Verbrauchers) unterschiedlich strenge Maßstäbe anzulegen sind.[476] Um die „unconscionability" einer Vertragsbedingung bei einem „merchant-to-merchant"- Geschäft annehmen zu können, müssen also die oben dargestellten, zu mißbilligenden Klauselinhalte in besonders starker Ausprägung hervortreten. Sie müssen sich von den normalerweise in Verbraucherverträgen zu mißbilligenden Umständen derart abheben, daß sie sich als ein „Mehr" darstellen. Dabei ist aber immer zu berücksichtigen, daß die amerikanische Rechtsprechung generell dazu neigt, die Sittenwidrigkeitsdoktrin für Unternehmergeschäfte abzulehnen,[477] also von hohen Anforderungen für eine Anwendung des § 2-302 UCC auszugehen ist. Im Vergleich zu den Ergebnissen der vorherigen Länderberichte führt diese Handhabung der US-Judikatur dazu, daß AGB in Unternehmerverträgen im Anwendungsbereich des UN-Kaufrechts

---

[473] *Otto*, AGB und IPR, Seite 92 f; *Minuth*, UCC und deutsches Recht, Seite 90 f; *Calamari/ Perillo*, The Law of Contracts, §§ 9 - 40, jeweils mit belegenden Nachweisen aus der Rechtsprechung.

[474] I.d.S. *Tangl*, ZfRV 2000, 29; *Otto*, AGB und IPR, Seite 93; vgl. auch *Minuth*, UCC und deutsches Recht, Seite 91, der auf die von der Rechtsprechung in diesem Zusammenhang oft hervorgehobenen Verbrauchereigenschaft hinweist.

[475] *Otto*, AGB und IPR, Seite 93 f

[476] I.d.S. auch *Tangl*, ZfRV 2000, 27.

[477] *Tangl*, ZfRV 2000, 27

schwerer zu Fall gebracht werden. Abschließend sei darauf hingewiesen, daß auch bei einer Inhaltskontrolle von Standardklauseln nach US-amerikanischem Recht berücksichtigt werden muß, daß die AGB in internationalen Geschäftsverträgen verwendet wurden.[478]

Sofern eine Standardbedingung gemäß § 2-302 UCC als „unconscionable" zu beurteilen ist, stellt sich für den Anwendungsbereich des UN-Kaufrechts ein weiteres Problem. Dieses ergibt sich aus dem nicht unumstrittenen Ansatz, daß Vertragsklauseln nur dann unwirksam sein sollen, wenn sowohl Aspekte der „procedural" als auch der „substantive unconscionability" vorliegen.[479] Hierin liegt nämlich eine Vermischung von Elementen der Geltungs- bzw. Inhaltskontrolle. Da aber, wie schon zuvor festgestellt, die „procedural unconscionability" nach § 2-302 UCC für die Inhaltskontrolle im UN-Kaufrecht keine Rolle spielt, wäre es inkonsequent für die Unwirksamkeitsfolge doch wieder darauf abzustellen. Um diese Systematik des § 2-302 UCC dennoch aufrecht zu erhalten ist es allenfalls denkbar, neben den Voraussetzungen für eine „substantive unconscionability" das Vorliegen von Elementen zu fordern, die nach den Einbeziehungsvoraussetzungen der CISG[480] zu mißbilligen sind. Ein solches Vorgehen würde aber dazu führen, daß die Rechtsfolgen beider Aspekte vermischt werden und nicht mehr zwischen fehlender vertraglicher Einbeziehung und inhaltlicher Unwirksamkeit unterschieden wird. Wenn dies auch dem US-amerikanischen Recht nicht fremd ist,[481] so widerspricht es der Konzeption des UN-Kaufrechts, wonach eben für die Einbeziehungskontrolle die Regelungen der CISG anzuwenden sind,[482] nicht aber für die inhaltliche „Gültigkeit des Vertrages oder einzelner Vertragsbestimmungen", gemäß Art.4 lit.a. Im Übrigen würde ein solches Vorgehen der, mit der Trennung zwischen den Regelungsbereichen, die der CISG unterfallen und solchen die nach US-amerikanischem Recht zu beurteilen sind, verbundenen Rechtsklarheit widersprechen. Von daher kann festgehalten werden, daß eine Vermischung von Elementen der Einbeziehungs- und Inhaltskontrolle bei der Anwendung des § 2-302 UCC im Rahmen der inhaltlichen Kontrolle von AGB für den Anwendungsbereich der Wiener Konvention abzulehnen ist. Damit ist aber noch nicht abschließend geklärt, wie diese Problematik für das UN-Kaufrecht aufzulösen ist. Um eine AGB-Inhaltskontrolle nach § 2-302 UCC zu ermöglichen, ohne dabei Einbeziehungs- und Inhaltskontrolle zu vermengen, ist es m.E. nach sinnvoll im Anwendungsbereich der CISG auf das Erfordernis des Zusammenfallens von „procedural" und „substantive unconscionability" zu verzichten. Soweit ersichtlich hat die US-amerikanische Rechtsprechung zu

---

[478] Vgl. insoweit die entsprechenden Ausführungen oben in diesem Kapitel unter C)I)2)c).

[479] *Minuth*, UCC und deutsches Recht, Seite 91; *Tangl*, ZfRV 2000, 29

[480] Vgl. oben in Kapitel 2 unter B)II)/III).

[481] Gemäß § 2 - 302 UCC wird nicht zwischen mangelnder Geltung und Nichtigkeit unterschieden, vgl. *Tangl*, ZfRV 2000, 29.

[482] Vgl. oben in Kapitel 2 unter B)I).

dieser Thematik noch nicht Stellung genommen, so daß abzuwarten bleibt, wie diesbezüglich entschieden wird.

c) Reformbestrebungen

In den USA gibt es seit langer Zeit Reformbestrebungen zur Neufassung des UCC Art.2.[483] Wenn bislang auch keiner der diesbezüglich gemachten Vorschläge durchgesetzt werden konnte, so werden die insoweit angestellten Überlegungen dennoch aufgegriffen, um mögliche Veränderungen des § 2-302 UCC, die in der Zukunft für das UN-Kaufrecht von Bedeutung sein könnten, bei der Untersuchung der AGB-Inhaltskontrolle nach US-amerikanischem Recht nicht unberücksichtigt zu lassen. Der aufsehenerregendste Reformentwurf zu § 2-302 UCC stammt von 1999 und wurde unter § 2-105 UCC verfaßt.[484] In dessen lit.a und d wurde die derzeit geltende Regelung des § 2-302 UCC inhaltlich voll übernommen.[485] In lit.b und c wurden spezielle Vorschriften für die Kontrolle von Vertragsbedingungen, in lit.b speziell für Standardklauseln, in Verbraucherverträgen entworfen. Eine solche Reform hätte für die AGB-Inhaltskontrolle im UN-Kaufrecht keine große Bedeutung, da die geltenden Grundsätze des § 2-302 UCC durch die Übernahme der Regelung in lit.a und d weiterhin voll zur Geltung kommen. Die speziell

---

[483] *Hay*, US-amerikanisches Recht, Seite 110 Fn.1

[484] Dieser lautet:"(a) If a court as a matter of law finds a contract or any term thereof to have been unconscionable at the time it was made, the court may refuse to enforce the contract, enforce the remainder of the contract without the unconscionable term, or so limit the application of an unconscionable term as to avoid an unconscionable result.

(b) In a consumer contract, a nonnegotiated term in a standart form record is unconscionable and is not enforceable if it:

(1) climinates the essential purpose of the contract;

(2) subject to section 2-202, conflicts with other material terms to which the parties have expressly agreed; or

(3) imposes manifestly unreasonable risk or cost on the consumer in the circumstances.

(c) If a court as a matter of law finds that a consumer contract or any term thereof has been induced by unconscionable conduct or that unconscionable conduct has occured in the collection of a claim arising from a consumer contract, the court may grant appropriate relief.

(d) If it is claimed or appears to the court that a contract or any term thereof may be unconscionable, the parties must be afforded a reasonable opportunity to present evidence as to its commercial setting, purpose, and effect to aid the court in making the determination."

Im Internet sind die Reformvorschläge, nach Jahreszahlen geordnet, unter *www.law.upenn.edu/bll/ulc/ulc_frame.htm* abrufbar.

[485] Es wurde lediglich ein Austausch des Begriffs „clause" durch den Begriff „term" vorgeschlagen; „term" ist gemäß § 1-201 UCC als „that portion of an agreement which relates to a particular matter" definiert, hat also keine inhaltliche Änderung zur Folge.

verbraucherschutzrechtlich ausgerichteten Reformen hätten allenfalls indizielle Wirkung für den internationalen Geschäftsverkehr, wie dies beispielsweise schon für Deutschland und Österreich festgestellt wurde.[486] Bei entsprechenden Reformen des § 2-302 UCC könnte also auf die bisherigen Untersuchungen zur Inhaltskontrolle nach US-amerikanischem Recht zurückgegriffen werden.

Die nach diesem Reformentwurf von 1999 entwickelten Neufassungen des § 2-302 UCC beschränken sich auf die Ersetzung des Begriffs „clause" durch den Begriff „term".[487] Mangels inhaltlicher Neuheiten könnte bei einer entsprechenden Änderung des § 2-302 UCC für eine AGB-Inhaltskontrolle im Anwendungsbereich der CISG nach US-amerikanischem Recht ebenfalls auf die obigen Feststellungen zurückgegriffen werden.

Zusammenfassend kann festgehalten werden, daß die derzeit erkennbaren Reformbestrebungen hinsichtlich des § 2-302 UCC keinen bedeutenden Einfluß auf die Inhaltskontrolle im UN-Kaufrecht haben würden.

2) Unwirksamkeit überraschender Klauseln

In den vorherigen Länderberichten wurde stets[488] gesondert auf die Bedeutung überraschender Klauseln für die AGB-Inhaltskontrolle im UN-Kaufrecht eingegangen.[489] Dieser Aspekt ist auch von § 2-302 UCC umfaßt. Dies ergibt sich schon aus dem off.cmt.1[490] zu dieser Kontrollnorm, wonach unfaire Überraschungen verhindert werden sollen. Während sich für die zuvor untersuchten Rechtssysteme das Problem ergab, daß die die Überraschungsklausel betreffende Thematik dem jeweiligen Gesetzeswortlaut nach eigentlich der Einbeziehungskontrolle unterfällt, stellt sich die Rechtslage nach US-amerikanischem Recht auf den ersten Blick einfacher dar. Von § 2-302 UCC sind nämlich sowohl Elemente der Einbeziehungskontrolle („procedural unconscionability") als auch der Inhaltskontrolle („substantive unconscionability") umfaßt. Die Rechtsfolge ist jeweils dieselbe und es bedarf bei nationalen Sachverhalten dem kumulativen Vorliegen beider Aspekte.[491] Von daher bedarf es bei inneramerikanischen Streitigkeiten keiner derart strikten Trennung zwischen Geltungs- und Inhaltskontrolle, wie sie aus den vorherigen Länderberichten bekannt ist. Allerdings wurde oben festgestellt, daß für den Bereich des UN-Kaufrechts bei der Inhaltskontrolle nur die „substantive

---

[486] Vgl. oben in diesem Kapitel unter C)I)3) für Deutschland und C)II)3) für Österreich.
[487] Vgl. insoweit Fn.485.
[488] Jedoch nicht für die „Inhaltskontrolle" nach unvereinheitlichtem französischen Recht.
[489] Vgl. oben in diesem Kapitel unter C)I)4) für Deutschland, C)II)4) für Österreich und C)III)3) für die Schweiz.
[490] Vgl. oben Fn.465.
[491] *Tangl*, ZfRV 2000, 29

unconscionability" zu berücksichtigen ist.[492] Von daher ist auch für die Handhabung der Überraschungsklauseln im Rahmen des § 2-302 UCC zu prüfen, inwieweit solche Vertragsbedingungen als „substantive unconscionable" angesehen werden können und ob sie bei der AGB-Inhaltskontrolle im UN-Kaufrecht eine Rolle spielen können. Diese Frage ist m.E. ebenso wie bei den diesbezüglichen Untersuchungen der vorherigen Rechtssysteme[493] dahingehend zu beantworten, daß die Kontrolle von Klauseln deren Überraschungseffekt sich nicht aus formalen Aspekten sondern aus dem in ihnen enthaltenen Inhalt ergibt, funktional der Inhaltskontrolle zuzuordnen ist. Hinsichtlich der gegebenen Gebotenheit der Berücksichtigung inhaltlich überraschender Klauseln bei der Inhaltskontrolle im UN-Kaufrecht kann auf die entsprechend gültigen obigen Ausführungen (vgl. Kapitel 3 C)I)4)) verwiesen werden.

3) Einfluß verbraucherschützender Regelungen

Nachdem bei den zuvor untersuchten Rechtssystemen meist der Einfluß verbraucherschützender Regelungen auf die AGB-Inhaltskontrolle im Anwendungsbereich des UN-Kaufrechts gesondert untersucht wurde,[494] soll auch für das US-amerikanische Recht kurz zu dieser Thematik Stellung genommen werden. Während in Deutschland und Österreich bestehende Klauselverbotskataloge, die speziell nur für Verbrauchergeschäfte gelten, über die Generalkontrollvorschriften mittelbar eine indizielle Wirkung entfalten können, ist dies in Frankreich und der Schweiz nicht der Fall. In Frankreich existieren zwar Listen, die indizielle Wirkung entfalten könnten, doch fehlt es mangels einer speziellen Inhaltskontrolle an einer Generalklausel über die sie auf die AGB-Inhaltskontrolle im unternehmerischen Geschäftsverkehr des UN-Kaufrechts Einfluß nehmen könnten. In der Schweiz existieren keine Verbotskataloge.
Die Situation in den USA ist insoweit mit der schweizerischen Rechtslage vergleichbar. Auch hier bestehen keine übergreifenden Verbotskataloge.[495] Soweit in dem zuvor angesprochenen Reformvorschlag von 1999[496] zu § 2-302 UCC in den entworfenen § 2-105 lit.b UCC eine kleine Aufzählung verbotener Klauseln aufgenommen wurde, hat dieser für das jetzige Recht mangels Geltung keine Bedeutung. Auch für die Zukunft ist, soweit ersichtlich, nicht zu erwarten, daß ein Verbotskatalog gesetzlich verankert wird. Dies ergibt sich aus

[492] Vgl. oben in diesem Kapitel unter C)V)1)b).
[493] Siehe Fn.489.
[494] Vgl. oben in diesem Kapitel unter C)I)3) für Deutschland, C)II)3) für Österreich und C)IV)3) für Frankreich.
[495] *Tangl*, ZfRV 2000, 17
[496] Vgl. oben in diesem Kapitel unter C)V)1)c).

den nach 1999 erarbeiteten Reformvorschlägen, die keinerlei entsprechende Bestrebung enthalten.[497]

4) Rückgriff auf die Bewertungsgrundsätze zu Sachverhalten innerhalb der USA

Inwieweit auf die in der US-amerikanischen Literatur und Judikatur entwickelten Bewertungsgrundsätze im Einzelnen zur AGB-Inhaltskontrolle im UN-Kaufrecht zurückgegriffen werden kann, ist im Prinzip genauso zu beantworten wie für Deutschland, Österreich und die Schweiz.[498] Es sind je nach der betroffenen Rechtsmaterie solche Fälle, in denen die Regelung im UN-Kaufrecht mit der US-amerikanischen übereinstimmt, von solchen zu unterscheiden, in denen die betroffene Rechtsmaterie ungleich geregelt ist. Ist eine Rechtsmaterie betroffen, die im UN-Kaufrecht und im US-amerikanischen Recht gleich geregelt ist, so kann bei der Inhaltskontrolle gemäß § 2-302 UCC grundsätzlich auf die für rein nationale Sachverhalte entwickelten Grundsätze zurückgegriffen werden. Andernfalls ist dies nicht ohne weiteres möglich. In diesem Zusammenhang ist zu berücksichtigen, daß, sofern nicht der Uniform Commercial Code vereinheitlichte Regelungen enthält, die Gesetze des jeweils involvierten Bundesstaates maßgeblich sind. Ebenso verhält es sich hinsichtlich der durch die Judikatur entwickelten Grundsätze. Insofern liegt eine mit dem föderalen Aufbau der USA zusammenhängende Besonderheit gegenüber den zuvor untersuchten Rechtssystemen vor. Letztlich sei darauf hingewiesen, daß die Rechtsprechung eine bedeutendere Rolle bei der AGB-Inhaltskontrolle einnimmt, als dies bei den vorherigen Ländern der Fall war. Das ergibt sich daraus, daß der dem Wortlaut nach unbestimmte § 2-302 UCC seine Konkretisierung zu großen Teilen durch die Judikatur erfahren hat, während in Deutschland bzw. Österreich die gesetzlichen Regelungen umfassender sind und es auch Klauselkataloge gibt, die indizielle Wirkung entfalten.[499] Im Vergleich zur Schweiz kann diese Aussage dahingehend festgemacht werden, daß es dort weitgehend an Rechtsprechung im Bereich der Inhaltskontrolle fehlt.[500] Ein Vergleich zu der französischen Situation ist nur schlecht durchführbar, da es zumindest für den Anwendungsbereich des UN-Kaufrechts weitestgehend an einer „echten" AGB-Inhaltskontrolle fehlt.[501]

---

497 Siehe Fn. zuvor.

498 Vgl. die Erörterungen zu dieser Problematik zum deutschen Recht, oben in diesem Kapitel unter C)I)5).

499 Vgl. oben in diesem Kapitel unter C)I)3) für Deutschland und C)II)3) für Österreich.

500 Vgl. oben in diesem Kapitel unter C)III)5).

501 Vgl. oben in diesem Kapitel unter C)IV).

5) Rechtsfolgen

Nach der Darstellung der Inhaltskontrolle von AGB im Anwendungsbereich der Wiener Konvention nach US-amerikanischem Recht verbleibt zu erörtern, welches die Rechtsfolgen sind, die mit der Beurteilung einer Vertragsklausel als „unconscionable“ verbunden sind. Wie schon im Rahmen der Untersuchungen zum deutschen Recht festgestellt wurde, sind die Rechtsfolgen im Anschluß an eine Inhaltskontrolle richtigerweise dem nationalen Recht zu entnehmen.[502]

Die mit § 2-302 UCC verbundenen Rechtsfolgen sind vielfältiger und variabler, als sie nach den bisher untersuchten Rechtssystemen kennengelernt wurden. Nach dem Wortlaut[503] des § 2-302 UCC hat das Gericht drei Reaktionsmöglichkeiten zur Verfügung. Eine erste besteht darin, daß es aufgrund der „unconscionability“ einer Klausel dem gesamten Vertrag die Durchsetzung verweigert,[504] was dessen Nichtigkeit bedeutet.[505] Eine weitere Option des Gerichts ist, den restlichen Vertrag ohne die „unconscionable“ Klausel durchzusetzen.[506] Die dritte Möglichkeit für das Gericht besteht darin, die Anwendbarkeit einer „unconscionable“ Klausel so zu begrenzen, daß ein „unconscionable“ Ergebnis vermieden wird.[507]

Die ersten beiden Alternativen, die letztlich die Frage nach der Gesamtnichtigkeit des Vertrages bzw. dessen Restgültigkeit betrifft, ist aus den bisher untersuchten Rechtssystemen bekannt.[508] Neu ist jedoch, daß nach US-amerikanischem Recht sowohl die Möglichkeit besteht eine „unconscionable“ Klausel soweit zu beschränken, bis ein unbilliges Ergebnis vermieden wird („dritte“ Möglichkeit), als auch die Annahme der Unwirksamkeit der gesamten „unconscionable“ Klausel („zweite“ Möglichkeit). Ein Vorgehen nach der „dritten“ Möglichkeit ähnelt sehr der Anwendung einer geltungserhaltenden Reduktion. Von daher stellt sich diese Rechtsfolgensystematik insoweit als eine Verbindung der Vorgehensweisen in Österreich, wo die geltungserhaltende Reduktion angewendet wird,[509] und Deutschland dar. Die im Rahmen der Anwendung der geltungserhaltenden Reduktion nach unvereinheitlichtem österreichischem Recht geübte Kritik[510] kann für das US-amerikanische Recht

[502] Vgl. die obigen Ausführungen und Hinweise in diesem Kapitel unter C)I)6).
[503] Siehe Fn.435.
[504] Vgl. den Wortlaut:“... the court may refuse to enforce the contract ... “.
[505] I.d.S. *Elsing/Van Alstine*, US-amerikanisches Handels- und Wirtschaftsrecht, Seite 106.
[506] Vgl. den Wortlaut: “ ... enforce the remainder of the contract without the unconscionable clause ...“.
[507] Vgl. den Wortlaut: “ ... so limit the application of an unconscionable clause as to avoid an unconscionable result ...“.
[508] Vgl. oben in diesem Kapitel unter C)I)6) für Deutschland, C)II)6) für Österreich, C)III)6) für die Schweiz und C)IV)2) für Frankreich.
[509] Vgl. oben in diesem Kapitel unter C)II)6).
[510] Siehe Fn. zuvor.

nicht uneingeschränkt aufrecht erhalten werden. Soweit als Kritikpunkt insbesondere auf die risikolose Möglichkeit des Verwendens von unzulässigen AGB und der damit verbundenen Risikoumverteilung für die Gültigkeit des Inhaltes der Standardbedingungen zu Lasten des Verwendungsgegners hingewiesen wurde, geht diese Kritik für das US-amerikanische Recht weitestgehend ins Leere. Hier hat der Richter nämlich auch die Möglichkeit, die gesamte Klausel nicht zur Geltung kommen zu lassen, so daß der Verwender von „unconscionable" Vertragsbedingungen nicht risikolos auf die Anwendung einer geltungserhaltenden Reduktion vertrauen kann. Insoweit stellt sich das US-amerikanische Recht der österreichischen Regelung gegenüber als vorzugswürdig dar.

Allerdings beinhaltet die dargestellte Rechtsfolgenalternative gemäß § 2-302 UCC ein anderes Problem. Es entsteht ein sehr großer Entscheidungsspielraum des Gerichts. Dieser ermöglicht zwar flexible Lösungen, führt aber zu einer gewissen Rechtsunsicherheit bezüglich der Folgen im Falle der Verwendung einer „unconscionable" Klausel. Insoweit steht die US-amerikanische Regelung gemäß § 2-302 UCC den Vorschriften z.B. des österreichischen und deutschen Rechts nach, die die mit der Verwendung einer unbilligen Klausel verbundenen Rechtsfolgen eindeutiger bestimmen.

VI) Einfluß der CISG auf die AGB - Inhaltskontrolle nach unvereinheitlichtem nationalen Recht

Nachdem die AGB-Inhaltskontrolle im UN-Kaufrecht am Beispiel einiger ausgesuchter Staaten untersucht wurde ist abschließend zu diesem Kapitel auf einen Aspekt hinzuweisen, der bei der inhaltlichen Kontrolle von Standardbedingungen allgemeine Bedeutung erlangt. Wie sich in den jeweiligen Länderberichten bereits angedeutet hat, ist davon auszugehen, daß die in der CISG getroffenen Wertungen und Grundsätze richtigerweise Einfluß auf die Inhaltskontrolle nach dem jeweils unvereinheitlichten nationalen Recht nehmen.[511] Andernfalls würde die Geltung des einheitlichen Kaufrechts für das jeweils betroffene Geschäft ausgeblendet werden, so daß die mit der Internationalität und dem unternehmerischen Geschäftsverkehr verbundenen Besonderheiten, welche Einfluß in die Regelungen der CISG gefunden haben,

[511] I.d.S. u.a. auch *Staudinger/Magnus*, CISG, Art.4 Rn.26; *Schlechtriem*, IPRax 1990, 279; *Magnus*, ZEuP 1997, 838; *Herber / Czerwenka*, CISG, Art. 6 Rn. 17; *Drasch*, Einbeziehungs - und Inhaltskontrolle, Seite 36 f; vgl. auch aus der Rechtsprechung OLG *Zweibrücken*, 31.03.1998 = CISG online Case 481; zu der von *Schluchter* diesbezüglich geäußerten Kritik im Zusammenhang mit dem Einfluß der CISG auf den „wesentlichen Grundgedanken der gesetzlichen Regelungen" bei der Inhaltskontrolle nach deutschem Recht wurde bereits Stellung genommen (vgl. oben in diesem Kapitel unter C)I)2)a) in Fn.216).

nicht berücksichtigt würden. Dieser Ansatz läßt sich demnach als grobe Leitlinie für die Inhaltskontrolle von AGB im Anwendungsbereich des UN-Kaufrechts aufstellen, gleich welches unvereinheitlichte nationale Recht nach dem IPR anzuwenden ist. Der Einfluß der Wertungen der Wiener Konvention kann über die unbestimmten Rechtsbegriffe der jeweiligen nationalen Kontrollvorschriften Platz greifen.

Kapitel 4

AGB als Rechts(ab)wahlklauseln in internationalen Kaufverträgen

In diesem Kapitel wird die Bedeutung und Handhabung von Standardklauseln im Zusammenhang mit einer Rechtswahl[512] in grenzüberschreitenden Warenkaufverträgen untersucht. Dabei wird darauf eingegangen, welches Recht für die wirksame Einbeziehung bzw. die anschließende inhaltliche Kontrolle der vorformulierten Rechtswahlklauseln maßgeblich ist. Sodann werden die damit verbundenen Konsequenzen dargestellt. Weiterhin wird auf die Möglichkeit einer ausdrücklichen bzw. stillschweigenden Rechtswahl und die hierfür notwendigen Voraussetzungen Bezug genommen. Im Rahmen der letztgenannten Untersuchungen wird das Augenmerk insbesondere auf die teils umstrittene Bedeutung verschiedener Gestaltungen von Rechtswahlklauseln und auf einige ausgesuchte Sonderprobleme gerichtet.

A) Bedeutung von Rechtswahlklauseln im internationalen Kaufvertragsrecht

Um die Bedeutung der Rechtswahl beim internationalen Warenkauf insbesondere auch durch Standardbedingungen erfassen zu können, bedarf es erst der Darstellung, wann das UN-Kaufrecht zur Anwendung kommt. Damit ist hier nicht die Erörterung des sachlichen und räumlichen Anwendungsbereichs, sondern die grundsätzliche Geltung der CISG gemeint. Sofern alle Anwendungsvoraussetzungen der Artt.1 ff vorliegen gilt das UN-Kaufrecht ipso jure.[513] Es hat damit nicht den Charakter eines Modellgesetzes oder einer Empfehlung, sondern ist automatisch geltendes Recht.[514] Hieran vermag m.E. auch die neuere Entscheidung der Cour de Cassation vom 02.10.2001[515] nichts zu ändern.[516] In dieser Entscheidung wurde ausgeführt, daß die CISG seitens der französischen Gerichte nicht ex officio anzuwenden sei, wenn jeglicher Hinweis auf das UN-Kaufrecht fehle.[517] Dieser Auffassung steht sowohl die

---

[512] Sofern im Folgenden lediglich von einer „Rechtswahl" gesprochen wird, soll davon auch eine Rechtsabwahl umfaßt sein.

[513] *Schnyder/Grolimund*, „Opting in" oder „Opting out", Seite 402; vgl. zu den Anwendungsvoraussetzungen der Artt.1 ff oben in Kapitel 1 unter C).

[514] *Staudinger/Magnus*, CISG, Art. 6 Rn.2; *ders.*, ZEuP 2002, 530; *Piltz*, UN-Kaufrecht, Seite 31; *Schlechtriem/Ferrari*, CISG, Art.6 Rn.7

[515] Cass Civ., 02.10.2001 = CISG online Case 608

[516] I.d.S. auch *Ferrari*, ZEuP 2002, 739.

[517] Cass Civ., 02.10.2001 = CISG online Case 608

Lehre[518] als auch die bisherige Rechtsprechung[519] entgegen. Selbst die neuere französische Entscheidung des Cours d`Appel Paris vom 06.11.2001[520] steht im Widerspruch zu der Ansicht der Cour de Cassation. Im Übrigen ergibt sich die ipso jure - Anwendung der CISG, sofern kein Ausschluß erfolgte, schon aus dem Wortlaut des Art.1, wonach das Übereinkommen bei Vorliegen der Voraussetzungen „anzuwenden ist" und der Tatsache, daß die CISG Teil des unmittelbar geltenden Rechts der diese Konvention ratifizierenden Staaten ist.[521] Nicht zuletzt sei auch darauf hingewiesen, daß das Verständnis der Cour de Cassation von der Geltung der CISG deren praktischen Anwendungsraum stark beeinträchtigt. Es würden nämlich all diejenigen Sachverhalte aus dem Anwendungsbereich des UN-Kaufrechts herausfallen, die keine Hinweise zum internationalen Kaufrecht aufweisen. Dies würde einen nicht wünschenswerten Rückschritt auf dem Weg zur Rechtsvereinheitlichung darstellen. Demnach kann festgehalten werden, daß nach wie vor davon auszugehen ist, daß die Regelungen der Wiener Konvention bei Vorliegen der notwendigen Voraussetzungen automatisch zur Anwendung kommen, wobei aber für den Fall der Entscheidung durch französische Gerichte besondere Vorsicht geboten ist.
Selbstverständlich besteht aber gemäß Art.6 die Möglichkeit für die Parteien das UN-Kaufrecht im Ganzen oder in Teilen, abgesehen von Art.12,[522] abzubedingen.[523] Hierin wird die Bedeutung der Rechtswahl- bzw. Ausschlußklauseln ersichtlich. Wenn man nämlich die CISG im Falle deren Anwendbarkeit nicht zur Geltung kommen lassen möchte, muß man aktiv werden.[524] Es bedarf dann des Ausschlusses des Wiener Kaufrechts, gemäß Art.6. Hieraus wiederum wird deutlich, daß das UN-Kaufrecht dispositiv bzw. nachgiebig ist und einem „opting-out" - Modell folgt.[525] Der mit der Regelung

---

518 Vgl. oben in Fn.514.

519 Vgl. nur die folgenden Entscheidungen, in denen von einem fehlenden Ausschluß der CISG als „negative Anwendungsvoraussetzung" ausgegangen wurde, was eben für den Fall des Fehlens eines wirksamen Ausschlusses die automatische Anwendung des Wiener Kaufrechts nach sich zieht: OLG *Karlsruhe*, 20.11.1992, NJW-RR 1993, 1316; LG *Trier*, 12.10.1995 = CISG online Case 160 = WiB 1996, 398, hier jedoch ohne die in Bezug genommene Passage; OLG *Karlsruhe*, 25. 06. 1997, BB 1998, 394; OLG *Hamm*, 23.06.1998 = CISG online Case 434; OLG *Zweibrücken*, 26.07.2002 = CISG online Case 688; OGH, 10.11.1994, IPRax 1996, 138; OGH, 09.03.2000 = CISG online Case 573.

520 Cours d`Appel Paris, 06.11.2001 = CISG online Case 677

521 Vgl. zur rechtlichen Stellung der CISG oben in Kapitel 1 unter B).

522 Vgl. auch *Ferrari*, ZEuP 2002, 738 der darauf hinweist, daß nach der neueren Rechtsprechung zu den Ausnahmevorschriften nicht nur Art. 12, sondern auch die Artt.89-101 gehören.

523 *Witz/Salger/Lorenz/Lorenz*, CISG, Art.6 Rn.3, 18

524 *Piltz*, UN-Kaufrecht, Seite 33

525 *Magnus*, ZEuP 2002, 530; *Ferrari*, ZEuP 2002, 738, mit Hinweisen auf die Rechtsprechung; *Soergel/Lüderitz/Fenge*, CISG, Art. 6 Rn. 6; *Bianca/Bonell/Bonell*, CISG, Art. 6 Anm.1.2.

des Art.6 verbundene Zweck ist in einem weitgehenden Schutz der Parteiautonomie zu sehen.[526]

Nachdem die rechtlichen Hintergründe des Art.6 beleuchtet wurden, kann nun Bezug auf die insoweit bestehende Praxis genommen werden. Trotz der Tatsache, daß das UN-Kaufrecht vor nunmehr etlichen Jahren in Kraft getreten ist, wird davon ausgegangen, daß es gängige Praxis ist, von der Regelung des Art.6 Gebrauch zu machen und die Geltung der CISG auszuschließen.[527] Zumindest ein Teil der Gründe dafür kann sicher in der noch immer nicht bestehenden Vertrautheit der international agierenden Unternehmen oder gar deren Rechtsberatungen mit dem UN-Kaufrecht gesehen werden. Hinzu dürfte eine gewisse Scheu kommen, sich mit etwas „Unbekanntem" auseinander zu setzen.[528] Unabhängig von den Ursachen und einer Bewertung[529] der in der Praxis bestehenden Ausschlußtendenzen kann aber festgehalten werden, daß Ausschlußklauseln in internationalen Kaufverträgen eine bedeutende Rolle spielen. Insofern liegt es nahe, die genauen Voraussetzungen und einzelnen Fallgestaltungen näher zu erörtern. Der Vollständigkeit wegen werden im Folgenden aber nicht nur Ausschlußklauseln i.S.d. Art.6, sondern allgemein Rechtswahlklauseln zum Gegenstand der Untersuchung gemacht. Sofern im Rahmen des UN-Kaufrechts von einer Rechtswahl die Rede ist, kann man zwei verschiedene Alternativen unterscheiden. Einerseits ist für den Fall, daß die CISG eigentlich anzuwenden wäre, deren Abwahl denkbar. Andererseits kann es für den Fall, daß das Wiener Kaufrecht eigentlich nicht zur Geltung kommt, zu dessen Zuwahl kommen, wenn diese Alternative auch nicht von überragender praktischer Bedeutung im internationalen Kaufvertragsrecht ist.

Letztlich sei darauf hingewiesen, daß sich die anstehenden Untersuchungen infolge der hier in Rede stehenden Handhabung von AGB im UN-Kaufrecht auf die Vornahme einer Rechtswahl im Zusammenhang mit standardisierten Vertragsbedingungen konzentrieren. Diesbezüglich ist anerkannt, daß eine

---

[526] *Staudinger/Magnus*, CISG, Art.6 Rn.1; *Soergel/Lüderitz/Fenge*, CISG, Art.6 Rn.6

[527] *Sieg*, RIW 1997, 813; *Koch*, NJW 2000, 910; *Stadie/Nietzer*, MDR 2002, 431; *Mankowski*, RIW 2003, 8

[528] Ähnlich *Mankowski*, RIW 2003, 8.

[529] Zu der weitgehenden Ausschlußpraxis bzgl. des UN - Kaufrechts sei nur darauf hingewiesen, daß diese weder wünschenswert noch zwingend sinnvoll ist. Sie verhindert nämlich das tatsächliche Durchgreifen einer umfassenden Rechtsvereinheitlichung auf dem Gebiet des internationalen Warenkaufs. Dies ist m.E. im Rahmen der voranschreitenden Eroberung internationaler Märkte durch die einzelnen Unternehmen nicht erstrebenswert. Im Übrigen könnte mit einer Anwendung des UN - Kaufrechts für die einzelnen, in diesem Bereich agierenden, Parteien auch ein Rationalisierungseffekt eintreten. Es wäre nämlich möglich, sich einheitlich auf das neutrale Regelungswerk der CISG einzustellen, ohne sich mit kollisionsrechtlichen Fragen oder fremden Rechtssystemen auseinander setzen zu müssen, wie dies der Fall ist, wenn die Parteien verschiedener Nationen die Geltung unterschiedlicher Rechtsordnungen (vornehmlich das Heimatrecht) beanspruchen.

Rechtswahl nicht nur individualvertraglich sondern auch über Allgemeine Geschäftsbedingungen vereinbart werden kann.[530]

B) Voraussetzungen für eine wirksame Rechtswahl durch AGB

Nachdem die praktische Bedeutung von Rechtswahlklauseln, insbesondere von Abwahlklauseln bezüglich der CISG, dargestellt wurde, verbleibt nun zu untersuchen, welche Voraussetzungen an eine wirksame Rechtswahl im UN-Kaufrecht zu stellen sind. Bevor differenziert auf die Aspekte der Abwahl (ausdrücklich oder stillschweigend) bzw. der Zuwahl eingegangen wird, kann eine übergreifende Bedingung für eine wirksame Rechtswahl herauskristallisiert werden.

I) Vertragliche Vereinbarung

Ganz herrschend wird davon ausgegangen, daß es für eine wirksame Rechtswahl im UN-Kaufrecht einer diesbezüglichen vertraglichen Einigung der Parteien bedarf.[531] Dieser Vertrag ist logisch und rechtlich von dem kaufrechtlichen Hauptvertrag zu trennen.[532] Eine solche gedankliche Unterscheidung ist beispielsweise bereits aus dem deutschen Internationalen Privatrecht in Form der selbständigen Behandlung von Verweisungs- und Hauptvertrag bekannt.[533] Der vorzunehmenden Trennung steht es auch nicht entgegen, wenn der Hauptvertrag und die Rechtswahlvereinbarung in einem einheitlichen Akt geschlossen worden sind. Eine der Konsequenzen dieser Differenzierung ist, daß die Überprüfung der vertraglichen Einigung hinsichtlich des anzuwendenden Rechts der Überprüfung des Hauptvertrages vorauszugehen hat. Die für den Hauptvertrag anzuwendenden

---

[530] *Ferrari*, ZEuP 2002, 740 f; *Drasch*, Einbeziehungs- und Inhaltskontrolle, Seite 43; *Sieg*, RIW 1997, 813; *Witz / Salger / Lorenz / Lorenz*, CISG, Art. 6 Rn.3; i.d.S. auch BGH, 04.12.1996, NJW-RR 1997, 691; schon zum EKG OLG Bamberg, 23.02.1979, RIW 1979, 569.

[531] Vgl. u.a. *Kropholler*, Internationales Privatrecht, Seite 457 und *Holthausen*, RIW 1989, 514 sowie *Czerwenka*, Rechtsanwendungsprobleme, Seite 168 f, die von einer „Einigung" bzw. " vertraglichen Einigung " sprechen; *Karollus*, UN - Kaufrecht, Seite 38 und *Staudinger/Magnus*, CISG, Art.6 Rn.10 sowie *Witz/Salger/Lorenz/Lorenz*, CISG, Art. 6 Rn.3, die eine „Vereinbarung" voraussetzen; *Bianca/Bonell/Bonell*, CISG, Art.6 Anm.2.2., der von der Notwendigkeit eines „agreement" ausgeht; *Neumayer/Ming*, CISG, Art.6 Nr.2, die von einer „ disposition ... dans le contrat " sprechen; im Ergebnis auch *Lindbach*, Rechtswahl im Einheitsrecht, Seite 230, der nach ausgiebiger Auslegung des Art.6 von der Notwendigkeit eines „Abwahlvertrages" für einen wirksamen Ausschluß der Geltung der CISG ausgeht.

[532] *Lindbach*, Rechtswahl im Einheitsrecht, Seite 231 f; *Sieg*, RIW 1997, 813

[533] *Münchener Kommentar/Spellenberg*, Art.31 Rn.23

Rechtsvorschriften sind nämlich davon abhängig, welches Recht überhaupt zur Geltung kommt. Dies wiederum ergibt sich daraus, welches Recht dem Grundsatz nach bzw. infolge einer Rechtswahl maßgeblich ist. Für den Bereich des UN-Kaufrechts bedeutet dies im Hinblick auf Art.6, daß der kaufrechtliche Hauptvertrag je nach Wirksamkeit der Abwahlvereinbarung anhand der CISG (und den ergänzenden nationalen Vorschriften) oder nach dem durch das IPR ermittelte maßgebliche Recht zu überprüfen ist.

Für die hier näher interessierende Rechtswahl im Zusammenhang mit AGB in internationalen Kaufverträgen folgt daraus, daß die die Rechtswahl enthaltenen Standardbedingungen wirksam vereinbart worden sein müssen, um Wirkung entfalten zu können. Demnach ist maßgeblich, ob die entsprechenden Formularklauseln vertraglich wirksam einbezogen wurden.[534] Nur dann kann nämlich von einem wirksamen Vertragsschluß mit dem Inhalt einer Rechtswahl ausgegangen werden.

Einbeziehungskontrolle

Bei der Prüfung, ob in AGB enthaltene Rechtswahlklauseln vertraglich wirksam vereinbart wurden, liegt der Schluß nahe, daß hierfür die Vertragsschlußregeln der Wiener Konvention gemäß Art.14 ff heranzuziehen sind. Diese Vermutung läßt sich damit begründen, daß hinsichtlich der allgemeinen vertraglichen Einbeziehung von Standardklauseln bereits die Maßgeblichkeit der Regelungen der CISG festgestellt wurde.[535] Ein Rückgriff auf die Artt.14 ff und die dazu entwickelten Grundsätze ist im Rahmen der Einbeziehung von standardisierten Rechtswahlklauseln aber nur statthaft, wenn die Vertragsschlußregeln des UN-Kaufrechts überhaupt auf die die Rechtswahl betreffenden vertraglichen Vereinbarungen anzuwenden sind. Um also die bereits entwickelten Einbeziehungsvoraussetzungen[536] auch auf den Rechtswahlvertrag anwenden zu können, ist erforderlich, daß sich eben dieser Vertrag nach den Vertragsschlußregeln des UN-Kaufrechts gemäß Artt.14 ff richtet. Dies wird jedoch unterschiedlich beurteilt und kann daher nicht ohne weiteres angenommen werden. Für den Fall, daß die Vorschriften der CISG nicht auf den, die Rechtswahl betreffenden, Vertrag anzuwenden sind, untersteht die Einbeziehungskontrolle bezüglich der Rechtswahlklauseln dem maßgebenden Kollisionsrecht, z.B. im Falle der Geltung deutschen Rechts den Regelungen der §§ 305 ff BGB.

---

[534] *Witz/Salger/Lorenz/Lorenz*, CISG, Art.6 Rn.3
[535] Vgl. oben in Kapitel 2 unter B)I).
[536] Vgl. oben in Kapitel 2 unter B)II)/III).

1) Abwahl der CISG

Wie soeben angedeutet ist es strittig, ob sich das wirksame Zustandekommen einer Abwahlvereinbarung nach den Regeln des Wiener Übereinkommens richtet. Eine Meinung geht davon aus, daß sich das Zustandekommen der Abwahlvereinbarung nach derjenigen Rechtsordnung richtet, die bei Nichtgeltung des Einheitlichen Kaufrechts über die Vorschriften des IPR berufen ist.[537] Teilweise wird dies nur für die Fälle des vollständigen Ausschlusses der Geltung des UN-Kaufrechts vertreten.[538] Folgt man diesem Ansatz, so wäre für die Einbeziehung von standardisierten Abwahlklauseln bezüglich der CISG das nach IPR berufene Recht über die Wirksamkeit des Vertragsschlusses maßgebend (z.B. im Falle der Berufung deutschen Rechts die §§ 305 ff BGB). Sofern diese Auffassung bzw. eine entsprechende Handhabung begründet wird, ist die dahinter stehende Überlegung darin zu erkennen, daß sich zumindest bei einer globalen Abwahl des UN-Kaufrechts ein Parteiwille erkennen läßt, wonach der Abschluß des Vertrages insgesamt (inklusive des Abwahlvertrages) nicht nach der CISG beurteilt werden soll.[539]

Die überwiegende Meinung geht von der Anwendbarkeit der Vertragsschlußregeln der Wiener Konvention auf die Abwahlvereinbarung aus.[540] Teilweise wird auch von einer analogen Anwendung der Artt.14 ff gesprochen.[541] Für die in AGB enthaltenen Ausschlußklauseln bezüglich der CISG führt diese Auffassung dazu, daß die zuvor entwickelten Voraussetzungen[542] i.S.d. Artt.14 ff für die Einbeziehung der entsprechenden Standardbedingungen maßgeblich wären. Diese Ansicht wird damit begründet, daß das UN-Kaufrecht den nationalen Rechtsordnungen völkerrechtlich vorrangig ist.[543] Weiterhin handele es sich bei der Frage nach dem wirksamen Zustandekommen einer Abwahlvereinbarung um eine solche des äußeren

---

537 *Piltz*, Internationales Kaufrecht, § 2 Rn.109; vgl. aus der Rechtsprechung LG *Duisburg*, 17.04.1996, RIW 1996, 775; LG *München* I, 29.05.1995, NJW 1996, 402; OLG *Düsseldorf*, 02.07.1993 = CISG online Case 74. Diese Entscheidungen stellen jeweils nicht auf die Regelungen der CISG für die Einbeziehung von Rechtswahlklauseln ab, sondern auf das nach Internationalem Privatrecht maßgebende Recht. Auf die hier in Rede stehende Streitfrage wird jedoch überhaupt nicht eingegangen.

538 *Rehbinder*, Vertragsschluß nach UN - Kaufrecht, Seite 151; i. d. S. auch *Caemmerer/ Schlechtriem/Herber*, CISG, Art.6 Rn.23.

539 *Rehbinder*, Vertragsschluß nach UN-Kaufrecht, Seite 152

540 *Staudinger/Magnus*, CISG, Art.6 Rn.11; *ders.*, ZEuP 1997, 837; *Schlechtriem/Ferrari*, CISG, Art.6 Rn.13; *Drasch*, Einbeziehungs- und Inhaltskontrolle, Seite 43 f; *Karollus*, JuS 1993, 381; *Herber/Czerwenka*, CISG, Art.6 Rn.8; *Reithmann/Martiny*, Internationales Vertragsrecht, Seite 645; *Soergel/Lüderitz/Fenge*, CISG, Art.6 Rn.1

541 *Sieg*, RIW 1997, 813; *Lindbach*, Rechtswahl im Einheitsrecht, Seite 233

542 Vgl. oben in Kapitel 2 unter B)II)/III).

543 *Magnus*, ZEuP 1997, 837; *Drasch*, Einbeziehungs- und Inhaltskontrolle, Seite 43

Konsenses, für die in Artt.14 ff Regelungen enthalten sind.[544] Demnach müsse sich die Beurteilung, ob ein wirksamer Abwahlvertrag zu Stande gekommen ist bzw. ob (hier besonders von Interesse) eine vertragliche Einbeziehung von standardisierten Abwahlklauseln stattgefunden hat, nach diesen Vorschriften richten. Ein etwas differenzierter Ansatzpunkt zur Begründung der zweiten Ansicht wird über Art.7 II hergeleitet. Dieser geht von Art.6 aus, welchem nicht entnehmbar sei, welche Vorschriften für das Zustandekommen der Abwahlvereinbarung maßgeblich sind.[545] Von daher liege insoweit eine interne Lücke vor, die i.S.d. Art.7 II zu füllen sei.[546] Als füllendes Element wird dann auf die Artt.14 ff analog zurückgegriffen. Jene Vorschriften enthalten nämlich Regelungen über das Zustandekommen eines auch für eine Abwahl notwendigen Konsenses, so daß deren analoge Anwendung im Hinblick auf eine möglichst einheitliche Anwendung der CISG unter Vermeidung eines Rückgriffs auf unvereinheitlichtes Recht geboten sei.[547] Etwaiger negativer Kritik wird zum Teil im Voraus begegnet. So wird beispielsweise darauf Bezug genommen, daß bei der zweitgenannten Ansicht für die Prüfung des Zustandekommens des Abwahlvertrages und des kaufrechtlichen Hauptvertrages unterschiedliche Rechtsregelungen zur Anwendung kommen können. Dies wäre nämlich immer dann der Fall, wenn der nach UN-Kaufrecht zu beurteilende Abwahlvertrag wirksam zustande gekommen ist und somit für den Hauptvertrag das über die internationalprivatrechtlichen Vorschriften zu ermittelnde Recht maßgeblich ist. Insoweit wird angeführt, daß diese Konsequenz nicht widersprüchlich ist, da die beiden Verträge, wie zuvor bereits festgestellt, getrennt voneinander zu betrachten sind.[548] Den Regeln der CISG käme daher der Charakter von „kollisionsrechtlichen Hilfsnormen" zu.[549] Den Bedenken, daß international Übereinstimmung darüber herrscht, daß z.B. im Fall einer positiven Rechtswahl (und damit verbundenen Abwahl der CISG) diejenige Rechtsordnung zur Anwendung kommt, welche sich aus dieser Vereinbarung bei deren unterstellter Wirksamkeit ergibt, wird ebenfalls begegnet. Es wird zwar erkannt, daß es möglicherweise zur Anwendung zweier verschiedener Regelungen in diesem Zusammenhang kommt (Art.14 ff für die Abwahlvereinbarung; die maßgeblichen kollisionsrechtlichen Bestimmungen für die positive Rechtswahl), dieser Umstand doch sodann gerechtfertigt. Zur Rechtfertigung wird auf die mit der zweitgenannten Meinung verbundenen Folgen einer einheitlichen und autonomen Handhabung der strittigen Problematik verwiesen.[550] Hierdurch würde auch eine Anwendungssicherheit

[544] *Drasch*, Einbeziehungs- und Inhaltskontrolle, Seite 43
[545] *Lindbach*, Rechtswahl im Einheitsrecht, Seite 233
[546] *Lindbach*, aaO
[547] *Lindbach*, Rechtswahl im Einheitsrecht, Seite 233 f
[548] *Lindbach*, Rechtswahl im Einheitsrecht, Seite 232
[549] *Lindbach*, aaO
[550] *Lindbach*, Rechtswahl im Einheitsrecht, Seite 235

geschaffen und dem Richter bzw. den Parteien stünde eine sichere und schnelle Lösung zur Prüfung der kollisionsrechtlichen Verweisung zur Verfügung.[551]

Meiner Einschätzung nach ist im Ergebnis der letztgenannten Ansicht zu folgen. Der ersten Meinung ist aber zuzugeben, daß es den Parteien, welche eine Abbedingung der CISG vereinbaren, nicht unmittelbar begreiflich sein muß, warum das Zustandekommen dieser Übereinkunft nach dem ungewollten Recht beurteilt wird. Schließlich haben sie sich, zumindest dem äußeren Erscheinungsbild nach, bewußt gegen die Anwendung des UN-Kaufrechts gerichtet. Dieses Argument ist schlüssig und kann auch nicht widerlegt werden. Es ist aber möglich eine Mehrzahl von anderen Aspekten anzuführen, die bei einer Gegenüberstellung von größerer Bedeutung sind und letztlich auch keinen anderen Schluß zulassen, als den der Richtigkeit der (analogen) Anwendung der Artt.14 ff. Einerseits ist es, um eine Lösung der strittigen Problematik zu finden, sinnvoll, von Art.6 auszugehen, wie dies auch teilweise gemacht wird. In dieser Vorschrift findet die Abbedingungsmöglichkeit nämlich ihre rechtliche Grundlage, so daß es sich aufdrängt auch ihre weitere Überprüfung zunächst an der Rechtsgrundlage anzuknüpfen. Hiervon ausgehend hat *Lindbach* zutreffend das Vorliegen einer Regelungslücke für die Frage des Zustandekommens der Abwahlvereinbarung festgestellt. Ihm ist auch darin zuzustimmen, daß die Artt.14 ff sich i.S.d. Art.7 II zur Lückenfüllung anbieten. Diese regeln nämlich den Vertragsschluß und gerade für das Zustandekommen der vertraglichen Abbedingung der CISG steht die Frage nach einschlägigen Vorschriften im Raum. Da der Vertragsschluß ein von der CISG umfaßter Regelungsbereich ist,[552] kommt es zur Lückenschließung auch zur Anwendung des Art.7 II. Hiernach wiederum sind die allgemeinen Grundsätze des Wiener Übereinkommens zur Lückenfüllung maßgeblich, wobei diese autonom aus der Konvention herzuleiten sind und dabei aufgrund des internationalen Charakters der Konvention einer Ausklammerung nationaler Rechtsvorschriften Vorschub geleistet werden soll.[553] Folglich sind in Anwendung der Grundsätze des Art.7 die Artt.14 ff als maßgebliche, lückenfüllende Regelungen für den Vertragsschluß im Rahmen der Abbedingung des UN-Kaufrechts anzusehen. Da diese Vorschriften aber eigentlich für den Abschluß, die Aufhebung, Änderung oder Ergänzung eines der CISG unterfallenden Kaufvertrages konzipiert sind,[554] ist es meines Erachtens rechtstechnisch korrekt, die Artt.14 ff nur analog auf den Aufhebungsvertrag anzuwenden. Insoweit ist den diese Ansicht teilenden Vertretern[555] zuzustimmen. Es ist aber anzumerken, daß die Frage nach einer unmittelbaren oder analogen Anwendung der Artt.14 ff auf die

[551] *Lindbach*, aaO
[552] *Witz/Salger/Lorenz/Lorenz*, CISG, Art.4 Rn.8
[553] *Witz/Salger/Lorenz/Lorenz*, CISG, Art.7 Rn.30 i.V.m. Rn.8
[554] I.d.S. *Herber/Czerwenka*, CISG, Vor Art.14 Rn.2.
[555] Vgl. oben Fn.541.

Abwahlvereinbarung nur rechtstheoretischer Natur ist und für die Rechtsanwendung keine Bedeutung hat.
Ein zweiter wesentlicher Aspekt, der für die analoge Anwendung der Vertragsschlußregeln der CISG auf die Abwahlvereinbarung spricht, kommt meiner Meinung nach bislang in der strittigen Auseinandersetzung mit der Problematik nicht ausreichend zur Geltung. Gemeint ist der Umstand, daß sich die Möglichkeit der Abwahl der CISG erst aus Art.6 ergibt. Sofern das UN-Kaufrecht aufgrund gegebener Voraussetzungen automatisch zur Anwendung kommt, ist ein Rückgriff auf diese Vorschrift notwendig, um die Geltung der CISG für das Rechtsverhältnis zwischen den Parteien zu verhindern. Die CISG ist also nicht von Anfang an gänzlich ausgeschlossen, denn es bedarf eben erst eines Rückgriffs auf Art.6. Ein solcher ist aber nur möglich, soweit das UN-Kaufrecht einmal Geltung erlangte. Wenn also klar ist, daß die Regeln der CISG erst einmal anwendbar sein müssen, um die Möglichkeit der Abwahl nach Art.6 überhaupt zu ermöglichen, so erscheint es auch nicht widersinnig das Zustandekommen der Abwahlvereinbarung anhand der Artt.14 ff zu prüfen. Vielmehr stellt sich ein solches Vorgehen gerade als konsequent dar, um der angestrebten autonomen Auslegung der CISG gerecht zu werden.[556]
Weiterhin soll noch kurz auf das Argument für die zweitgenannte Ansicht Bezug genommen werden, wonach sich die analoge Anwendung der Art.14 ff aufgrund der damit verbundenen Anwendungssicherheit und der Bereitstellung einer einheitlichen und sicheren Prüfung der Abwahlvereinbarungen rechtfertigt. Dieser Einschätzung ist im Ergebnis zuzustimmen, denn die Rechtsanwendung im Rahmen der strittigen Thematik vereinfacht sich, sobald einheitlich auf die Artt.14 ff zurückgegriffen werden kann. Allerdings kann dieses Argument nicht in der dabei anklingenden Absolutheit übernommen werden. Eine einheitliche, einfache und sichere Überprüfung ist nämlich nur soweit möglich, als die zugrunde zulegenden Prüfungsmaßstäbe einheitlich sind. Für den vorliegend besonders interessierenden Bereich der Einbeziehung von Standardklauseln kann aber festgehalten werden, daß es durchaus noch einige Bereiche gibt, die zumindest derzeit noch nicht als ausreichend sicher geklärt für eine einheitliche Handhabung angesehen werden können. Beispielhaft seien nur die Probleme hinsichtlich der Sprachanforderungen bei der AGB-Stellung[557] oder Einbeziehung von via Internet gestellten Standardbedingungen[558] genannt.[559]

---

[556] Soweit ersichtlich argumentiert lediglich *Sieg*, RIW 1997, 813 kurz i.d.S., in dem er ausführt: “Die Möglichkeit, die Geltung des UN - Kaufrechts auszuschließen, ergibt sich erst aus dem Übereinkommen. Auch die Wirksamkeit einer Ausschlußvereinbarung muß daher dem Übereinkommen selbst entnommen werden.“
[557] Vgl. oben in Kapitel 2 unter B)II)1)b).
[558] Vgl. oben in Kapitel 2 unter B)III).
[559] Vgl. allgemein zu den bestehenden Streitigkeiten und Unsicherheiten im Rahmen der AGB-Einbeziehungskontrolle die obigen Untersuchungen in Kapitel 2 unter B).

Zusammenfassend läßt sich als Ergebnis festhalten, daß sich das wirksame Zustandekommen einer Abwahlvereinbarung (i.S.d. Art.6) analog nach den Vertragsschlußregeln der CISG richtet. Dabei ist gleichgültig, ob das UN-Kaufrecht gänzlich oder nur zum Teil abbedungen werden soll. Etwaige angedeutete Kritikpunkte können im Hinblick auf die obige Argumentation nicht überzeugen. Die wirksame Einbeziehung von Abwahlklauseln in Allgemeinen Geschäftsbedingungen richtet sich folglich auch nach den Artt.14 ff analog, so daß die insoweit entwickelten Voraussetzungen und Grundsätze[560] ebenfalls entsprechend zur Geltung kommen. Da die Artt.14 ff aber nur den „äußeren Konsens" regeln,[561] ist die inhaltliche Gültigkeit der Abwahlvereinbarung nach der insoweit internationalprivatrechtlich maßgebenden Rechtsordnung zu beurteilen.[562] Entsprechendes gilt im Falle einer wirksamen Abbedingung des UN-Kaufrechts auch für den kaufrechtlichen Hauptvertrag bzw. für die nicht die Abwahl betreffenden AGB.[563]

2) Zuwahl der CISG

Soweit es um die Zuwahl des UN-Kaufrechts geht, sind damit die Fälle gemeint, in denen das Wiener Kaufrecht mangels Vorliegen der Voraussetzungen des Art.1 lit.a oder b an sich nicht zur Anwendung kommt, aber eine anders lautende Rechtswahl vorgenommen wurde. Dabei sind zwei Fälle zu unterscheiden. Einmal derjenige, in dem es an den Voraussetzungen für Art.1 lit.a fehlt und an sich auch das Recht eines Nichtvertragsstaates zur Anwendung kommt, eine positive Rechtswahl aber doch zur Erfüllung der Voraussetzung des Art.1 lit.b führt. Das ist dann der Fall, wenn die Wahl auf das Recht eines Vertragsstaates fällt. Die zweite Fallgruppe umfaßt die Sachverhalte, in denen es auch an den Voraussetzungen des Art.1 lit.a oder b fehlt, es also zur Anwendung des Rechts eines Nichtvertragsstaates kommt. Fehlt hier aber auch die positive Wahl eines Vertragsstaates, so kann sich die Anwendung des UN-Kaufrechts noch daraus ergeben, daß die Parteien die (teilweise) Geltung der CISG ausdrücklich vereinbaren („opt-in" - Modell).[564]

Bezüglich der selbstverständlich auch insoweit bestehenden Möglichkeit einer positiven Rechtswahl durch AGB ist nun erneut fraglich, ob sich die notwendige vertragliche Einigung bzw. die Einbeziehung der entsprechenden Standardklauseln bei einem Bezug zum UN-Kaufrecht nach dessen Regelungen richtet. Die Antwort ist für beide Fälle weit unproblematischer als im

---

[560] Vgl. oben in Kapitel 2 unter B)II)/III).

[561] *Herber/Czerwenka*, CISG, Vor Art.14 Rn.6, vgl. hierzu auch die obigen Ausführungen in Kapitel 1 unter D).

[562] *Lindbach*, Rechtswahl im Einheitsrecht, Seite 235 f

[563] I.d.S. *Magnus*, ZEuP 1997, 837.

[564] Vgl. Näheres hierzu unten in diesem Kapitel unter B)II)2).

Zusammenhang mit der Abwahl des UN-Kaufrechts. Es ist jeweils von der Maßgeblichkeit der Artt.14 ff analog auszugehen. Dies ergibt sich aus einer einheitlichen Anwendung der CISG. Einheitlich hier insoweit, als alle Rechtswahlvereinbarungen (Abwahl und Zuwahl) zum Zwecke der Rechtsvereinheitlichung und Rechtssicherheit anhand der gleichen Rechtsvorschriften geprüft werden sollen. Im Übrigen bedarf es nicht wie bei der Abwahl einer besonderen Rechtfertigung für den Rückgriff auf die Vertragsschlußregeln der CISG. Im Falle der Zuwahl haben die Parteien nämlich ihren Willen dahingehend bekundet, daß die Wiener Konvention für das zwischen ihnen bestehende Rechtsverhältnis zur Geltung kommen soll. Außerdem entspricht eine Anwendung der Artt.14 ff auf die Zuwahlvereinbarung dem internationalen Grundsatz, daß über das wirksame Zustandekommen einer Rechtswahlvereinbarung das gewählte Recht entscheidet.[565] Dieses gewählte Recht ist hier das der CISG.

Demnach kann auch für die Zuwahl des UN-Kaufrechts festgehalten werden, daß die Artt.14 ff für das Zustandekommen der Rechtswahlvereinbarung heranzuziehen sind. Für Rechtswahlklauseln in AGB ist demnach auch für die Zuwahl des UN-Kaufrechts der Rückgriff auf die zuvor entwickelten Voraussetzungen und Grundsätze zur Einbeziehungskontrolle[566] angezeigt. Die neben der Rechtswahl getroffenen vertraglichen Vereinbarungen bzw. gestellten AGB richten sich im Falle einer wirksamen Zuwahl der CISG auch nach dem UN-Kaufrecht. Dies gilt natürlich nur soweit die Wiener Konvention ihrem Regelungsbereich nach reicht und nicht auf unvereinheitlichtes Recht zurückgegriffen werden muß.

II) Inhaltliche Voraussetzungen einer Rechtswahl

Nachdem zunächst die Notwendigkeit einer wirksamen vertraglichen Vereinbarung für eine Rechtswahl festgestellt wurde, verbleibt zu untersuchen, welche inhaltlichen Voraussetzungen erfüllt sein müssen. Hierbei bietet es sich an, erneut zwischen Ab- und Zuwahl der CISG zu differenzieren und innerhalb der beiden Gruppen wiederum verschiedene Fallgestaltungen zu unterscheiden.

1) Abwahl der CISG

Sofern die Abbedingung des an sich anzuwendenden UN-Kaufrechts betroffen ist, kann zwischen einem ausdrücklichen und einem stillschweigenden Ausschluß der Geltung der CISG unterschieden werden.

---

[565] Vgl. z.B. die Regelung des Art.3 IV EVÜ.
[566] Vgl. oben in Kapitel 2 unter B)II)/III).

a) Ausdrückliche Abbedingung der CISG

Der ausdrückliche Ausschluß der Geltung der Wiener Konvention bereitet kaum Probleme. Erforderlich für die Annahme einer ausdrücklichen Abbedingung ist eine Vereinbarung, wonach die CISG nicht für das Kaufgeschäft der Parteien gelten soll.[567] Von Interesse hierbei ist, daß eine ausdrückliche Abbedingung unabhängig von der gleichzeitigen positiven Wahl des anstelle der CISG geltenden Rechts möglich ist.[568] Dies wird zutreffend daraus hergeleitet,[569] daß während der Vorbereitungsarbeiten in UNCITRAL ein Vorschlag abgelehnt wurde, wonach die Möglichkeit der Abbedingung der CISG davon abhängig gemacht werden sollte, daß gleichzeitig das an die Stelle der ausgeschlossenen Regelungen tretende Recht positiv bestimmt wird.[570] Wird aber neben der Abbedingung gleichzeitig eine positive Rechtswahl getroffen, so richtet sich deren Wirksamkeit, zumindest in den Staaten, in denen die relevanten Kollisionsnormen die des EVÜ sind, nach dem gewählten Recht.[571] Diese Thematik ist nämlich von der zuvor ausführlich diskutierten Frage nach dem anwendbaren Recht für das Zustandekommen der Abwahlvereinbarung zu trennen.

Die Konsequenz einer wirksamen ausdrücklichen Abbedingung der CISG ist deren Nichtanwendbarkeit. Das nun auf das Rechtsverhältnis der Parteien anzuwendende Recht ermittelt sich entweder aus der gleichzeitig wirksam getroffenen positiven Rechtswahl oder im Fall des Fehlens einer solchen aus der Verweisung des Kollisionsrechts. Ist bei letzterer Alternative das Recht eines Vertragsstaates der Wiener Konvention berufen, so kommt dessen unvereinheitlichtes Kaufrecht zur Anwendung und nicht etwa die CISG als Teil des nationalen Rechts.[572] Dies ist auch notwendig, da ansonsten die wirksam getroffene Abwahlvereinbarung und der dahinter stehende Wille der Parteien unterlaufen würde.

---

567 *Staudinger / Mangnus*, CISG, Art.6 Rn.16; z.B. durch die Formulierung: „Die Wiener Kaufrechtskonvention von 1980 gilt nicht für diesen Vertrag."

568 Vgl. u.a. *Schlechtriem/Ferrari*, CISG, Art.6 Rn.15; *ders.*, ZEuP 2002, 740; *Honnold*, Uniform Law, Rn.75; *Karollus*, UN-Kaufrecht, Seite 38; *Bonell*, RabelsZ 58 (1994), 28.

569 Vgl. stellvertretend *Ferrari*, ZEuP 2002, 740.

570 So z.B. Spanien und Norwegen, vgl. UNCITRAL Yearbook 1968-70, Seite 166 Nr.50 f und Seite 168 Nr.68 f; das UNCITRAL Yearbook ist unter *www.uncitral.org/en-index.htm* abrufbar.

571 *Schlechtriem/Ferrari*, CISG, Art.6 Rn.16; *ders.*, ZEuP 2002, 740

572 *Witz/Salger/Lorenz/Lorenz*, CISG, Art.6 Rn.4; *Staudinger/Magnus*, CISG, Art.6 Rn.17; *Schlechtriem / Ferrari*, CISG, Art.6 Rn.15; *ders.*, ZEuP 2002, 740; *Siehr*, RabelsZ 52 (988), 600

b) Stillschweigende Abbedingung der CISG

Anders als die ausdrückliche Abbedingung der CISG bereitet der stillschweigende Ausschluß der Geltung des UN-Kaufrechts eine Vielzahl von Problemen. Es besteht bereits keine Einigkeit darüber, ob eine konkludente Abbedingung überhaupt möglich ist. In der Lehre wird herrschend davon ausgegangen, daß ein stillschweigender Ausschluß gemäß Art.6 möglich ist.[573] Ebenso gibt es einige diese Ansicht bestätigende Urteile.[574] Teilweise wird sogar davon ausgegangen, daß die Möglichkeit einer konkludenten Abbedingung der CISG nicht mehr ernsthaft in Frage gestellt ist.[575] Dem kann insoweit zugestimmt werden, als die Literatur betroffen ist. Soweit ersichtlich gibt es nämlich lediglich in der älteren Literatur die Auffassung, daß ein stillschweigender Ausschluß der Geltung der CISG nicht möglich ist.[576] Betrachtet man aber die Rechtsprechung, so wird schnell ersichtlich, daß die Problematik durchaus aktuell ist und für die Praxis auch von nicht unerheblicher Bedeutung. In den USA sind nämlich Entscheidungen ergangen, wonach ein stillschweigender Ausschluß der Geltung des UN-Kaufrechts nicht möglich ist.[577] Für die Praxis ist die in Rede stehende Streitfrage insofern von Bedeutung, als die Partei, für die die Zulässigkeit der konkludenten Abbedingung nachteilig ist, versuchen wird vor amerikanische Gerichte zu gelangen („forum shopping“).[578] Der Auffassung, wonach ein stillschweigender Ausschluß der CISG nicht möglich sein soll, kann nicht zugestimmt werden. Der Ansatzpunkt für die Lösung dieser Streitfrage liegt in der Entstehungsgeschichte des Art.6. Diese Vorschrift stellt das Pendant zu

---

[573] So u.a. *Staudinger/Magnus*, CISG, Art. 6 Rn. 20; *Bianca/Bonell/Bonell*, CISG, Art. 6 Anm.2.3.; *Audit*, La vente internationale de marchandises, Anm. 42; *Schlechtriem/Ferrari*, CISG, Art.6 Rn.18; *Enderlein/Maskow/Strohbach*, CISG, Art.6 Anm. 1.2.; *Piltz*, NJW 2000, 555; *Witz*, Recueil Dalloz Sirey 1990 I, Chronique 108; *Ferrari*, ZEuP 2002, 741 m.w.N. aus der internationalen Literatur.

[574] OLG *Celle*, 24.05.1995 = CISG online Case 152; OLG *Dresden*, 27.12.1999, TranspR-IHR 2000, 21; Tribunale di *Vigevano*, 12.07.2000 = CISG online Case 493; Cass. Civ., 26.06.2001 = CISG online Case 600; OGH, 22.10.2001 = CISG online Case 614; anders aber LG *Landshut*, 05.04.1995 = CISG online Case 193, wobei diese Entscheidung zumindest für die deutsche Rechtsprechung als Ausnahme anzusehen ist.

[575] *Lindbach*, Rechtswahl im Einheitsrecht, Seite 253

[576] Vgl. *Dore*, Am.J.Int`l.L. 77 ( 1983 ), 532; *Dore/Defranco*, Harv.Int`l.L.J. 23 (1982), 53, die der Auffassung sind, daß die Abbedingung ausdrücklich erfolgen muß.

[577] U.S. Court of International Trade, 24.10.1989, *Orbisphere Corp. v. United States* = CISG online Case 7; U.S. Court of Appeals (2nd Cir.), 06.12.1995, *Delchi Corrier SpA v. Rotorex Corp.* = CISG online Case 140; vgl. aber auch U.S. District Court, N.D. of California, San Jose Division, 27.07.2001, *Asante Technologies Inc. v. PMC - Sierra Inc.* = CISG online Case 616, der sich mit einer stillschweigenden Abbedingung auseinandersetzt und diese wohl für denkbar hält, ohne sich jedoch für eine solche zu entscheiden.

[578] *Ferrari*, ZEuP 2002, 742; eine Definition des Begriffs „forum shopping“ findet sich bei *Ferrari*, RIW 2002, 169 und bezeichnet die „auf die Auswahl des (für den Mandanten) günstigen Gerichtsstandes gerichtete anwaltliche Tätigkeit“.

Art.3 EKG[579] dar. Bei der Abfassung des Art.6 wurde aber der Satz 2 des Art.3 EKG nicht übernommen, also der ausdrückliche Hinweis auf die Möglichkeit einer stillschweigenden Abbedingung unterlassen. Insoweit könnte man zunächst daran denken, daß im Rahmen des Art.6 kein konkludenter Ausschluß der Geltung der CISG mehr möglich sein sollte. Hiergegen wendet die h.M. aber zurecht ein, daß die Streichung des Satzes 2 von Art.3 EKG nur dazu dienen sollte, die Gerichte nicht zu ermutigen, vorschnell eine Derogation des Einheitsrechts anzunehmen.[580] Eine stillschweigende Abbedingung der CISG sollte aber weiterhin möglich sein. Dies wird auch daraus ersichtlich, daß ein pakistanischer Vorschlag, nur eine ausdrückliche Abbedingung zuzulassen,[581] ausdrücklich abgelehnt wurde.[582] Demnach wird deutlich, daß sowohl aus der Entwicklung des Art.6, als auch unter teleologischem Blickwinkel von der Zulässigkeit einer stillschweigenden Abbedingung der CISG auszugehen ist. Es ist nicht nachvollziehbar, wieso diese Möglichkeit vor US-amerikanischen Gerichten teilweise in Frage gestellt wird. Ein solches Vorgehen widerspricht klar der mit Art.6 verbundenen Intention, den Parteien nicht nur unzureichende Autonomie in der Wahl des anzuwendenden Rechts zu gewähren. Derzeit muß man sich aber dennoch mit der Tatsache auseinandersetzen, daß es durchaus möglich ist, daß ein stillschweigender Ausschluß der CISG vor den US-amerikanischen Gerichten nicht durchgreift. Diese Situation ist unbefriedigend, da sie dem Gedanken einer einheitlichen Anwendung der Wiener Konvention widerspricht und der angestrebten Rechtsvereinheitlichung abträglich ist. Jene Umstände können schließlich zu ungleichen Ergebnissen in vergleichbaren Fällen führen, je nach dem vor welchem Gericht sie entschieden werden. In der dabei gegebenenfalls entstehenden Rechtsungleichheit ist auch die Motivation für ein „forum shopping“ zu sehen.

Geht man jedoch mit der weit herrschenden, auch hier vertretenen, Ansicht von der Möglichkeit einer stillschweigenden Abbedingung der CISG aus, so sind deren weiteren Voraussetzungen noch zu untersuchen. Art.6 manifestiert nicht ausdrücklich die einzelnen Voraussetzungen für die Annahme eines stillschweigenden Ausschlusses der Geltung des UN-Kaufrechts. Insoweit wird aber einhellig vorausgesetzt, daß ein wirklicher Wille der Parteien zur

---

579 Dieser lautet: „Den Parteien eines Kaufvertrages steht es frei, die Anwendung dieses Gesetzes ganz oder teilweise auszuschließen. Der Ausschluß kann ausdrücklich oder stillschweigend geschehen.“

580 Vgl. stellvertretend *Staudinger/Magnus*, CISG, Art.6 Rn.20 i.V.m. Rn.5; vgl. *Working Group*, Second session, Doc. A/CN.9/52 in *Honnold*, Documentary History, Seite 61 Nr.43 ff.

581 Vgl. Doc. A/Conf.97/C.1/L.45 in *Honnold*, Documentary History, Seite 658; nach diesem Vorschlag sollte das Wort „expressly“ in die Ausschlußregelung aufgenommen werden.

582 Vgl. Doc. A/Conf.97/C.1/SR.4 in *Honnold*, Documentary History, Seite 471 Nr.31; als Begründung wurde insbesondere auf die zu wahrende Parteiautonomie abgestellt, vgl. z.B. die Stellungnahmen des deutschen Repräsentanten (*Herber*) und des argentinischen Repräsentanten (*Boggiano*) aaO, Seite 470 f Nr.16/22.

Abbedingung vorliegt und dieser nicht nur hypothetisch aufgrund objektiver Anhaltspunkte unterstellt wird.[583] Dem ist zuzustimmen, da andernfalls das mit der Streichung des Satzes 2 des Art.3 EKG verfolgte Ziel, eine ausufernde Praxis der Annahme stillschweigender Ausschlüsse der CISG zu verhindern, konterkariert würde. Es bedarf also eines hinreichend deutlichen Parteiwillens[584] bezüglich einer Abbedingung der CISG, wobei sich die Auslegung, wann ein solcher deutlich gewordener wirklicher Wille anzunehmen ist, nach den Maßstäben des Übereinkommens[585] i.S.d. Art.8 richtet.[586] Da die maßgebende Voraussetzung für eine Abbedingung, namentlich das Vorliegen eines wirklichen Ausschlußwillens, noch einen weiten Spielraum eröffnet und letztlich der Konkretisierung am Einzelfall bedarf, ist es sinnvoll, typische Fallgestaltungen und einige Sonderprobleme auf deren Bedeutung für eine stillschweigende Abbedingung der CISG zu untersuchen. Dabei ist aber immer zu berücksichtigen, daß nur der wirkliche Wille der Parteien im Einzelfall zu einer konkludenten Abbedingung führt und die im Folgenden aufgegriffenen Fallalternativen nur indiziell auf das Vorliegen eines solchen Ausschlußwillens hinweisen oder nicht. Die Möglichkeit einer Abweichung von diesen Indizwirkungen aufgrund der Umstände des Einzelfalles ist stets im Auge zu behalten.

aa) Wahl des Rechts eines Nichtvertragsstaates

Stellt man sich Fälle vor, in denen durch eine wirksam einbezogene Standardbedingung das Recht eines Nichtvertragsstaates für das Kaufverhältnis zwischen den Parteien gewählt wurde, so stellt sich die Frage, ob dies auf einen Ausschlußwillen der Parteien hindeutet. Vorbehaltlich besonderer Einzelfallumstände kann mit der h.M. von einem entsprechenden Parteiwillen ausgegangen werden.[587] Beim Vorliegen einer solchen Vereinbarung ist nämlich

---

[583] *Schlechtriem/Ferrari*, CISG, Art.6 Rn.18; *ders.*, ZEuP 2002, 742; *Neumayer/Ming*, CISG, Art.6 Anm.5; *Herber/Czerwenka*, CISG, Art.6 Rn.10; *Staudinger/Magnus*, CISG, Art.6 Rn.20; *ders.*, RabelsZ 51 (1987), 126 f; *Lindbach*, Rechtswahl im Einheitsrecht, Seite 256; vgl. aus der Rechtsprechung KG *Berlin*, 24.01.1994, RIW 1994, 633.

[584] *Staudinger / Magnus*, CISG, Art. 6 Rn. 20; i.d.S. auch *Piltz*, NJW 2000, 555; OGH, 22.10.2001 = CISG online Case 614.

[585] Nicht etwa nach den Maßstäben des, nach dem IPR berufenen, unvereinheitlichten Rechts.

[586] So auch *Staudinger/Magnus*, CISG, Art. 6 Rn. 20; *Schlechtriem/Ferrari*, CISG, Art. 6 Rn.18; *ders.*, ZEuP 2002, 742; *Bianca/Bonell/Bonell*, CISG, Art.6 Anm. 2.3.1.; OGH, 22.10.2001 = CISG online Case 614.

[587] So u.a. *Sieg*, RIW 1997, 813; *Bianca/Bonell/Bonell*, CISG, Art.6 Anm.2.3.2.; *Enderlein/ Maskow / Strohbach*, CISG, Art.6 Anm.1.3.; *Staudinger / Magnus*, CISG, Art.6 Rn.23; *Reithmann/Martiny*, Internationales Vertragsrecht, Rn.645; *Audit*, La vente internationale de marchandises, Anm. 43; *Achilles*, CISG, Art.6 Rn.3; *Holthausen*, RIW 1989, 515; *Bridge*, The International Sale of Goods, Anm. 2.42; vgl. aus der Rechtsprechung OLG *Düsseldorf*, 02.07.1993, RIW 1993, 845.

regelmäßig kaum eine andere Interpretation möglich, da das anvisierte Recht die CISG nicht beinhaltet. Sofern jedoch das gewählte Recht eines Nichtvertragsstaates nur als ergänzende Rechtsordnung fungieren soll, steht dieser gesondert zu berücksichtigende Umstand der Annahme einer stillschweigenden Abbedingung regelmäßig entgegen.[588] Das ergibt sich daraus, daß das UN-Kaufrecht dann gerade nicht abbedungen werden soll, sondern das gewählte Recht beispielsweise nur die bestehenden Regelungslücken der CISG füllen soll, welche durch unvereinheitlichtes Recht zu schließen sind.

Im Zusammenhang mit der Wahl des Rechts eines Nichtvertragsstaates taucht ein weiteres Problem auf. Gemeint sind die Fälle, in denen die Parteien, z.B. in ihren AGB, unterschiedliche Rechtsordnungen von zwei Nichtvertragsstaaten gewählt haben. Unabhängig von der Wirksamkeit einer positiven Rechtswahlvereinbarung im Zusammenhang mit den widerstreitenden Standardbedingungen[589] bedürfte es für einen konkludenten Ausschluß der Geltung der CISG jedenfalls einer entsprechenden Abbedingungsvereinbarung. Diese wiederum setzt voraus, daß ein gemeinsamer, deutlich erkennbarer wirklicher Ausschlußwille der Parteien vorliegt. Ob in der kollidierenden Wahl des Rechts zweier Nichtvertragsstaaten durch die Parteien regelmäßig eine Abbedingungsvereinbarung i.S.d. Art.6 gesehen werden kann ist umstritten. Dabei ist zu beachten, daß diese Frage differenziert von dem mit der Wahl gleichzeitig unternommenen Versuch einer positiven Rechtswahl zu beantworten ist. Auf der einen Seite geht es nämlich isoliert um die Abwahl der CISG, auf der anderen Seite um die positive Bestimmung des anzuwendenden Rechts.
Eine Ansicht geht in den beschriebenen Fällen von dem regelmäßigen Vorliegen einer Abbedingungsvereinbarung aus.[590] Der Grund liege darin, daß beide Parteien mit der (unterschiedlichen) Wahl des Rechts eines Nichtvertragsstaates zum Ausdruck bringen würden, daß sie die CISG nicht angewendet wissen wollen.[591] Demgegenüber wird vertreten, eine entsprechend kollidierende Rechtswahl sei nicht regelmäßig als übereinstimmender Wille zum Ausschluß der CISG anzusehen.[592] Eine Folgerung i.S.d. erstgenannten Ansicht widerspräche dem Zweck des Art.6, da es nicht hinreichend deutlich sei, daß die Parteien das UN-Kaufrecht abbedingen wollen.[593]

Wenn die Begründung der letztgenannten Meinung auch etwas kurz ist, so ist ihr in der Sache und i.E. zuzustimmen. Aufgrund einer kollidierenden Wahl zweier Nichtvertragsstaaten durch die Parteien kann nicht regelmäßig von einer

---

[588] Vgl. auch *Ferrari*, ZEuP 2002, 743 m.w.N.
[589] Vgl. Näheres zu dem Thema der widerstreitenden AGB unten in Kapitel 5.
[590] *Tiedemann*, IPRax 1991, 427; *Sieg*, RIW 1997, 813
[591] *Tiedemann*, aaO
[592] *Staudinger/Magnus*, CISG, Art.6 Rn.14
[593] *Staudinger/Magnus*, aaO

Indizwirkung in Richtung eines gemeinsamen Ausschlußwillens ausgegangen werden. Auf den ersten Blick liegt es, wie soeben festgestellt, zwar nahe, daß mit der Wahl des Rechts eines Nichtvertragsstaates auch das UN-Kaufrecht abbedungen werden sollte. Allerdings gilt dies nur, wenn sich die Parteien auf das Recht eines Nichtvertragsstaates geeinigt haben. Dem ist hier aber nicht so. Für die vorliegenden Fälle ist es vielmehr vorstellbar, daß eine Abbedingung der CISG durch die jeweilige Partei nur gewollt war, wenn sich auch hinsichtlich der gleichzeitig vorgenommenen positiven Rechtswahl erfolgreich geeinigt wurde. Ist dies, wie hier, aber nicht der Fall, so kann nicht mehr ohne Weiteres auf einen Ausschlußwillen geschlossen werden. Vielleicht wollten die Parteien im Falle des Fehlschlagens der eigenen positiven Rechtswahl gerade das UN-Kaufrecht als neutrales Recht zur Anwendung kommen lassen. Es wird ersichtlich, daß die Frage nach dem Vorliegen eines wirklichen Ausschlußwillens nicht ungeachtet der Wirksamkeit der positiven Rechtswahl beantwortet werden kann, wenn die entsprechenden Vereinbarungen rechtstechnisch auch getrennt auf ihre Wirksamkeit hin zu untersuchen sind. Andernfalls würde dies bedeuten, daß sich die Parteien im Falle der kollidierenden Wahl eines Nichtvertragsstaates stets auf das nach dem IPR berufene Recht festlegen lassen wollen. Das erscheint zweifelhaft. Nach alledem wird auch deutlich, daß für die in Rede stehenden Fälle mehrere Schlüsse bezüglich des Willens der Parteien möglich sind, wobei keiner sich regelmäßig aufdrängt. Ein Vorgehen i.S.d. erstgenannten Ansicht läßt diese Überlegungen unberücksichtigt und vermag es nicht, einen deutlichen wirklichen Ausschlußwillen beider Parteien herzuleiten. Gerade dies ist aber zur Verhinderung der ausufernden Annahme stillschweigender Abbedingungsvereinbarungen nötig. Dieser dem Art.6 innewohnende Zweck[594] steht der ersten Ansicht letztlich entgegen.

bb) Wahl des Rechts eines Vertragsstaates

Zu der Frage, ob die Wahl des Rechts eines Vertragsstaates regelmäßig auf einen Ausschlußwillen der Parteien schließen läßt und somit zu einer stillschweigenden Abbedingung des UN-Kaufrechts führt, ist in Literatur und Rechtsprechung vielfach Stellung genommen worden. Im Ausgangspunkt sind solche Fälle betroffen, in denen eine Rechtswahl der Art: „Für den Vertrag gilt deutsches Recht“ getroffen wurde. Der insoweit noch immer bestehende Streit verliert jedoch meiner Einschätzung nach an Bedeutung. Dies ergibt sich aus zwei Aspekten. Zum einen steht den Vertretern, die durch eine entsprechende Rechtswahlvereinbarung auf einen Ausschlußwillen der Parteien schließen,[595]

---

594 Vgl. oben Fn.580.

595 *Karollus*, JuS 1993, 381; *Vékás*, IPRax 1987, 346, der von einer widerlegbaren „Derogationsvermutung“ spricht; i.d.S. auch *Stoffel*, SJZ 86 (1990), 174, für die Wahl schweizerischen Rechts; noch zum EKG *Mann*, JZ 1986, 647.

eine fast übermächtige Anzahl von Vertretern gegenüber, die für die beschriebenen Fälle nicht von einem regelmäßigen Ausschluß der Konvention ausgehen.[596] Zum anderen sieht die weit überwiegende Rechtsprechung in der alleinigen Wahl des Rechts eines Vertragsstaates keine konkludente Abbedingung der CISG.[597] Dennoch soll kurz dargestellt werden, worauf sich die Mindermeinung stützt und wieso dem nicht zugestimmt werden kann.
Für die Annahme einer stillschweigenden Abbedingung in den beschriebenen Fällen soll sprechen, daß man den Parteien nicht unterstellen könne, sie wollen etwa mit der Wahl „deutschen Rechts" das UN-Kaufrecht zur Anwendung kommen lassen.[598] Weiterhin sei eine (widerlegbare) Derogationsvermutung angezeigt, da eine positive Rechtswahl ansonsten bei einer ohnehin gegebenen automatischen Anwendung der CISG sinnlos wäre.[599] Dem ersten Argument kann damit begegnet werden, daß sich die Vertragsparteien oft nicht der Geltung oder gar der Existent des UN-Kaufrechts bewußt waren. Vielmehr ist es denkbar, daß üblicherweise ein bestimmtes Recht positiv gewählt wird, ohne daß dabei explizit über die Anwendung der CISG nachgedacht wurde. Dies bedeutet aber, daß nicht regelmäßig von einem Ausschlußwillen der Parteien ausgegangen werden kann, da es auch denkbar ist, daß bei Kenntnis vom UN-Kaufrecht die positive Rechtswahl nicht vorgenommen worden wäre. Insoweit drängt sich ein wirklicher Ausschlußwille also nicht auf. Das zweite Argument kann ebenfalls nicht überzeugen. Der Sinn einer positiven Wahl des Rechts eines Vetragsstaates im Falle bereits erfüllter Anwendungsvoraussetzungen des UN-Kaufrechts kann darin gesehen werden, daß die von der CISG nicht erfaßten, nach unvereinheitlichtem Recht zu behandelnden,

---

[596] Vgl. u.a. *Lando*, RabelsZ 51 (1987), 84; *Herber/Czerwenka*, CISG, Art.6 Rn.15; *Magnus*, ZEuP 1997, 827; *Honsell/Siehr*, CISG, Art.6 Rn.7; *Witz*, Recueil Dalloz Sirey 1995 I, Chronique 144 f; *Bianca/Bonell/Bonell*, CISG, Art.6 Anm.2.3.3.; *Schlechtriem/Ferrari*, CISG, Art.6 Rn.22 mit vielen weiteren Nachweisen; *ders.*, ZEuP 2002, 743 f m.w.N. aus der internationalen Literatur.

[597] Vgl. nur die neueren Entscheidungen: OGH, 22.10.2001 = CISG online Case 614; OLG *Frankfurt a.M.*, 30.08.2000, RIW 2001, 383, welches die Bestimmung „all transactions & sales are subject to swiss law" nicht als wirksamen Ausschluß ansah; OLG *Hamburg*, 26. 01. 2000 = CISG online Case 509; BGH, 25. 11. 1998, NJW 1999, 560; OGH, 12.02.1998, SZIER 1999, 202; BGH, 23.07.1997, NJW 1997, 3310; OLG *Karlsruhe*, 25.06.1997 = CISG online Case 263; weitere (ältere) Nachweise aus der internationalen Rechtsprechung finden sich bei *Piltz*, NJW 2000, 555 in Fn.30 und bei *Schlechtriem/ Ferrari*, CISG, Art.6 Rn.22 in Fn.87; anders entschieden, soweit ersichtlich, lediglich *Corte di Firenze*, 19.04.1994 = CISG online Case 124 (hier ist eine Zusammenfassung der Entscheidung in Englisch zu finden), welches die Wahl „italienischen Rechts" als stillschweigende Abbedingung ansah; Cour d'appel de *Colmar*, 26.09.1995 = CISG online Case 226, welche die Wahl „französischen Rechts" als stillschweigenden Ausschluß der Geltung der CISG wertete.

[598] *Karollus*, JuS 1993, 381

[599] I.d.S. *Vékás*, IPRax 1987, 346.

Regelungstatbestände eben nach dem gewählten Recht zu beurteilen sind.[600] Zudem ist ein wesentliches Argument für die h.M., daß das UN-Kaufrecht ein Teil des jeweiligen nationalen Rechts der Vertragsstaaten ist[601] und bei der Wahl des Rechts eines Vertragsstaates die CISG mitgewählt wird.[602]

Aus alledem wird ersichtlich, daß bei der alleinigen Wahl des Rechts eines Vertragsstaates nicht zweifelsfrei auf einen wirklichen Ausschlußwillen der Parteien geschlossen werden kann. Wie zuvor gezeigt, ist aber gerade dieser deutlich hervortretende Abbedingungswille für die Annahme eines stillschweigenden Ausschlusses der CISG nötig. Von daher kann für die in Rede stehende Fallgruppe nicht tendenziell von einer konkludenten Abbedingung des UN-Kaufrechts ausgegangen werden. Etwas anderes gilt auch nicht, wenn das Recht eines Vertragsstaates gewählt wurde, welcher den Vorbehalt gemäß Art.95 eingelegt hat.[603] Es sind jedoch stets die Umstände des Einzelfalls im Auge zu behalten, so daß es auch hier zu anderen Ergebnissen kommen kann. Meiner Einschätzung nach könnte ein Umstand, der zur Annahme einer stillschweigenden Abbedingung führt, z.B. darin liegen, daß die Parteien nachweislich das Recht eines Nichtvertragsstaates vereinbarten, um die CISG auszuschließen, in dem auserwählten Land jedoch ohne Kenntnis der Parteien zwischenzeitlich das UN-Kaufrecht in Kraft getreten ist.

Abweichend von der zuvor festgestellten Grundregel kann eine Abbedingung der CISG auch angenommen werden, wenn die Rechtswahlklausel deutlich auf einen Ausschlußwillen der Parteien hinweist. Gemeint sind hier die Fälle, in denen ersichtlich wird, daß auf das unvereinheitlichte Recht der Vertragsstaaten Bezug genommen wurde. So kann z.B. die Klausel: „Es gilt nur deutsches Kaufrecht nach dem BGB (bzw. HGB)" regelmäßig als Ausdruck eines Ausschlußwillens angesehen werden.[604] Hier ist nämlich der Bezug auf das

---

[600] Vgl. auch *Witz/Salger/Lorenz/Lorenz*, CISG, Art.6 Rn.9; *Enderlein/Maskow/Strohbach*, CISG, Art.6 Anm.1.3.

[601] Vgl. oben in Kapitel 1 unter B).

[602] Vgl. u.a. *Witz/Salger/Lorenz/Lorenz*, CISG, Art.6 Rn.9; OGH, 22.10.2001 = CISG online Case 614; BGH, 23.07.1997, NJW 1997, 3310; OLG *Celle*, 24.05.1995 = CISG online Case 152.

[603] So auch *Staudinger/Magnus*, CISG, Art.6 Rn.27 m.w.N.; kritisch aber *Schlechtriem / Ferrari*, CISG, Art.6 Rn.24; a.A. *Schlechtriem*, EWiR 1992, 988; es ist jedoch nicht ersichtlich, warum bei der Wahl des Rechts eines Vorbehaltsstaates etwas anderes gelten soll, als bei der Wahl eines sonstigen Vertragsstaates. Auch wenn die „Vorschaltlösung" des Art.1 lit.b durch das gewählte Land für nicht verbindlich erklärt wurde, kann von der entsprechenden Rechtswahl nicht zweifelsfrei auf einen parteilichen Ausschlußwillen i.S.d. Art.6 geschlossen werden. Von daher kann i.d.R. auch hier nicht von einer stillschweigenden Abbedingung des UN-Kaufrechts ausgegangen werden.

[604] *Herber / Czerwenka*, CISG, Art. 6 Rn. 15; *Schlechtriem / Ferrari*, CISG, Art.6 Rn. 21; *Staudinger / Magnus*, CISG, Art.6 Rn.30; *Enderlein / Maskow / Strohbach*, CISG, Art.6 Anm.1.3.

unvereinheitlichte Recht nicht zu übersehen. Auch bei Fällen dieser Art ist jedoch auf die einzelnen Umstände abzustellen. Das gilt um so mehr, als eine Vielzahl von Gestaltungen der Rechtswahlklauseln denkbar sind, die darüber hinaus unterschiedlich eingeordnet werden. Dies wird anhand zweier weiterer Alternativen deutlich.
Stellt man sich einen Fall vor, in dem eine Klausel der Art: „Es gilt das deutsche BGB und HGB“ verwendet wurde, so ist strittig, ob hierin regelmäßig durch eine Bezugnahme auf unvereinheitlichtes Recht von einem Ausschlußwillen auszugehen ist oder nicht. Während einerseits eine entsprechende Klausel als Beispiel für eine Bezugnahme auf unvereinheitlichte interne Regelungen angesehen wird,[605] dient sie andererseits als Beispiel für einen Fall, in dem oft nur auf eine untechnische Verweisung auf das gesamte deutsche Recht einschließlich der CISG geschlossen werden kann.[606] Meines Erachtens ist in einer solchen Klausel tendenziell eine Abbedingung des UN-Kaufrechts enthalten. Die Parteien wählen nämlich gerade nicht das gesamte deutsche Recht, sondern nur das BGB bzw. HGB. In diesen Regelungswerken ist die CISG aber zweifelsfrei nicht enthalten, so daß sie auch nicht mitgewählt wurde. Eine entsprechende Vereinbarung läßt daher ausreichend deutlich einen Ausschlußwillen der Parteien erkennen. Es kann den Vertragsparteien auch nicht ohne Weiteres eine untechnische Rechtswahl hinsichtlich des gesamten deutschen Rechts unterstellt werden. Hierfür lassen sich, vorbehaltlich der Umstände des Einzelfalles und angesichts der ausdrücklichen Wahl spezieller nationaler Rechtsregelungen, keine allgemeingültigen Anhaltspunkte finden.

Eine weitere interessante Fallkonstellation ist gegeben, wenn durch eine positive Rechtswahl das Recht von Teilgebieten oder Bundesstaaten als maßgebend vereinbart wird. Hier kann beispielsweise an Klauseln gedacht werden, die sich auf das Recht von US-Bundesstaaten beziehen. Insoweit fragt es sich, ob schon die alleinige[607] Wahl eines entsprechenden Rechts Rückschlüsse auf einen Ausschlußwillen bezüglich des UN-Kaufrechts zuläßt.[608] Dies ist meiner Einschätzung nach immer dann nicht möglich, wenn das UN-Kaufrecht auch nach dem Recht des Teilgebietes gilt, so z.B. für die US-Bundesstaaten.[609] In diesen Fällen wird nämlich durch die alleinige Wahl des Rechts eines Teilgebietes dessen gesamtes Recht, inklusive der CISG, als maßgebend vereinbart. Etwas anderes gilt nur, wenn das UN-Kaufrecht z.B. auf bundesstaatlicher Ebene ratifiziert wurde, es aber an einer Umsetzung in allen

[605] *Staudinger/Magnus*, CISG, Art.6 Rn.30
[606] So *Witz/Salger/Lorenz/Lorenz*, CISG, Art.6 Rn.11.
[607] Sofern auf das unvereinheitlichte Recht eines Bundesstaates oder Teilgebietes verwiesen wird, steht es außer Frage, daß damit regelmäßig zugleich von einem wirklichen Ausschlußwillen und einer Abbedingungsvereinbarung ausgegangen werden kann.
[608] I.d.S. bejahend *Lando*, RabelsZ 51 (1987), 84; ablehnend *Staudinger/Magnus*, CISG, Art.6 Rn.28.
[609] *Staudinger/Magnus*, CISG, Art.6 Rn.28

Einzelstaaten fehlt. Fällt die positive Rechtswahl nun auf einen Bundesstaat oder ein Teilgebiet, in dem die Wiener Konvention kein geltendes Recht ist, so ist eine stillschweigende Abbedingung regelmäßig anzunehmen. Diese Situation entspricht derjenigen bei der Wahl des Rechts eines Nichtvertragsstaates.

cc) Kollision einzelner AGB mit Regelungen der CISG

Im Rahmen einer stillschweigenden Abbedingung des UN-Kaufrechts kann es auch eine Rolle spielen, wenn wirksam einbezogene Standardbedingungen einzelnen Regelungen der CISG widersprechen. Zu Recht wird für diese Fälle jedoch i.d.R. kein stillschweigender Ausschluß der Wiener Konvention in ihrer Gesamtheit angenommen.[610] Es fehlt für die Annahme einer vollständigen Abbedingung der CISG nämlich an einem deutlich erkennbaren Ausschlußwillen. Vielmehr steht es mit der Vorschrift des Art.6 in Einklang, in den angesprochenen Fällen nur einen teilweisen Ausschluß bzw. eine Änderung der einheitsrechtlichen Regelungen zu sehen.[611] Dies ist zur Förderung der Parteiautonomie nach Art.6 auch grundsätzlich möglich.[612] Maßgeblich für diese Einschätzung ist v.a., daß in der vertraglichen Einbeziehung von abweichenden AGB nur ein der Abweichung entsprechender Ausschlußwille der Parteien zum Ausdruck kommt. Nur so weit wie dieser reicht, ist dann die CISG als abbedungen anzusehen.

dd) Abgestimmtheit von AGB auf ein unvereinheitlichtes Recht

Eine für die Praxis besonders wichtige Frage ist darin zu sehen, welche Bedeutung die Verwendung von AGB, die auf ein unvereinheitlichtes Recht abgestimmt sind, für eine stillschweigende Abbedingung der CISG hat. Besondere Relevanz kommt dieser Thematik deshalb zu, weil es in der Praxis häufig zu solchen Fällen kommt. Die Ursache dessen liegt darin, daß die von Unternehmen gestellten Standardbedingungen oft ohne Rücksicht auf das anzuwendende Recht einheitlich verwendet werden, wobei die AGB regelmäßig auf das heimische Rechtssystem abgestimmt sind. Das damit verbundene Ziel kann in der Rationalisierung des zu betreibenden Aufwandes und einer Verbesserung der eigenen Position gesehen werden. Die dabei oft anzutreffende

---

610 *Witz/Salger/Lorenz/Lorenz*, CISG, Art.6 Rn.17; *Staudinger/Magnus*, CISG, Art.6 Rn.41 f; *Enderlein/Maskow/Strohbach*, CISG, Art. 6 Anm. 1.3.; *Soergel/Lüderitz/Fenge*, CISG, Art.6 Rn.6; vgl. auch BGH, 04.12.1996, NJW-RR 997, 691, der vertraglich vereinbarte Gewährleistungsbedingungen, welche von den Regelungen der CISG abweichen, aufgrund des Art.6 als vorrangig ansieht, im Übrigen aber auf die Vorschriften des UN - Kaufrechts abstellt.

611 Vgl. Fn. zuvor.

612 Vgl. oben in diesem Kapitel unter A).

Ausrichtung der Standardbedingungen an unvereinheitlichtes Recht kann bei internationalen Warenkaufgeschäften aber zu Problemen führen, wenn die AGB mit den Regelungen der CISG nicht vereinbar sind und sich ohne Heranziehung des unvereinheitlichten Rechts nicht anwenden lassen. Das ist z.B. denkbar, wenn in den Standardklauseln auf Rechtsinstitute Bezug genommen wird, die es im Konventionsrecht gar nicht gibt. Vorliegend soll nun untersucht werden, wie sich entsprechende Fallkonstellationen für die Annahme eines stillschweigenden Ausschlusses der Geltung des UN-Kaufrechts auswirken. Im Rahmen der zu diesem Problem erfolgten Stellungnahmen können zwei unterschiedliche Positionen herauskristallisiert werden. *Lorenz* geht davon aus, daß in den beschriebenen Fällen kein Grund zu regelmäßigen Annahme einer Abbedingung der CISG zu sehen ist.[613] Zur Begründung führt er an, daß dem AGB-Verwender sein fehlendes Problembewußtsein hinsichtlich der Anwendbarkeit der Wiener Konvention nicht zum Vorteil gereichen darf.[614] Als rechtlichen Anknüpfungspunkt hierfür verweist er auf den Grundsatz, wonach unklare AGB zu Lasten desjenigen ausgelegt werden, der sie verwendet.[615] Dieses Argument ist, ohne daß ihm bereits ein überzeugender Charakter zukommt, freilich nur nachvollziehbar, wenn die „Unklarheitsregel" im Anwendungsbereich des UN-Kaufrechts zur Geltung kommt und die Abbedingung für den AGB-Verwender von Vorteil ist. Die „Unklarheitsregel" besteht im Rahmen der nach vereinheitlichtem Kaufrecht vorzunehmenden Auslegungskontrolle[616] auch nach den Grundsätzen des Konventionsrechts.[617] Es kann auch davon ausgegangen werden, daß die Abbedingung der CISG für den AGB-Verwender oft von Vorteil ist, da er dann aufgrund der von ihm gestellten Standardbedingungen im Hinblick auf das unvereinheitlichte Recht eine rechtlich günstige Position erfährt. Unter diesen Prämissen ist das von *Lorenz* verwendete Argument zumindest schlüssig. Weiterhin argumentiert er dahingehend, daß hinsichtlich der auf das unvereinheitlichte Recht abgestimmten AGB zwar Anpassungsprobleme im UN-Kaufrecht entstehen könnten, die Standardbedingungen aber nicht sinnlos würden. Es verblieben

---

613 *Witz/Salger/Lorenz/Lorenz*, CISG, Art.6 Rn.13 ff, mit Verweis auf BGH, 23.07.1997, NJW 1997, 3310; der Hinweis auf die Entscheidung des BGH ist in diesem Zusammenhang aber kaum nachvollziehbar. In dieser Entscheidung wurde nämlich nicht ausgeführt, daß AGB, welche auf unvereinheitlichtes Recht abgestimmt sind, keinen Grund zur Annahme einer stillschweigenden Abbedingung der CISG darstellen. Vielmehr wurde u.a. dargelegt, daß sich aus der übereinstimmenden Bezugnahme auf bestimmte Vorschriften des (nationalen) Kaufrechts zwar ein stillschweigender Ausschlußwille in Bezug auf das UN - Kaufrecht ergeben könne, dies aber nicht in Betracht komme, wenn eine Partei - im Prozeß - an der Anwendung der CISG festhält.

614 *Witz/Salger/Lorenz/Lorenz*, CISG, Art.6 Rn.13

615 *Witz/Salger/Lorenz/Lorenz*, CISG, Art.6 Rn.13/15

616 Vgl. oben in Kapitel 3 unter A)I).

617 Vgl. oben in Kapitel 3 unter A)II)3).

nämlich als Anwendungsbereich die nicht kaufrechtsspezifischen Klauseln,[618] die die neben dem CISG anwendbaren unvereinheitlichten Bestimmungen betreffen.[619] Weiterhin seien viele kaufrechtliche Standardbedingungen auch für die CISG als maßgebliches Regelungswerk noch sinnvoll (z.B. Haftungsausschlüsse).[620]

Demgegenüber steht die Auffassung, wonach i.d.R. dann von einem stillschweigenden Ausschluß des UN-Kaufrechts auszugehen ist, wenn AGB verwendet werden, die sich nur bei Heranziehung unvereinheitlichten nationalen Rechts anwenden lassen.[621] Die Vertreter dieser Ansicht bleiben jedoch eine detaillierte Begründung ihrer Annahme schuldig. Aus einer Zusammenschau der jeweiligen Ausführungen läßt sich aber erschließen, daß wohl auf die mit der Verwendung von AGB der beschriebenen Art verbundene Intention, das Konventionsrecht auszuschließen, abgestellt wird.

Meiner Einschätzung nach ist die letztgenannte Ansicht zumindest im Ergebnis vorzugswürdig. Es soll aber, um nicht selbst der geübten Kritik hinsichtlich einer unzureichenden Begründung zu unterfallen, dargelegt werden, wie man zu diesem Ergebnis gelangt. Vorausgesetzt Allgemeine Geschäftsbedingungen der beschriebenen Art sind wirksam einbezogen worden, so ist anschließend zu ermitteln, ob durch deren Verwendung auch deutlich ein wirklicher Wille hinsichtlich des Ausschlusses der CISG erkennbar wird. Dies ist, wie zuvor festgestellt,[622] nämlich ausschlaggebend für die Annahme einer Abbedingung i.S.d. Art.6. Insoweit verweist *Lorenz* zu Recht auf eine vorzunehmende Auslegungskontrolle. Allerdings ist es meiner Auffassung nach nicht richtig, für

---

[618] Als Beispiel nennt er im Hinblick auf das BGB die Klausel: „Aufrechnung ist nur mit von uns anerkannten oder rechtskräftig festgestellten Forderungen zulässig", vgl. *Witz/Salger/Lorenz/Lorenz*, CISG, Art.6 Rn.14.

[619] *Witz/Salger/Lorenz/Lorenz*, aaO

[620] *Witz/Salger/Lorenz/Lorenz*, CISG, Art.6 Rn.15

[621] *Reithmann/Martiny*, Internationales Vertragsrecht, Rn. 645; *Staudinger/Magnus*, CISG, Art.6 Rn.42; *Enderlein/Maskow/Strohbach*, CISG, Art.6 Anm.1.3.; *Herber/Czerwenka*, CISG, Art.6 Rn.11; *Magnus*, RabelsZ 51 (1987), 126; vgl. auch *Bianca/Bonell/Bonell*, CISG, Art.6 Anm.2.3.3., der jedoch darauf hinweist, daß über die Annahme einer konkludenten Abbedingung erst nach besonderer Berücksichtigung weiterer Einzelfallumstände entschieden werden sollte. Das ist natürlich richtig, denn wie zuvor bereits mehrfach angesprochen ist eine stillschweigende Abbedingung letztlich am konkreten Einzelfall zu beurteilen. Für die Antwort auf die in Rede stehende Frage ist der Hinweis *Bonells* jedoch wenig hilfreich. Es geht nämlich gerade darum, ob abstrakt für die beschriebenen Fälle eine Tendenz zur Annahme einer stillschweigenden Abbedingung besteht oder nicht. Insoweit kommt den Ausführungen *Bonells* nur Bedeutung zu, wenn damit gemeint ist, daß regelmäßig nicht auf einen Ausschluß der CISG geschlossen werden kann. Dies war jedoch wohl nicht gemeint, da sich eine solche Ansicht *Bonells* zum einen nicht aus der zitierten Fundstelle herauslesen läßt und er sich zum anderen bereits in öst. JBl. 1985, 395 in umgekehrten Sinne äußerte; vgl. schon zum EKG OLG *Hamm*, 03.10.1979, RIW 1980, 663.

[622] Vgl. oben in diesem Kapitel unter B)II)1)b).

die vorliegenden Fallgestaltungen zu einer Anwendung der „Unklarheitsregel“ zu kommen, so daß zu Lasten des AGB-Verwenders nicht von einer Abbedingung der CISG auszugehen ist. Ein solches Vorgehen rechtfertigt sich nämlich nur, wenn i.d.R. von einer Unklarheit bezüglich des Ausschlußwillens auszugehen ist. Dem ist aber nicht so. Vielmehr wird regelmäßig in der Verwendung von AGB, welche sich nur bei Heranziehung unvereinheitlichten Rechts anwenden lassen, deutlich, daß das Rechtsverhältnis eben nach Maßgabe des den AGB zugrunde gelegten unvereinheitlichten Rechts beurteilt werden soll. Dies wiederum zieht den Schluß nach sich, daß die Parteien den Ausschluß der CISG intendiert hatten. Andernfalls wäre die Verwendung solcher Standardbedingungen, auch bei einem verbleibenden Bedeutungsbereich wie ihn *Lorenz* skizziert hat, widersinnig. Es kam dem Verwender der AGB gerade darauf an, daß seine Standardbedingungen Wirkung entfalten, was aber nur bei Heranziehung des unvereinheitlichten Rechts und unter Ausschluß des UN-Kaufrechts möglich ist. Durch die wirksame Einbeziehung der AGB hat sich der Verwendungsgegner insoweit auch einverstanden erklärt. Demnach kann tendenziell hinreichend deutlich auf einen parteilichen Ausschlußwillen bzw. eine Abbedingungsvereinbarung i.S.d. Art.6 geschlossen werden. Es fehlt mithin an einer „Unklarheit“, so daß die Argumentation von *Lorenz* letztlich nicht aufrecht erhalten werden kann. Aufgrund des erkennbaren wirklichen Ausschlußwillens der Parteien ändert auch ein verbleibender Sinn etwaiger AGB nichts mehr an der regelmäßig zu treffenden Annahme einer konkludenten Abbedingung für die streitigen Fälle. An dieser Einschätzung ändert sich auch dann nichts, wenn die Parteien das UN-Kaufrecht im Vorfeld nicht bedacht hatten. Die mit der Verwendung der AGB verbundene Intention, diese voll zur Geltung kommen zu lassen, und die darauf gestützten, zuvor skizzierten Schlüsse bleiben nämlich dieselben. Es verbleibt anzumerken, daß eine regelmäßige Bejahung einer stillschweigenden Abbedingung der Konvention nur anzunehmen ist, wenn die verwendeten Standardbedingungen mit der CISG unvereinbar bzw. sinnwidrig sind. Diese Fallgruppe darf nicht mit den zuvor untersuchten Tatbeständen verwechselt werden, in denen einzelne AGB einheitsrechtliche Regelungen abändern.[623]

Abschließend sei darauf hingewiesen, daß die hier favorisierte Vorgehensweise zu einer nicht unerheblichen Beschränkung der Anwendungsfälle des UN-Kaufrechts führt. Dies ist meiner Meinung nach eine unerwünschte Konsequenz im Hinblick auf den Gedanken der Rechtsvereinheitlichung. Allerdings kann diese Folge das Ergebnis der vertretenen Ansicht nicht erschüttern, da es für die Annahme einer Abbedingung der CISG auf das Vorliegen eines Ausschlußwillens ankommt. Würde man hier auf die mit der jeweiligen Meinung verbundenen Konsequenzen abstellen, so würde die strittige Frage vom falschen Ansatzpunkt aus angegangen werden, ohne den parteilichen Willen ausreichend zu würdigen.

---

[623] Vgl. oben in diesem Kapitel unter B)II)1)b)cc).

ee) Bedeutung von Gerichtsstandsklauseln

Letztlich erscheint es von Interesse, welchen regelmäßigen Einfluß Gerichtsstandsvereinbarungen auf die Annahme einer stillschweigenden Abbedingung der CISG haben. Dies ist deswegen von besonderem Interesse, weil in der Praxis in Allgemeinen Geschäftsbedingungen häufig eine Gerichtsstandsklausel enthalten ist. Bevor aber im Einzelnen zu diesem Thema Stellung genommen wird, ist die Frage zu klären, nach welchem Recht die Einbeziehung von vorformulierten Gerichtsstandsklauseln zu beurteilen ist. Soweit ein völkerrechtliches Sonderübereinkommen (z.B. EuGVVO, EuGVÜ oder Lugano - Übereinkommen) zur Anwendung kommt, richtet sich die wirksame vertragliche Einbeziehung der Gerichtsstandsklauseln nach jener Konvention (vgl. auch Art.90).[624] Für die übrigen Fälle wird zum Teil angenommen, daß sich das Zustandekommen einer Gerichtsstandsvereinbarung nicht nach der CISG, sondern nach den nationalen Regelungen richtet.[625] Dem ist nicht zuzustimmen. Zwar enthält die CISG keine ausdrücklichen Regelungen für die Vereinbarung eines Gerichtsstandes, doch ist insoweit eine vertragliche Einigung notwendig. Für den Vertragsschluß wiederum enthält das UN-Kaufrecht gemäß Artt.14 ff allgemeine Vorschriften. Wenn diese auch unmittelbar für den Kaufvertrag bestimmt sind, so bietet sich deren analoge Anwendung auf Gerichtsstandsklauseln an, sofern kein völkerrechtliches Übereinkommen einschlägig ist.[626] Die Situation ist ähnlich derjenigen, die bei der Frage nach dem anzuwendenden Recht für das Zustandekommen einer Rechts(ab)wahlvereinbarung besteht. Auch dort ist richtiger Weise von der Geltung der Artt.14 ff analog auszugehen.[627] Die Anwendung der Artt.14 ff analog führt auch für die Frage nach dem wirksamen Zustandekommen von Gerichtsstandsvereinbarungen zur Möglichkeit einer einheitlichen[628] Lösung über die Vertragsschlußregeln der Wiener Konvention. Demnach kann für die wirksame Einbeziehung von standardisierten Gerichtsstandsklauseln auf dic

---

[624] Zum EuGVÜ bzw. Lugano-Übereinkommen *Staudinger/Magnus*, CISG, Art.14 Rn.41; *ders.*, ZEuP 1997, 838; *Schlechtriem*, Internationales UN-Kaufrecht, Rn. 58; vgl. aus der Rechtsprechung LG *Duisburg*, 17.04.1996, RIW 1996, 775; LG *München* I, 29.05.1995, NJW 1996, 401, die das EuGVÜ bzw. Lugano-Übereinkommen anwendeten.

[625] *Staudinger/Magnus*, CISG, Art.14 Rn.41; *ders.*, ZEuP 1997, 838; *Schlechtriem*, Internationales UN-Kaufrecht, Rn.58

[626] I.d.S. auch *Piltz*, UN - Kaufrecht, Rn.121; *Drasch*, Einbeziehungs - und Inhaltskontrolle, Seite 49.

[627] Vgl. oben in diesem Kapitel unter B)I)Einbeziehungskontrolle.

[628] Einheitlich zumindest insoweit, als auf die Artt.14 ff zurückgegriffen werden kann, wenn es auch bei der Anwendung der Grundsätze zur Einbeziehung von AGB noch nicht abschließend geklärte Bereiche gibt, vgl. die entsprechenden Ausführungen im Zusammenhang mit der Abwahl der CISG, oben in diesem Kapitel unter B) I) Einbeziehungskontrolle 1).

entwickelten Einbeziehungsvoraussetzungen[629] i.S.d. Artt.14 ff zurückgegriffen werden.

Für die eigentliche Frage, ob und inwieweit sich wirksam einbezogene Gerichtsstandsklauseln auf die Annahme einer stillschweigenden Abbedingung der CISG auswirken, ist je nach dem Ort des gewählten Gerichtsstandes zu unterscheiden. Wurde ein Gerichtsstand in einem Vertragsstaat der Wiener Konvention prorogiert, so wird übereinstimmend angenommen, daß tendenziell nicht von einem Ausschluß der Geltung des UN-Kaufrechts auszugehen ist.[630] Dies wird darauf zurückgeführt, daß mit der Vereinbarung eines Gerichtsstandes regelmäßig auch eine, auf das Recht des prorogierten Gerichtsortes fallende, Rechtswahl vorgenommen wird und die Wahl des Rechts eines Vertragsstaates i.d.R. keine Abbedingung beinhaltet.[631] Unter der Prämisse, daß mit der Gerichtsstandsvereinbarung eine entsprechende Rechtswahl verbunden ist, überzeugt diese Begründung.[632] Aber selbst wenn man daran zweifelt, daß eine Rechtswahl getroffen wird, ist die Ablehnung einer konkludenten Abbedingung der CISG in den beschriebenen Fällen richtig. Ginge man nämlich davon aus, daß eine Gerichtsstandsvereinbarung nicht zwingend eine Rechtswahl beinhaltet, so wäre es unsicher, welches Recht die Parteien zur Anwendung kommen lassen wollten. Dadurch wiederum fehlt es erst recht an einem, für die Abbedingung notwendigen, deutlich erkennbaren Ausschlußwillen. Demnach ist tendenziell nicht von einer stillschweigenden Abbedingung des UN-Kaufrechts auszugehen, wenn ein Gerichtsstand in einem Vertragsstaat vereinbart wurde. Dies gilt unabhängig von der Einschätzung, ob mit einer Gerichtsstandsvereinbarung regelmäßig auch eine positive Rechtswahl zugunsten des Rechts am Ort des Gerichtsstandes einhergeht.

Für die Fälle, in denen der vereinbarte Gerichtsstand in einen Nichtvertragsstaat fällt, ist die Lösung komplizierter. Demzufolge verwundert es auch nicht, daß hinsichtlich der regelmäßigen Annahme einer stillschweigenden Abbedingung der CISG in diesen Fällen unterschiedliche Auffassungen vertreten werden. Die strittige und ausschlaggebende Frage liegt darin, ob mit der Vereinbarung eines Gerichtsstandes in einem Nichtvertragsstaat i.d.R. auch dessen Recht prorogiert

---

629 Vgl. oben in Kapitel 2 unter B)II)/III).

630 *Schlechtriem/Ferrari*, CISG, Art. 6 Rn. 31; *Staudinger/Magnus*, CISG, Art. 6 Rn. 36; *Holthausen*, RIW 1989, 518; OLG *Zweibrücken*, 26.07.2002 = CISG online Case 688, welches in der Vereinbarung eines deutschen Gerichtsstandes keine Abbedingung der CISG sah.

631 *Staudinger/Magnus*, CISG, Art.6 Rn.36; OLG *Zweibrücken*, 26.07.2002 = CISG online Case 688

632 Vgl. für den Fall der Wahl des Rechts eines Vertragsstaates die obigen Untersuchungen in diesem Kapitel unter B)II)1)b)bb).

wurde. Sollte dies der Fall sein,[633] so wäre aufgrund der Wahl des Rechts eines Nichtvertragsstaates regelmäßig von einem stillschweigenden Ausschluß der CISG auszugehen.[634] Ist mit der Gerichtsstandsvereinbarung aber nicht ohne Weiteres eine Wahl des Rechts am prorogierten Gerichtsstand verbunden,[635] so kann tendenziell auch nicht ohne zusätzliche Anhaltspunkte von einer konkludenten Abbedingung i.S.d. Art.6 ausgegangen werden. Die Argumentation ist dieselbe wie schon zuvor bei den Fällen der Vereinbarung eines Gerichtsstandes in einem Vertragsstaat. Kann durch die Gerichtsstandsvereinbarung nicht auf die Wahl des Rechts des Nichtvertragsstaates geschlossen werden, so ist unsicher welches Recht nach dem Parteiwillen überhaupt zur Anwendung kommen sollte. Es fehlt mithin an der Möglichkeit ausreichend sichere Rückschlüsse auf einen Ausschlußwillen hinsichtlich der CISG zu treffen. Da es aber eines deutlich erkennbaren Willens zur Abbedingung des UN-Kaufrechts bedarf, kann nicht regelmäßig auf eine stillschweigende Abbedingung der Kaufrechtskonvention nach Art.6 geschlossen werden.

Es bedarf also der Beurteilung darüber, ob mit der Vereinbarung eines Gerichtsstandes i.d.R. auch eine entsprechende Rechtswahl verbunden ist. Meiner Einschätzung nach ist das der Fall. Die Wahl eines Gerichtsstandes umfaßt auch regelmäßig den Willen der Parteien, daß das dort geltende Recht auf ihr Rechtsverhältnis Anwendung findet. Dies entspricht einer realitätsnahen Auslegung des in der Gerichtsstandsvereinbarung zum Ausdruck kommenden Parteiwillens. An dieser Einschätzung ändert sich auch nichts, wenn insbesondere im internationalen Geschäftsverkehr weitere Zwecke, wie die vereinfachte Rechtsverfolgung im grenzüberschreitenden Rechtsverkehr,[636] mit der Gerichtsstandsvereinbarung verfolgt werden. Diese können nämlich zusätzlich zu einer konkludenten Rechtswahl hinzutreten und bedeuten nicht deren Verdrängung. Im Übrigen stimmt die hier vertretene Auffassung auch mit der herrschenden Ansicht zu der gleichgelagerten Problematik im deutschen IPR überein.[637] Nach alledem kann festgehalten werden, daß durch eine (in

---

[633] So *Holthausen*, RIW 1989, 518; *Reithmann / Martiny*, Internationales Vertragsrecht, Rn.645; *Honsell/Siehr*, CISG, Art.6 Rn.6; *Staudinger/Magnus*, CISG, Art.6 Rn.36; i.d.S. auch OLG *Zweibrücken*, 26.07.2002 = CISG online Case 688, welches insoweit ausführt: „... von der Wahl deutschen Rechts auszugehen. Dies folgt aus der auf Deutschland verweisenden Gerichtsstandsvereinbarung ...". Auch wenn hier nicht die Vereinbarung eines Gerichtsstandes in einem Nichtvertragsstaat zugrundelag, wird die Einschätzung erkennbar, daß mit der Vereinbarung eines Gerichtsstandes eine entsprechende Rechtswahl verbunden ist.

[634] Vgl. insoweit oben in diesem Kapitel unter B)II)1)b)aa).

[635] So *Schlechtriem/Ferrari*, CISG, Art.6 Rn.31; *Lindbach*, Rechtswahl im Einheitsrecht, Seite 336.

[636] So *Lindbach*, Rechtswahl im Einheitsrecht, Seite 336.

[637] Vgl. *Paland/Heldrich*, BGB, Art. 27 EGBGB Rn. 6; *Münchener Kommentar/Martiny*, Art.27 EGBGB Rn.43 m.w.N.; vorsichtiger dagegen *Steinle*, ZVglRWiss 1994, 311.

AGB enthaltene) Vereinbarung, wonach der Gerichtsstand in einem Nichtvertragsstaat liegt, auch eine entsprechende konkludente Rechtswahl vorliegt, welche letztlich regelmäßig zur Annahme einer stillschweigenden Abbedingung der CISG führt. Dabei darf aber nicht vergessen werden, daß diese Tendenz zur Annahme einer Abbedingungsvereinbarung durch Anhaltspunkte nach dem jeweiligen Einzelfall durchbrochen werden kann.

Zusammenfassend kann gesagt werden, daß die Verwendung von Gerichtsstandsklauseln für eine stillschweigende Abbedingung der CISG zum selben Ergebnis führt, wie der Einsatz von positiven Rechtswahlklauseln. Ist ein Vertragsstaat von einer Gerichtsstands- bzw. Rechtswahlvereinbarung betroffen, so ist jeweils nicht regelmäßig von einem Ausschluß des einheitlichen Kaufrechts auszugehen. Sofern aber ein Nichtvertragsstaat betroffen ist, kann i.d.R. von der Abbedingung der Wiener Konvention ausgegangen werden. Entsprechendes gilt für Schiedsgerichtsvereinbarungen, da auch hier über die getroffene Bestimmung des Schiedsortes auf das gewählte Recht geschlossen werden kann. Es kann auf die obige Argumentation sowie deren Schlußfolgerungen verwiesen werden.[638]

c) Sonderproblem: Inhaltliche Wirksamkeit von AGB, die die CISG ausschließen - Überraschungsklauseln

Im Zusammenhang mit der Abwahl der CISG soll letztlich erörtert werden, inwieweit Abbedingungsklauseln einer inhaltlichen Überprüfung standhalten. Gemeint ist damit die Problematik, ob sich in AGB enthaltene Abwahlklauseln als überraschend für den Verwendungsgegner darstellen und dieser Aspekt ihrer Wirksamkeit entgegensteht. Diese Frage ist von kaum zu überschätzender Bedeutung. Bei einer Annahme im soeben beschriebenen Sinne hätte dies für die Praxis nämlich zur Folge, daß Abbedingungsvereinbarungen, welche über die Einbeziehung von AGB erfolgten, regelmäßig nicht gültig wären und ein Ausschluß der Geltung der Wiener Konvention nicht erreicht würde.

Zum besseren Verständnis der Thematik soll zunächst dargelegt werden, wie man überhaupt zu dem Gedanken, daß standardisierte Abwahlklauseln in unzulässiger Weise überraschend sind, gelangen kann. Wie bereits zuvor angedeutet[639] erfassen die Regelungen der CISG nur das Zustandekommen von Abwahlvereinbarungen. Hinsichtlich standardisierter Ausschlußklauseln wird

---

[638] Hinsichtlich der Schiedsvereinbarungen wiederholen sich die Probleme, die auch bei Gerichtsstandsvereinbarungen bestehen. Je nachdem wie man die diskutierten Probleme beantwortet, fällt das Ergebnis aus. In jedem Falle ist eine Schiedsvereinbarung aber entsprechend der Gerichtsstandsvereinbarung zu behandeln, da die Situation gleichgelagert ist.

[639] Vgl. oben in diesem Kapitel unter B)I)Einbeziehungskontrolle 1).

also nur deren vertragliche Einbeziehung nach der CISG beurteilt. Sofern die inhaltliche Wirksamkeit betroffen ist, bedarf es des Rückgriffs auf das vom IPR berufene unvereinheitlichte Recht. Wenn nun davon ausgegangen wird, daß es nahe liegt, daß Abwahlklauseln infolge einer überraschenden Wirkung unwirksam sind,[640] so setzt dies voraus, daß es nach dem anzuwendenden unvereinheitlichten nationalen Recht einen entsprechenden Kontrollmechanismus gibt. Hier setzt auch die an der skizzierten Vorgehensweise bestehende Kritik an. Teilweise wird nämlich vertreten, daß die in Betracht kommenden Kontrollmechanismen (z.B. nach deutschem Recht die Vorschrift des § 305c I BGB) gar nicht herangezogen werden können.[641] Diese seien Teil der Einbeziehungskontrolle, welche sich nach dem vereinheitlichten Recht richte, und nicht Teil der Inhaltskontrolle.[642] Unter dieser Prämisse würde es für die Annahme einer inhaltlichen Unwirksamkeit der Abwahlklauseln, infolge eines überraschenden Charakters, an der Rechtsgrundlage fehlen.

Betrachtet man die Problematik genauer, so wird ersichtlich, daß beiden dargestellten Ansätzen nicht vollständig gefolgt werden kann. Es ist vielmehr ein differenzierteres Vorgehen angezeigt. Richtig ist, daß sich die inhaltliche Unwirksamkeit von AGB im Anwendungsbereich der CISG aus ihrem überraschenden Charakter ergeben kann. Die entsprechenden nationalen Vorschriften (z.B. § 305c I BGB) sind nämlich, soweit sich der überraschende Charakter aus dem in ihnen enthaltenen Inhalt ergibt,[643] aufgrund ihrer Funktion als Gültigkeitsnorm im Rahmen der Inhaltskontrolle zu berücksichtigen.[644] Der anders lautenden Kritik ist zu widersprechen. Sofern die Abwahl der CISG als überraschend zu qualifizieren wäre, könnte auf die entsprechenden nationalen Kontrollvorschriften zurückgegriffen werden. Die überraschende Wirkung würde sich nämlich nicht aus äußeren Umständen, sondern aus der, in der Abwahlklausel enthaltenen, inhaltlichen Regelung ergeben. Allerdings kann nicht pauschal angenommen werden, daß die Abwahl der CISG zur Unwirksamkeit der entsprechenden AGB-Klausel führt. Diese, bei den zuvor zitierten Stellungnahmen, anklingende Ansicht läßt außer Acht, daß ein solches Ergebnis nur erreicht werden kann, wenn die Inhaltskontrolle nach unvereinheitlichtem nationalen Recht überhaupt einen entsprechenden Kontrollmechanismus enthält. Dies ist keineswegs selbstverständlich. In den

---

640 I.d.S. *Schlechtriem/Ferrari*, CISG, Art.6 Rn.17; *Caemmerer/Schlechtriem/Herber*, CISG, Art.6 Rn.8; *Witz/Salger/Lorenz/Lorenz*, CISG, Art.6 Rn.3; *Schlechtriem*, Internationales UN-Kaufrecht, Rn.21.

641 Vgl. noch zu § 3 AGBG *Drasch*, Einbeziehungs- und Inhaltskontrolle, Seite 46; *Lindbach*, Rechtswahl im Einheitsrecht, Seite 249.

642 Vgl. Fn. zuvor.

643 Beachte die Einschränkungen bei der Berücksichtigung von Vorschriften bzgl. überraschender Klauseln bei der Inhaltskontrolle, oben in Kapitel 3 unter C)I)4).

644 Vgl. die obigen Ausführungen in Kapitel 3 unter C)I)4) und C)II)4) und C)III)3) und C)V)2).

Staaten, in denen es an Vorschriften oder Grundsätzen entsprechend des § 305 c I BGB fehlt, ist eine Unwirksamkeit infolge überraschenden Charakters der Abwahlklausel nicht denkbar.[645] Demnach ist zunächst zu differenzieren, ob nach dem berufenen unvereinheitlichten Recht ein Kontrollmechanismus hinsichtlich eines unzulässigen überraschenden Charakters von AGB besteht. Nur wenn dies der Fall ist, kann überhaupt weiter untersucht werden, ob in der standardisierten Abwahl der CISG ein Grund für die Annahme deren inhaltlicher Unwirksamkeit zu sehen ist. Die Vertreter der Ansicht, wonach Abwahlklauseln in AGB unzulässig überraschend sind, verweisen insoweit auf die zunehmende Verbreitung der CISG.[646] Das ist nicht überzeugend. Wie bereits zuvor angedeutet,[647] wird zumindest teilweise davon ausgegangen, daß es gängige Vertragspraxis ist, die Wiener Kaufrechtskonvention abzubedingen. Auch wenn diese Annahme nicht voll geteilt wird, ist es zumindest ersichtlich, daß es nichts außergewöhnliches ist, das UN-Kaufrecht abzubedingen. Von daher kann zumindest derzeit noch nicht von einem Überraschungseffekt im Falle eines Ausschlusses des UN-Kaufrechts ausgegangen werden. Dies mag sich in der Zukunft mit einer voranschreitenden Verbreitung der Kaufrechtskonvention in der vertraglichen Praxis ändern, so daß dann unter Berücksichtigung der obigen differenzierten Vorgehensweise die Unwirksamkeit von standardisierten Abwahlklauseln zu untersuchen ist. Zur Zeit ist eine Unwirksamkeit von Abwahl-AGB aufgrund ihres überraschenden Charakters aber nur bei Hinzutreten besonderer Umstände denkbar. Insoweit kann auf das von *Schlechtriem* angeführte Beispiel zurückgegriffen werden, welches den Fall betrifft, in dem die Parteien schon früher auf der Basis der CISG Verträge abschlossen und abwickelten.[648] Unter diesen Umständen ist die Abbedingung der CISG auch meiner Einschätzung nach für den Verwendungsgegner der nun erstmals und neuerdings verwendeten standardisierten Abwahlklauseln überraschend. Dieser überraschende Charakter führt nach oben Gesagtem zur inhaltlichen Unwirksamkeit der Abwahl-AGB und zur Anwendung der Konvention, sofern das ergänzend heranzuziehende unvereinheitlichte Recht einen Kontrollmechanismus bezüglich ungewöhnlicher Standardbedingungen beinhaltet.

---

[645] In Deutschland gibt es mit § 305c I BGB eine entsprechende Kontrollvorschrift, vgl. oben in Kapitel 3 unter C)I)4); ebenso in Österreich, gemäß § 864a ABGB, vgl. oben in Kapitel 3 unter C)II)4); in der Schweiz besteht eine durch Lehre und Rechtsprechung entwickelte Ungewöhnlichkeitsregel, vgl. oben in Kapitel 3 unter C)III)3); schon problematischer ist dies nach französischem Recht, in dem es keine spezielle Inhaltskontrolle von AGB gibt, vgl. oben in Kapitel 3 unter C)IV); in den USA dagegen besteht mit § 2 - 302 UCC eine entsprechende Kontrollvorschrift, vgl. oben in Kapitel 3 unter C)V)2).

[646] *Witz/Salger/Lorenz/Lorenz*, CISG, Art.6 Rn.3; *Caemmerer/Schlechtriem/Herber*, CISG, Art.6 Rn.8

[647] Vgl. z.B. oben in diesem Kapitel unter A) mit weiterführenden Hinweisen in Fn.527.

[648] Siehe bei *Schlechtriem*, Internationales UN-Kaufrecht, Rn.21.

2) Zuwahl der CISG

Nachdem die Voraussetzungen und Hintergründe für eine Abwahl der CISG beleuchtet wurden, verbleibt es abschließend in diesem Kapitel, kurz auf die Voraussetzungen für eine Zuwahl einzugehen. Im Vergleich zu einem Ausschluß der Geltung des UN-Kaufrechts ist diese Thematik unproblematischer. Zuvor wurde bereits festgestellt, daß es für die Zuwahl der CISG ebenfalls einer vertraglichen Vereinbarung bedarf, die auch über die Einbeziehung von AGB erfolgen kann.[649] In den zwei möglichen Fällen[650] der Zuwahl bedarf es also eines übereinstimmenden Willens hinsichtlich der positiven Wahl des Rechts eines Vertragsstaates oder der direkten Anwahl der CISG. Ist das UN-Kaufrecht ohnehin schon anzuwenden, so kommt einer Zuwahl lediglich eine Art deklaratorischer Charakter zu. Von praktischer Bedeutung im Zusammenhang mit der Zuwahl der CISG sind insbesondere die dabei bestehenden Grenzen. So besteht weitgehend Einigkeit darüber, daß eine opt-in-Vereinbarung nicht die Anwendung zwingender Vorschriften des objektiv anwendbaren internen Rechts ausschließen kann.[651] Sofern die Zuwahl der CISG insbesondere durch AGB vereinbart wurde, ist damit regelmäßig deren materiellrechtliche Anwendung gemeint, wodurch die einheitsrechtlichen Regelungen dann wie AGB in den Vertrag inkorperiert werden.[652] Die zwingenden Vorschriften und Grundsätze der lex fori bleiben anwendbar.

Letztlich soll darauf hingewiesen werden, daß eine Zuwahl der CISG daran scheitern kann, daß nach dem IPR der betroffenen Staaten die Befugnis der Parteien fehlt, das maßgebliche Recht für ihre vertragliche Beziehung frei zu wählen. Weitgehend besteht zwar in der Welt nach den jeweiligen Rechtsordnungen eine Rechtswahlbefugnis, doch ist hinsichtlich vieler arabischer Staaten Vorsicht geboten.[653]

---

[649] Vgl. oben in diesem Kapitel unter B)I) und Fn.530.

[650] Vgl. deren Darstellung oben in diesem Kapitel unter B)I)Einbeziehungskontrolle 2).

[651] *Staudinger/Magnus*, CISG, Art.6 Rn.62 m.w.N.; kritisch aber *Witz/Salger/Lorenz/Lorenz*, CISG, Art.6 Rn.21.

[652] *Schlechtriem/Ferrari*, CISG, Art.6 Rn.41; zur Frage der kollisionsrechtlichen Wählbarkeit der Konvention vgl. *Staudinger/Magnus*, CISG, Art.6 Rn.64 und den dortigen Hinweisen.

[653] Vgl. *Piltz*, UN-Kaufrecht, Rn.116.

Kapitel 5

Widerstreitende AGB („Battle of Forms“)

In diesem letzten Kapitel wird untersucht, wie widersprechende AGB unter Geltung des UN-Kaufrechts zu behandeln sind. Dieser Thematik kommt eine große praktische Bedeutung zu. Aufgrund dessen, daß im Anwendungsbereich der CISG vornehmlich Unternehmen agieren, ist nämlich davon auszugehen, daß die einander gegenüberstehenden Vertragsparteien regelmäßig unter Verwendung von Standardklauseln kontrahieren. Die dabei eingesetzten Einkaufs- bzw. Verkaufsbedingungen werden nur in den seltensten Fällen derart ausgestaltet sein, daß es nicht zu einer Kollision der AGB kommt.[654] Diese große praktische Relevanz der „Battle of Forms“ ist auch der Grund dafür, warum ihr ein eigenes, abschließendes Kapitel gewidmet wird, obwohl sie der Systematik nach eigentlich der Frage nach der wirksamen Einbeziehung von AGB[655] unterfällt. Daneben ist diese Thematik von besonderem Interesse, da insbesondere in der Literatur hierzu vielfach in verschiedenen Facetten Stellung genommen wurde, sich eine einheitliche Lösung jedoch bis zum heutigen Tage noch nicht durchsetzen konnte. Die Gründe hierfür sind meines Erachtens v.a. darin zu sehen, daß das Problem der kollidierenden AGB in den verschiedenen nationalen Rechtssystemen zum Teil unterschiedlich behandelt wird, sowie in der rechtlich schwierigen Behandlung von widersprechenden Standardbedingungen. Vorschub in der Diskussion um die zutreffende Behandlung kollidierender Standardbedingungen dürfte jedoch die Entscheidung des BGH vom 09.01.2002[656] gebracht haben. Um die „Battle of Forms“ unter Geltung des UN-Kaufrechts umfassend behandeln zu können, wird in diesem Kapitel zunächst die diesem Thema zugrundeliegende Situation dargestellt. Anschließend werden in einer Umschau in verschiedene Rechtssysteme die jeweils national angewandten Lösungen zur Handhabung kollidierender AGB dargestellt. Dabei werden insbesondere das deutsche, österreichische, schweizerische, französische und US-amerikanische Recht berücksichtigt. In einem weiteren Schritt wird dann auf die Lösung nach der Wiener Konvention eingegangen. Hierbei werden die verschiedenen, strittigen Lösungsmodelle dargestellt und diskutiert. Letztlich wird das hier vertretene Lösungsmodell dargestellt und gerechtfertigt in der Hoffnung, einen Beitrag in Richtung einer einheitlichen Handhabung der „Battle of Forms“ im Anwendungsbereich des Einheitlichen Kaufrechts geleistet zu haben.

---

[654] I.d.S. *Ulmer/Brandner/Hensen/Ulmer*, AGBG, § 2 Rn. 92; *Schlechtriem/Schlechtriem*, CISG, Art.19 Rn.19.

[655] Vgl. hierzu oben in Kapitel 2 unter B).

[656] BGH, 09.01.2002, ZIP 2002, 672 ff; vgl. Näheres zu dieser Entscheidung noch im weiteren Verlauf des Kapitels.

A) Ausgangssituation

Der Kollision von Allgemeinen Geschäftsbedingungen geht in der Vertragspraxis regelmäßig folgendes Geschehen voraus: Der Offerent gibt seinem Verhandlungspartner gegenüber ein Angebot ab (z.B. eine Bestellung), welches sich auf die eigenen AGB bezieht. Dem folgt, sofern Einigkeit über die wesentlichen Vertragspunkte besteht, dann eine Annahme des Gegenübers (z.B. in Form einer Auftragsbestätigung), jedoch auch unter Bezugnahme auf die eigenen AGB. Vorausgesetzt die allgemeinen Einbeziehungsvoraussetzungen[657] sind jeweils erfüllt, stellt sich die Situation derart dar, daß sich zwar über die essentialia negotii übereinstimmend geeinigt wurde, die jeweils im Raum stehenden Standardbedingungen aber zum Teil divergierende Nebenregelungen vorsehen. Zumeist sind die jeweils verwendeten Klauselkataloge auch noch mit Abwehrklauseln hinsichtlich der standardisierten Vertragsbedingungen der anderen Partei versehen. Diese Situation ist die Ausgangslage für die folgenden Untersuchungen zur Herleitung einer sachgerechten Lösung der „Battle of Forms". Ausgehend von dieser Grundsituation sind jedoch zwei Alternativen zu differenzieren.[658] Einerseits sind die Fälle herauszukristallisieren, in denen die Bezugnahme auf die AGB, welche zur Einbeziehung jener führt, in dem Angebot bzw. der Annahme formularmäßig erfolgt. In diesen Fällen stehen sich die widersprechenden AGB letztlich infolge einer standardisierten Einbeziehung gegenüber. Andererseits sind aber auch Sachverhalte denkbar, in denen den gegnerischen AGB bewußt (teilweise) widersprochen wurde und insoweit auf die eigenen Standardbedingungen verwiesen wurde.

B) Überblick über die Lösungsmodelle in verschiedenen nationalen Rechtssystemen

Auf dem Weg zur Herleitung einer für das UN-Kaufrecht passenden Lösung des Problems der widerstreitenden AGB bietet sich eine Umschau in verschiedene nationale Rechtssysteme an.[659] Ein solcher Überblick ist aus zwei Gesichtspunkten von Interesse. Einerseits eröffnet sich die Möglichkeit, entsprechend überzeugender nationaler Lösungen eine Vorgehensweise für das Einheitliche Kaufrecht zu rechtfertigen. Andererseits bietet dieser internationale Ausblick auch die Möglichkeit, das jeweils nationale Verständnis zur „Battle of Forms" zu erfassen, woraus sich dann die Schwierigkeiten bei der Skizzierung einer einheitlichen Lösung für das Konventionsrecht erklären lassen. Die

---

[657] Vgl. oben in Kapitel 2 unter B).

[658] Die genaue Bedeutung dieser Differenzierung wird im weiteren Verlauf der Untersuchungen dargestellt.

[659] Vgl. umfassend *Delforge*, La Formation, Seite 139 ff; *Ranieri*, Obligationenrecht, Seite 161 ff.

vornehmlich an dem Recht Deutschlands, Österreichs, der Schweiz, Frankreichs und den USA ausgerichtete Darstellung steht in Einklang mit der bereits in den vorherigen Kapiteln getroffenen Länderwahl.

I) Widerstreitende AGB nach deutschem Recht

Die frühere deutsche Rechtsprechung wandte auf kollidierende AGB die „Theorie des letzten Wortes“ an.[660] Hiernach war regelmäßig die letzte Verweisung einer Partei auf die eigenen AGB entscheidend, da hierin eine Ablehnung des vorangegangenen Angebots i.V.m. der Unterbreitung eines neuen Angebots gesehen wurde, gemäß § 150 II BGB. Dieses die zuletzt in Bezug genommenen AGB enthaltende Angebot wurde dann mit der Vertragsdurchführung als stillschweigend angenommen angesehen, es sei denn den letzten AGB wurde widersprochen. Diese international als „last-shot-rule“ bezeichnete Vorgehensweise wurde von der Literatur kritisiert[661] und von der Rechtsprechung in den 70-iger Jahren weitestgehend aufgegeben.

Nach heutiger Rechtsprechung[662] ist zumindest für die Fälle, in denen die AGB der Vertragsparteien eine Abwehrklausel enthalten, anerkannt, daß die Vertragsdurchführung nicht als Zustimmung zu den letzten AGB zu werten ist. Vielmehr wird infolge der Vertragsdurchführung, in Abweichung von der Auslegungsregel des § 154 I 1 BGB, davon ausgegangen, daß die Parteien den Vertrag auch ohne Geltung ihrer eigenen AGB zustande kommen lassen wollten.[663] Die Allgemeinen Geschäftsbedingungen werden dann nur insoweit Vertragsbestandteil, wie sie sich nicht widersprechen. Im Übrigen, d.h. soweit die Standardbedingungen kollidieren, kommt das dispositive Gesetzesrecht zur Anwendung.[664] Dieses Vorgehen wird international als „knock-out-rule“ bezeichnet.[665] Von Bedeutung innerhalb des deutschen Lösungsmodells zur „Battle of Forms“ ist weiterhin, daß der Weg über § 150 II BGB dann möglich ist, wenn es an einer Abwehrklausel fehlt oder eindeutig zum Ausdruck gebracht wurde, daß nur zu den eigenen Geschäftsbedingungen kontrahiert

660 Vgl. z.B. BGH, 19.01.1951, BB 1951, 456; BGH, 12.02.1952, BB 1952, 238; BGH, 14.03.1963, NJW 1963, 1248; BGH, 06.10.1971, DB 1971, 2106; BGH, 26.09.1973, DB 1973, 2136.

661 Vgl. z.B. *Stahl*, DB 1956, 681; *Lukes*, JuS 1961, 305 f.

662 Vgl. nur die neueren Entscheidungen: OLG *Koblenz*, 14.07.1983, WM 1984, 1348 f; OLG *Hamm*, 04. 02. 1985, WM 1985, 786; BGH, 20. 03. 1985, NJW 1985, 1839; BGH, 28.06.1990, WM 1990, 1672; OLG *München*, 16.02.1994, NJW-RR 1994, 887.

663 *Freitag/Leible*, JA 2000, 894

664 Neben den kollidierenden AGB sind auch die nur von einer Partei zusätzlich verwendeten Standardklauseln unwirksam, wenn sie nicht zumindest konkludent von der anderen Partei akzeptiert wurden, vgl. *Ulmer/Brandner/Hensen/Ulmer*, AGBG, § 2 Rn. 104; BGH, 20.03.1985, NJW 1985, 1839 f.

665 *Kröll/Hennecke*, RIW 2001, 737

werden soll. Entgegen dieser BGH-Rechtsprechung wird teilweise davon ausgegangen, daß der Weg über § 150 II BGB auch dann nicht anzuwenden ist, wenn es an einer Abwehrklausel fehlt.[666] Der Vertragsschluß kommt mit Zugang der Erklärung zustande, in der ersichtlich ist, daß sich zumindest über die wesentlichen Vertragspunkte geeinigt wurde und keine der Parteien zwingend an ihren AGB festhalten will.[667]

Zusammenfassend läßt sich festhalten, daß in Deutschland auf kollidierende AGB in Abkehr von der „Theorie des letzten Wortes" die „knock-out-rule" angewendet wird. Der Hintergrund dieser überzeugenden Vorgehensweise ist in dem Parteiwillen der Vertragsschließenden zu sehen. Abgesehen von besonderen Einzelfallumständen ist nämlich regelmäßig davon auszugehen, daß die Parteien mit einer Einigung über die essentialia negotii zum Ausdruck bringen, daß sie einen Vertrag schließen wollten. Die dabei kollidierenden AGB haben grundsätzlich nicht den Stellenwert, daß sie einen Vertragsschluß verhindern, wenn sie nicht vollständig zur Geltung kommen. Der Vorzug dieser Lösung ist letztlich v.a. in der realitätsnahen Berücksichtigung des parteilichen Willens und in der Bereitstellung einer für den Wirtschaftsverkehr praktikablen Lösung zu sehen.

II) Widerstreitende AGB nach österreichischem Recht

In Österreich ist die Lösung der „Battle of Forms" ähnlich derjenigen, die in Deutschland besteht. Auch hier wird eine Teilgültigkeit der vertraglichen Vereinbarung der „Theorie des letzten Wortes" grundsätzlich vorgezogen.[668]

---

666 I.d.S. grundlegend gegen die „Theorie des letzten Wortes" *Ulmer / Brandner / Hensen / Ulmer*, AGBG, § 2 Rn.98 m.w.N. aus Literatur und Rechtsprechung.

667 *Ulmer/Brandner/Hensen/Ulmer*, AGBG, § 2 Rn.98, mit Hinweisen auf eine andere Auffassung, wonach der Vertrag erst stillschweigend mit der Vertragsdurchführung zustande kommen soll. Dieser letztgenannten Auffassung ist nicht zuzustimmen, da die Parteien mit der Einigung über die essentialia negotii zum Ausdruck bringen, daß ein Vertrag zustande kommen soll. Dieser gemeinsame Wille kommt nicht erst mit Vertragsdurchführung zustande, so daß schon mit Zugang der entsprechenden Erklärung der Vertrag als geschlossen anzusehen ist. Der Vertragsdurchführung kommt hierbei die Rolle eines äußerlich erkennbaren Indizes auf den Bindungswillen zu.

668 *Schwimann/Apathy*, ABGB V, § 869 Rn.14; *Rummel/Rummel*, ABGB I, § 864a Rn.3; vgl. auch schon OGH, 22.09.1982, SZ 55/134 (1982), 679, der dies zwar nicht ausdrücklich ausspricht, jedoch davon ausgeht, daß gegensätzliche Verweisungen durch den Offerenten und den Akzeptanten auf AGB auch dann, wenn der Empfänger den Antrag nur zu seinen - eine Abwehrklausel enthaltenen - AGB akzeptiert auf das Zustandekommen des Vertrages keinen Einfluß haben. Hieraus wird ersichtlich, wie dann auch weiter ausgeführt wird, daß die Annahme unter Hinweis auf die eigenen AGB nicht als Ablehnung des Angebots, verbunden mit einem neuen Angebot zu sehen ist. Eine solche Annahme hätte nämlich dahingehend Einfluß auf den Vertragsschluß, daß dieser eben noch nicht zustande gekommen ist. Dieser Gedankengang liegt aber auch der „Theorie des letzten Wortes" zu-

Dieses Ergebnis wird über einen teilweisen Dissens hergeleitet. Es wird angenommen, daß soweit sich die Standardbedingungen widersprechen ein Dissens vorliegt,[669] der in diesem Umfang zu einer Teilungültigkeit führt.[670] An die Stelle der sich nicht deckenden Allgemeinen Geschäftsbedingungen tritt das dispositive Gesetzesrecht oder die bestehenden Einigungslücken sind mittels ergänzender Vertragsauslegung zu füllen.[671] Im Übrigen soll ein Vertrag trotz der Kollision der Standardbedingungen gültig zustande gekommen sein. Das gilt nach österreichischem Recht ebenso wie in Deutschland aber nur dann, wenn die widersprechenden AGB lediglich Nebenpunkte betreffen, die essentialia negotii also übereinstimmend vereinbart wurden.[672] Für die Restgültigkeit (ausgenommen sind die widersprechenden AGB) des Vertrages ist weiterhin nötig, daß trotz der AGB-Kollision ein Bindungswille der Parteien besteht. Dieser ist jedoch regelmäßig anzunehmen, wenn die Parteien das Geschäft ausführen.[673] Diese Annahme basiert auf der Berücksichtigung des parteilichen Willens, der im Fall der Geschäftsdurchführung nur so verstanden werden kann, daß die Gültigkeit des Vertrages der vollständigen Geltung der eigenen Geschäftsbedingungen vorgeht. Die Umstände des Einzelfalles können jedoch der Annahme eines wirksam geschlossenen Vertrages entgegenstehen. Hat nämlich eine der Parteien deutlich zum Ausdruck gebracht, daß sie an dem Vertrag nur unter Geltung ihrer eigenen AGB festhalten will, so steht dies dem erforderlichen Bindungswillen entgegen. Das ist dann der Fall, wenn die Vorverhandlungen weiterdauern, weil eine Partei ausdrücklich erklärt, daß sie über den Teildissens noch eine Einigung erzielen möchte und die Parteien deshalb nicht zur Ausführung des Geschäfts gelangen.[674]

Zusammenfassend läßt sich festhalten, daß nach österreichischer Rechtslage ebenso wie in Deutschland nicht die „Theorie des letzten Wortes“ verfolgt wird. Zur Lösung der „Battle of Forms“ wird vielmehr auf die „knock-out-rule“ zurückgegriffen. Hiernach ist in Österreich immer dann von einem Vertragsschluß auszugehen, wenn trotz der Kollision von AGB ein parteilicher Bindungswille besteht. Dieser kommt regelmäßig in der Geschäftsdurchführung zum Ausdruck. Abgesehen von besonderen Einzelfallumständen kommt letztlich ein Vertrag zustande, der die übereinstimmend vereinbarten essentialia negotii und die deckungsgleichen AGB zum Inhalt hat. An die Stelle der widersprechenden Standardbedingungen tritt das dispositive Gesetzesrecht bzw. greift die ergänzende Auslegung ein. Letztlich kann konstatiert werden, daß

---

grunde, so daß sich schon in der Entscheidung des OGH die Abkehr von der „Theorie des letzten Wortes“ als Lösung zur „Battle of Forms“ gezeigt hat.

669 *Koziol/Welser*, Grundriß des bürgerlichen Rechts, Seite 111

670 OGH, 07.06.1990, öst.JBl 1991, 121

671 *Rummel/Rummel*, ABGB I, § 869 Rn.6; OGH, 07.06.1990, öst.JBl 1991, 121

672 *Koziol / Welser*, Grundriß des bürgerlichen Rechts, Seite 111; *Schwimann / Apathy*, ABGB V, § 869 Rn.14 i.V.m. § 861 Rn.4

673 I.d.S. OGH, 07.06.1990, öst.JBl 1991, 121.

674 OGH, 07.06.1990, öst.JBl 1991, 121

sich die Lösungsmodelle zur „Battle of Forms“ in Deutschland und Österreich weitestgehend entsprechen.

III) Widerstreitende AGB nach schweizerischem Recht

Um die in der Schweiz favorisierte Lösung zur „Battle of Forms“ darzustellen, bedarf es eines Rückgriffs auf die Literatur. Diese hat nämlich in Ermangelung gerichtlicher Entscheidungen die Problematik der kollidierenden AGB aufgearbeitet. Im Wesentlichen stehen sich, wie auch in den zwei vorherigen Ländern, die „Theorie des letzten Wortes“ und die „knock-out-rule“ gegenüber.[675] Die „Theorie des letzten Wortes“[676] wird jedoch überwiegend abgelehnt und die herrschende Meinung wendet grundsätzlich die „knock-out-rule“ auf die „Battle of Forms“ an.[677] Diese der deutschen und österreichischen Vorgehensweise entsprechende Lösung wird über einen Partialdissens hergeleitet. Soweit sich die AGB widersprechen, liegt ein Dissens vor, so daß die kollidierenden Standardbedingungen nicht zur Geltung gelangen.[678] An die Stelle der kollidierenden Geschäftsbedingungen tritt das dispositive Gesetzesrecht. Der Vertrag im Übrigen kommt mit den übereinstimmend vereinbarten Inhalten zustande. Der rechtliche Anknüpfungspunkt für diese Lösung kann in Art.2 I OR[679] gesehen werden, wonach vermutet wird, daß der Vertrag trotz des Partialdissenses im Übrigen zustande gekommen ist.[680] Auch in der Schweiz ist die Anwendung der „knock-out-rule“ aber nur möglich, wenn sich die widersprechenden Standardbedingungen lediglich auf Nebenpunkte beziehen und die wesentlichen Vertragsinhalte (essentialia negotii) übereinstimmend vereinbart wurden.[681] Der Hintergrund für die Anwendung dieses Lösungsmodelles auf die „Battle of Form“ durch die herrschende

---

675 Vgl. aber den Hinweis bei *Ramstein*, RIW 1988, 442 und *Honsell/Vogt/Wiegand/Bucher*, OR I, Art.1 Rn.69 auf eine kaum vertretene Auffassung, wonach im Falle der Kollision von AGB die Standardbedingungen der Partei gelten sollen, die die vertragstypische Leistung erbringt.

676 Vertreten von *Jäggi / Gauch*, Züricher Kommentar, Art. 18 Rn. 469; *Gauch / Schluep*, Schweizerisches Obligationenrecht, Rn.1135.

677 I.d.S. *Berner Kommentar/Kramer*, ZGB VI, Art.1 Rn.160; *Kramer*, SJZ 1985, 20; *Hofer*, AGB, Gesetz und Praxis in der Schweiz, Seite 226; *Honsell/Vogt/Wiegand/Bucher*, OR I, Art.1 Rn.68.

678 Vgl. Fn. zuvor. Anders als in Deutschland (vgl. Fn.664) wird in der Schweiz aber davon ausgegangen, daß lediglich einseitig geregelte AGB grundsätzlich zur Geltung kommen, vgl. *Honsell/Vogt/Wiegand/Bucher*, OR I, Art.1 Rn.68.

679 Art.2 I OR lautet: “Haben sich die Parteien über alle wesentlichen Punkte geeinigt, so wird vermutet, daß der Vorbehalt von Nebenpunkten die Verbindlichkeit des Vertrages nicht hindern solle.“

680 *Berner Kommentar/Kramer*, ZGB VI, Art.1 Rn.160

681 *Berner Kommentar/Kramer*, aaO; *Hofer*, AGB, Gesetz und Praxis in der Schweiz, Seite 226; dies ergibt sich schon aus Art.2 I OR, der die Einigung über alle wesentlichen Punkte voraussetzt.

Schweizer Meinung liegt darin, daß im Falle einer modifizierten Annahmeerklärung (modifiziert insofern, als auf die eigenen AGB verwiesen wird) die widerspruchslose Hinnahme dieser Erklärung (z.B. durch Geschäftsdurchführung) keine Unterwerfung unter die letztmalig in Bezug genommenen AGB darstellt und somit keinem Klauselwerk Vorrang zu gewähren ist.[682] Weiterhin wird darauf verwiesen, daß sich die Situation ändert, wenn eine Partei den gegnerischen AGB explizit widerspricht.[683] Dies entspricht den Vorstellungen in Deutschland und Österreich, wonach die „knock-out-rule" dann nicht anwendbar ist, wenn eine Partei deutlich macht, daß der Vertragsschluß für sie nur unter vollständiger Einbeziehung ihrer AGB in Frage kommt. Dieser überzeugende Gedanke basiert letztlich darauf, daß in einem solchen Fall der nötige Bindungswille für die Restgültigkeit des Vertrages fehlt.

Zusammenfassend kann festgehalten werden, daß das Verständnis zur Lösung der „Battle of Forms" nach schweizerischem Recht denjenigen aus Deutschland und Österreich entspricht. Auch die Lösung nach schweizerischem Recht zum Problem der widerstreitenden AGB reiht sich in die Anwendung der „knock-out-rule" ein.

IV) Widerstreitende AGB nach französischem Recht

Die Rechtslage der „Battle of Forms" in Frankreich entspricht dem Grundgedanken nach der Lösung, die bereits aus den vorherigen Länderberichten bekannt ist. Auch nach französischem Recht sind die kollidierenden AGB unwirksam bzw. heben sich auf[684] und an deren Stelle tritt das dispositive Gesetzesrecht.[685] Es kommt also nicht zur vorrangigen Geltung der Standardbedingungen einer Partei. Der Vertrag im Übrigen wird als gültig geschlossen angesehen. Dieses Ergebnis wird derart hergeleitet, daß nach französischem Recht zwischen wesentlichen und unwesentlichen Vertragselementen unterschieden wird, wobei es für die Vertragsgültigkeit ausreicht, wenn nur über die wesentlichen Punkte eine Einigung stattgefunden

[682] *Kramer*, SJZ 1985, 20; *Berner Kommentar/Kramer*, ZGB VI, Art.1 Rn.160
[683] *Hofer*, AGB, Gesetz und Praxis in der Schweiz, Seite 227
[684] *Ghestin/Desché*, Traité des contrats, Anm.239; Otto, AGB und IPR, Seite 28; Com., 20.11.1984, JCP 1987 II Nr.20832
[685] Vgl. stellvertretend Cour d'Appel de Colmar, 29.05.1973, Recueil Dalloz Sirey 1973 I, Sommaires 147; *Thieffry/Granier*, La vente internationale, Seite 92; *Will*, Conflits, Seite 99 ff; von Interesse ist in diesem Zusammenhang auch, daß zusätzliche Klauseln einer Partei nach französischem Recht, ebenso wie in der Schweiz (vgl. Fn.678), aber anders als in Deutschland (vgl. Fn.664), grundsätzlich Gültigkeit erlangen, vgl. *Thieffry/Granier*, aaO.

hat.[686] Beziehen sich die AGB also nur auf unwesentliche Punkte, so steht der Restgültigkeit des Vertrages nichts mehr im Weg. Innerhalb der wesentlichen Vertragspunkte sind in diesem Zusammenhang objektive bzw. subjektive wesentliche Punkte zu unterscheiden. Die objektiven wesentlichen Vertragspunkte sind dabei durch Art.1583 CC bei einem Kaufvertrag festgelegt und beziehen sich auf die Kaufsache und den Kaufpreis. Die subjektiv wesentlichen Punkte richten sich danach, ob eine Partei den Vertrag ausdrücklich davon abhängig macht, daß über bestimmte Punkte Einigkeit erzielt wird.[687] Um also zur Restgültigkeit des Vertrages trotz kollidierender AGB zu gelangen, muß Einigkeit über die objektiv wesentlichen Vertragspunkte bestehen und die widerstreitenden Standardbedingungen dürfen auch keine subjektiv wesentlichen Punkte enthalten. Dies entspricht dem Gedanken, der bereits aus den zuvor dargestellten nationalen Lösungen bekannt ist, wonach durch besondere Umstände im Einzelfall eine Partei deutlich macht, daß die Geltung ihrer AGB Voraussetzung für den Vertragsschluß ist. In diesem Falle kann bei einer Kollision der Geschäftsbedingungen dann nicht mehr von einem (Rest-) Bindungswillen ausgegangen werden. Hier kann der Vertrag dann zustandekommen, wenn sich die andere Partei ausdrücklich oder stillschweigend einverstanden erklärt und sich somit den „nicht entbehrlichen" AGB unterwirft. Das Scheitern des Restvertrages aufgrund der subjektiven Wesentlichkeit der kollidierenden AGB wird aber dadurch erschwert, daß derjenige, der sich insgesamt auf Dissens beruft, die Wesentlichkeit der Geschäftsbedingungen beweisen muß.[688]

Zusammenfassend kann festgehalten werden, daß nach französischem Recht im Falle der „Battle of Forms" regelmäßig ein Vertrag zustande kommt, der die nicht kollidierenden AGB und die sonstigen übereinstimmend vereinbarten (wesentlichen) Punkte enthält. An die Stelle der widersprechenden Standardbedingungen tritt das dispositive Recht. Damit wird auch in Frankreich eine Lösung i.S.d. „knock-out-rule" bei widerstreitenden Geschäftsbedingungen verfolgt.

V) Widerstreitende AGB nach US-amerikanischem Recht

Um die Lösung der „Battle of Forms" nach US-amerikanischem Recht erfassen zu können, bedarf es zunächst einer Differenzierung zwischen dem Common Law und dem Uniform Commercial Code.[689] Das Common Law ist immer dann

[686] Cass. Civ., 14.01.1987, Recueil Dalloz Sirey 1988 II, Jurisprudence 81, mit Anmerkungen von *Joanna Schmidt*; *Ghestin*, Traité de droit civil, Anm.224; *Carbonnier*, Droit Civil, Seite 94.

[687] *Ghestin*, Traité de droit civil, Anm.226

[688] *Ghestin*, aaO

[689] Vgl. zur Rechtsnatur und dem Geltungsbereich des UCC oben in Kapitel 3) unter C)V).

von Bedeutung, wenn der Uniform Commercial Code nicht anwendbar ist. Für Warenkaufverträge, die hier vordergründig von Interesse sind, ist das aber nur selten der Fall.[690] Daher orientieren sich die folgenden Ausführungen zur Lösung der „Battle of Forms“ nach US-amerikanischem Recht insbesondere an den Regelungen des Uniform Commercial Code. Der vollständigkeitshalber sei aber darauf hingewiesen, daß nach den Prinzipien des Common Law die „last-shot-rule“ auf widerstreitende AGB anzuwenden ist.[691] Dies ergibt sich daraus, daß im Common Law die „mirror image rule“ gilt, wonach sich Angebot- und Annahmeerklärung in vollem Umfang entsprechen müssen.[692] Eine Annahme unter Hinweis auf vom Angebot abweichende AGB stellt hiernach ein neues Angebot dar, so daß z.B. im Falle einer Geschäftsdurchführung (stillschweigende Annahme) die AGB des „letzten Wortes“ vorrangig zur Geltung kommen.

Nach dem für den Warenkauf hauptsächlich maßgebenden Uniform Commercial Code stellt sich die Rechtslage jedoch anders dar. Die zentrale Vorschrift im Bezug auf die „Battle of Forms“ ist § 2-207 UCC.[693] Diese Vorschrift führt letztlich zu einer Handhabung der „Battle of Forms“ i.S.d. „knock-out-rule“,[694] was anhand der folgenden Darstellung der Regelung des § 2-207 UCC deutlich wird. Die Vorschrift des § 2-207 UCC regelt etliche Einzelheiten im Zusammenhang mit widerstreitenden Standardbedingungen und ist kompliziert aufgebaut, so daß sich eine vertiefte Erörterung der einzelnen Absätze anbietet.

---

690 Vgl. oben Fn.449.

691 *Otto*, AGB und IPR, Seite 72

692 *Elsing/Van Alstine*, US-amerikanisches Handels- und Wirtschaftsrecht, Seite 107

693 Diese Norm lautet:“ (1) A definite and reasonable expression of acceptance or a written confirmation which is sent within a reasonable time operates as an acceptance even though it states terms additional to or different from those offered or agreed upon, unless acceptance is expressly made conditional on assent to the additional or different terms.

(2) The additional terms are to be construed as proposals for addition to the contract. Between merchants such terms become part of the contract unless:

(a) the offer expressly limits acceptance to the terms of the offer;
(b) they materially alter it; or
(c) notification of objection to them has already been given or is given within a reasonable time after notice of them is received.

(3) Conduct by both parties which recognizes the existence of a contract is sufficient to establish a contract for sale although the writings of the parties do not otherwise establish a contract. In such case the terms of the particular contract consist of those terms on which the writings of the parties agree, together with any supplementary terms incorporated under any other provisions of this Act.“;
eine aktuelle Fassung des UCC ist unter *www.law.cornell.edu/ucc/ucc.table.html* abrufbar; vgl. umfassend zu § 2-207 UCC *Mehren*, The Formation of Contracts, Seite 93 ff.

694 Ähnlich schätzen *Kröll/Hennecke*, RIW 2001, 740 in Fn.52 die Bedeutung des § 2 - 207 UCC ein und formulieren: „ ... Art.2.07 UCC, ... , eine Regelung vor, die der knock-out-rule nahe kommt ...“; vgl. auch *Gabriel*, 49 Bus.Law. (1994), 1053 ff.

1) § 2-207 (1) UCC

a) Zustandekommen eines Vertrages

In § 2-207 (1) erster Halbsatz UCC wird eine Abkehr von der „mirror image rule" bei kollidierenden AGB deutlich. Nach dieser Regelung kommt ein Vertrag auch zustande, wenn Angebot und Annahme voneinander abweichen. Erforderlich ist aber, daß den essentialia negotii des Angebots durch die Annahme nicht widersprochen wird. Es ist also eine Einigung über die Kernelemente des Vertrages notwendig.[695]
Nach dem letzten Halbsatz des § 2-207 (1) UCC kommt es aber dann nicht zu einem Vertragsschluß, wenn der Annehmende (z.B. der die Bestellung bestätigende Verkäufer) seine Annahme davon abhängig macht, daß seine eigenen AGB durch den Anbietenden (z.B. den bestellenden Käufer) zugestimmt wird. In einem solchen Fall wird dann deutlich, daß dem Annehmenden die Geltung seiner AGB wichtiger ist als der Abschluß eines „Kernvertrages". Diese Rechtslage entspricht den vorherigen nationalen Lösungsmodellen insoweit, als auch dort unter Berücksichtigung der Einzelfallumstände nicht von einem Vertragsschluß auszugehen ist, wenn eine Partei zum Ausdruck bringt, daß sie nur unter vollständiger Geltung ihrer AGB kontrahieren will.[696] In dieser Regelung des § 2-207 (1) UCC kann ein speziell geregelter Fall des Rückgriffs auf die „mirror image rule" gesehen werden.[697] Eine Annahme, die unter der Bedingung der Zustimmung zu den eigenen AGB abgegeben wird, stellt letztlich nämlich ein gänzlich neues Angebot dar,[698] unter Ablehnung des ursprünglichen Angebots. Von Bedeutung in diesem Zusammenhang ist, daß die Knüpfung der Annahme an die Geltung der eigenen AGB i.S.d. § 2-207 (1) letzter Halbsatz UCC ausdrücklich erfolgen muß.[699] Ein bloßer Hinweis auf die eigenen AGB in der Annahme langt nicht aus.[700] Damit im Folgenden ein Vertrag über § 2-207 (1) UCC zustandekommt, bedarf es der Zustimmung des ursprünglichen Offerenten zu den Geschäftsbedingungen seines Gegenübers. Diese Zustimmung muß ausdrücklich erfolgen, eine

---

695 *Petzinger*, RIW 1988, 675

696 Vgl. oben in diesem Kapitel unter B)I) für Deutschland, unter B)II) für Österreich, unter B)III) für die Schweiz und unter B)IV) für Frankreich.

697 Diese Aussage gilt jedoch nur hinsichtlich der Qualifizierung einer entsprechenden Annahme als Ablehnung des ursprünglichen Angebots unter gleichzeitiger Abgabe eines Gegenangebots. Bezüglich des weiteren Bestandes einer vertraglichen Übereinkunft und deren Inhalt ist noch § 2-207 (3) UCC zu berücksichtigen (Vgl. Näheres hierzu unten in diesem Kapitel unter B)V)3)).

698 I.d.S. *Del Pilar Perales Viscasillas*, 10 Pace International Law Review 1998, 97-155 unter Punkt V) A) 2), dieser Artikel ist unter *www.cisg.law.pace.edu/cisg/biblio/pperales.html* abrufbar; *Petzinger*, RIW 1998, 677.

699 Dies geht schon aus dem Wortlaut hervor: „ ... acceptance is expressly made conditional on assent to the additional or different terms."

700 *Petzinger*, RIW 1988, 677 m.N. aus der Rechtsprechung.

stillschweigende Zustimmung z.B. durch Geschäftsdurchführung langt für § 2-207 (1) letzter Halbsatz UCC nicht aus.[701]

b) Vertragsinhalt

Sofern Einigkeit über die essentialia negotii besteht und hinsichtlich der (kollidierenden) AGB keine Bedingung i.S.d. § 2-207 (1) letzter Halbsatz UCC getroffen wurde, kommt ein Vertrag gemäß § 2-207 (1) erster Halbsatz UCC zustande. Dieser Vertrag beinhaltet die übereinstimmend vereinbarten wesentlichen Vertragspunkte und die einander entsprechenden Standardbedingungen. Problematischer ist nach US-amerikanischem Recht aber, was mit den widerstreitenden AGB geschieht. Die hierzu vertretenen Meinungen[702] reichen von der Annahme des gegenseitigen Ausschlusses der kollidierenden AGB über die Favorisierung einer „first-shot-rule" zugunsten der Bedingungen des Angebots bis zu einer (analogen) Anwendung des § 2-207 (2) UCC.[703] Dieser Meinungsstreit entschärft sich jedoch insoweit, als heute mit der erstgenannten Ansicht herrschend davon ausgegangen wird, daß sich widersprechende Geschäftsbedingungen gegenseitig aufheben und die entstandenen Vertragslücken mittels der dispositiven Vorschriften des Uniform Commercial Code zu füllen sind.[704] Dies entspricht dem Vorgehen bei den zuvor kennengelernten verschiedenen nationalen Lösungen.[705] Auffällig ist jedoch, daß die soeben beschriebene Lösung in den USA weit mehr in Frage gestellt wird, als in den zuvor untersuchten Ländern.

Letztlich bleibt im Zusammenhang mit dem Vertragsinhalt zu klären, wie mit zusätzlichen, lediglich einseitig geregelten Geschäftsbedingungen zu verfahren ist. Hierbei ist zwischen zusätzlichen AGB zu unterscheiden, die im Angebot enthalten sind und solchen die in der Annahme vorkommen. Erstere werden mangels ausdrücklichem Widerspruch durch den Annehmenden Bestandteil des Vertrages, da ihm die Verantwortlichkeit seines Schweigens trifft.[706] Er habe nämlich die Möglichkeit durch sein eigenes Verhalten (Widerspruch oder Zustimmung bzw. Schweigen) auf die Geltung der zusätzlichen Bestimmungen Einfluß zu nehmen. Die regelmäßige Aufnahme der zusätzlichen Klauseln in

---

[701] *Petzinger*, RIW 1988, 677 m.N. aus der Rechtsprechung.

[702] Vgl. im Einzelnen zu dem Meinungsstand die Ausführungen bei *Petzinger*, RIW 1988, 675 f m.w.N.

[703] Näheres zu dieser Regelung unten in diesem Kapitel unter B)V)2).

[704] *Elsing / Van Alstine*, US-amerikanisches Handels- und Wirtschaftsrecht, Seite 107 in Fn.12 m.N. aus der Rechtsprechung.

[705] Vgl. oben in diesem Kapitel unter B)I) für Deutschland, unter B)II) für Österreich, unter B)III) für die Schweiz und unter B)IV) für Frankreich.

[706] *Petzinger*, RIW 1988, 676 m.w.N.

den Vertrag entspricht der Rechtslage in der Schweiz[707] und in Frankreich.[708] Auch hier werden lediglich einseitig geregelte AGB grundsätzlich Teil des Vertrages.[709]
Sofern einseitig geregelte Standardbedingungen in der Annahme betroffen sind, weist das US-amerikanische Recht die Besonderheit auf, mit § 2-207 (2) UCC eine spezielle Regelung zur Verfügung zu stellen, welche im Folgenden erörtert wird.

2) § 2-207 (2) UCC

Wie soeben angedeutet, regelt § 2-207 (2) UCC für die Fälle eines Vertragsschlusses nach § 2-207 (1) UCC, ob und inwieweit zusätzliche Geschäftsbedingungen in der Annahme Vertragsinhalt werden.[710] Zunächst ist festzuhalten, daß § 2-207 (2) UCC nur für Kaufleute („merchants“[711]) gilt. Nach dieser Vorschrift gelten einseitig geregelte AGB unter Kaufleuten als Vorschläge zur Erweiterung des Vertrages.[712] Diese Vorschläge können dann nach den Prinzipien des § 2-207 (2) UCC durch Schweigen zum Vertragsinhalt werden.[713]
Bei der Frage, ob und inwieweit die zusätzlichen Bedingungen in der Annahme Bestandteil des (bereits geschlossenen) Vertrages werden, ist zwischen unwesentlichen und wesentlichen Änderungen zu unterscheiden. Erstere werden automatisch Vertragsinhalt, es sei denn der ursprünglich Anbietende widerspricht ihnen, vgl. § 2-207 (2)(c) UCC. Der Widerspruch kann nach dieser Regelung im Voraus oder im Nachhinein erfolgen. Im Voraus ist eine allgemeine Formulierung in dem Angebot ausreichend, im Nachhinein bedarf es aber eines ausdrücklichen und in angemessener Zeit erfolgenden Widerspruchs.[714]

---

707 Vgl. oben Fn.678.

708 Vgl. oben Fn.685.

709 Anders aber in Deutschland, wo es auf das Vorliegen einer zumindest konkludenten Annahme der zusätzlichen AGB für eine vertragliche Einbeziehung ankommt, vgl. oben Fn.664.

710 *Elsing/Van Alstine*, US-amerikanisches Handels- und Wirtschaftsrecht, Seite 107

711 Vgl. zur Definition des Kaufmannsbegriff § 2-104 (1) UCC. Hiernach ist Kaufmann, wer entweder regelmäßig mit Waren der verkauften Art handelt oder anderweitig den Anschein erweckt, bestimmte besondere Kenntnisse oder Fertigkeiten im Hinblick auf den Kaufgegenstand zu haben oder als Geschäftsherr Personen beschäftigt, die in die soeben beschriebenen Kategorien fallen.

712 Vgl. den Wortlaut: „ The additional terms are to be construed as proposals for addition to the contract.“

713 Dies gilt, wie schon erwähnt, aber nur für „merchants“. Unter Nichtkaufleuten bedarf es für die vertragliche Wirksamkeit der zusätzlichen AGB in der Annahme wiederum einer ausdrücklichen Annahme durch die Gegenpartei (den ursprünglich Anbietenden).

714 *Petzinger*, RIW 1988, 676

Sind wesentliche Änderungen des Vertrages in den zusätzlichen Bestimmungen der Annahme enthalten, so werden diese auch unter Kaufleuten nicht automatisch zum Vertragsinhalt. Das ergibt sich aus § 2-207 (2)(b) UCC, welcher auch den Grund für die notwendige Differenzierung zwischen unwesentlichen und wesentlichen Änderungen darstellt. Im Falle des Vorliegens einer wesentlichen Änderung durch die zusätzlichen AGB des Annehmenden bedarf es für deren Wirksamkeit einer ausdrücklichen Annahme durch den ursprünglich Anbietenden (z.B. den bestellenden Käufer).[715]
Letztlich beinhaltet § 2-207 (2)(a) UCC die Regelung, daß der Offerent (z.B. der bestellende Käufer) die Geltung seines Angebots an die Annahme seiner AGB knüpfen kann, wobei hierfür eine ausdrückliche („...expressly ...") Erklärung nötig ist. In diesem Fall kann der Vertrag nur zu den Standardbedingungen des Anbietenden zustandekommen. Für die zusätzlichen, in der Annahme enthaltenen Geschäftsbedingungen bedeutet dies, daß sie nicht zur Wirksamkeit gelangen können. Diese Regelung kann als Pendant zu § 2-207 (1) letzter Halbsatz UCC zugunsten des Annehmenden angesehen werden.

3) § 2-207 (3) UCC

Der letzte Absatz des § 2-207 UCC kommt zur Anwendung, wenn durch den zwischen den Parteien erfolgten Schriftwechsel kein Vertrag nach § 2-207 (1) UCC zustande kam.[716] Gemeint sind damit insbesondere die Fälle, in denen die Annahmeerklärung ausdrücklich davon abhängig gemacht wurde, daß der Offerent den AGB des Annehmenden zustimmt (§ 2-207 (1) letzter Halbsatz UCC), es aber an einer Zustimmung fehlt. Absatz 3 normiert nun, daß ein wirksamer Vertrag trotz der Widersprüche auch dann anzunehmen ist, wenn die Parteien durch ihr Verhalten deutlich machen, daß sie von der Existenz eines Vertrages ausgehen. Nach dieser Vorschrift kann also auch im Falle des § 2-207 (1) letzter Halbsatz UCC und fehlender ausdrücklicher Zustimmung über konkludentes Parteiverhalten ein Vertrag Wirksamkeit erlangen. Das schlüssige Verhalten wird zumeist in der Geschäftsdurchführung zu erblicken sein.[717] Soweit zuvor angedeutet wurde, daß die Regelung des § 2-207 (1) letzter Halbsatz UCC einen Fall der „mirror image rule" darstellt,[718] erklärt sich die gleichzeitig vorgenommene Relativierung[719] dieser Aussage aus dem Absatz 3 des § 2-207 UCC. Die Konsequenz der „mirror image rule" ist nämlich

[715] *Otto*, AGB und IPR, Seite 78; *Petzinger*, RIW 1988, 676
[716] *Elsing/Van Alstine*, US-amerikanisches Handels- und Wirtschaftsrecht, Seite 107
[717] I.d.S. *Otto*, AGB und IPR, Seite 80; *Petzinger*, RIW 1988, 677; *Elsing/Van Alstine*, US-amerikanisches Handels- und Wirtschaftsrecht, Seite 108.
[718] Vgl. oben in diesem Kapitel unter B)V)1)a).
[719] Vgl. oben Fn.697.

üblicherweise die Anwendung der „last-shot-rule“ auf die „Battle of Forms“.[720] Die Rechtsfolge des § 2-207 (3) UCC, welcher die Fälle des § 2-207 (1) letzter Halbsatz UCC erfaßt, sieht aber anders aus. Hiernach wird nämlich zum Vertragsinhalt, was die Vertragsparteien übereinstimmend vereinbart haben.[721] Im Übrigen, d.h. soweit eine Kollision besteht, kommen die dispositiven Vorschriften des Uniform Commercial Code zur Anwendung, so daß sich anders als bei der „last-shot-rule“ nicht die AGB einer Partei vorrangig durchsetzen.

4) Abschließende Bemerkungen

Nachdem die Problematik der „Battle of Forms“ nach US-amerikanischem Recht dargestellt wurde, ist m.E. ersichtlich, daß die maßgebliche Norm des § 2-207 UCC auch Schwächen aufweist. Zwar versucht diese Regelung die Problematik der widerstreitenden AGB umfassend zu regeln, doch ergibt sich hieraus der erste Nachteil. Sie verfolgt nämlich einen komplizierten und damit nur mühsam nachvollziehbaren Aufbau.[722] Gewichtiger ist aber die Schwäche, daß § 2-207 UCC weite Spielräume bei deren Anwendung eröffnet, wobei sich dieser Umstand letztlich auf den rechtlich schwierigen Umgang mit der „Battle of Forms“ zurückführen läßt. Hier sei nur auf die wichtige Differenzierung zwischen unwesentlichen und wesentlichen Änderungen[723] i.S.d. § 2-207 (2) UCC verwiesen. Diese unbestimmten Rechtsbegriffe können zu unterschiedlichen Bewertungen gleicher Sachverhalte führen.
Letztlich kann festgehalten werden, daß die Konzeption des § 2-207 UCC dem Prinzip der „knock-out-rule“ folgt. Diese Annahme bestätigt sich, abgesehen von den verschiedenen Sonderfällen, in den Regelungen des § 2-207 (1) erster Halbsatz, (3) UCC. Hiernach kommt bei Einigung über die essentialia negotii nämlich trotz kollidierender AGB ein Vertrag zustande, ohne daß sich dabei die Standardbedingungen einer Partei vorrangig durchsetzen. Somit ist auch[724] die USA in die Reihe der die „knock-out-rule“ favorisierenden Länder einzuordnen.

[720] Vgl. oben in diesem Kapitel unter B)V).
[721] *Elsing/Van Alstine*, US-amerikanisches Handels- und Wirtschaftsrecht, Seite 108
[722] Diese Kritik wird z.T. auch von der US-amerikanischen Literatur vorgebracht. § 2 - 207 UCC führe aufgrund seiner Ausgestaltung zu mannigfachen Problemen, vgl. *Baird / Weisberg*, 68 Va.L.Rev. (1982), 1224.
[723] Vgl. hierzu die Ausführungen bei *Petzinger*, RIW 1988, 676 f m.w.N., der versucht herauszuarbeiten, was „wesentliche Bestimmungen“ sind.
[724] Vgl. oben in diesem Kapitel unter B)I) für Deutschland, unter B)II) für Österreich, unter B)III) für die Schweiz und unter B)IV) für Frankreich.

VI) Zusammenfassung

Nachdem die dargestellten Lösungen zur „Battle of Forms“ nach dem Recht der untersuchten Staaten alle ein Vorgehen i.S.d. „knock-out-rule“ favorisieren, könnte man annehmen, daß in dieser Regel ein allgemeingültiges Lösungsmodell zu dem Problem der widerstreitenden Standardbedingungen zu sehen ist. Wäre dies der Fall, so bestünde allein aus diesem Umstand heraus ein starkes Argument zugunsten einer Anwendung der „knock-out-rule“ im UN-Kaufrecht, beispielsweise über Art.9. Ein solcher Schluß ist jedoch zu voreilig. Zwar mag sich in der wiederholten Begegnung mit der „knock-out-rule“ im Rahmen der Länderberichte eine internationale Tendenz zugunsten dieser Regel erblicken lassen, doch reichen die national vertretenen Lösungen darüber hinaus. So wird neben der „knock-out-rule“ auch die „last-shot-rule“[725] und die „first-shot-rule“[726] vertreten. Im Übrigen gibt es auch Länder, in denen das Problem der widerstreitenden AGB noch nicht abschließend und einheitlich gelöst ist.[727] So wird deutlich, daß keine internationale Einigkeit zur Bewältigung der „Battle of Forms“ - Thematik besteht. Infolgedessen kann nicht aus der internationalen Umschau alleine ein Rückschluß auf die im UN-Kaufrecht anzuwendende Lösung gezogen werden. Vielmehr wird, wie in den die Umschau einleitenden Worten schon angedeutet, ersichtlich, daß ein unterschiedliches nationales Verständnis im Bezug auf die richtige Lösung der AGB-Kollision besteht. Dieser Umstand[728] ist meines Erachtens ein wesentlicher Faktor, der in Ermangelung einer einheitlichen Vorgehensweise für die unterschiedlich vertretenen Lösungen[729] zur „Battle of Forms“ unter dem Wiener Kaufrecht mitverantwortlich ist.

Darüber hinaus erlangen die nationalen Lösungsmodelle insofern Bedeutung, als sie Anreize für eine sachgerechte Bewältigung des Problems der widerstreitenden Standardbedingungen im Anwendungsbereich der CISG bieten können.[730]

---

[725] Z.B. in Schottland, vgl. *Lando/Beale*, European Contract Law, Seite 184.

[726] Z.B. in den Niederlanden, vgl. *Lando/Beale*, aaO.

[727] So z.B. in Schweden, vgl. *Lando/Beale*, European Contract Law, Seite 185, mit Hinweisen für weitere Staaten.

[728] Das unterschiedliche nationale Verständnis birgt auch die Gefahr des sogenannten „homevard trend“, d.h. des (unzulässigen) Hereintragens nationaler Lösungen in das UN-Kaufrecht.

[729] Vgl. Näheres hierzu unten in diesem Kapitel unter C).

[730] Sofern dem unvereinheitlichten nationalen Recht Anregungen entnommen werden, ist aber darauf zu achten, daß sie tatsächlich sachlich gerechtfertigt sind, um nicht der berechtigten Kritik eines „homevard trends“ (vgl. auch Fn.728) zu unterfallen.

C) Widerstreitende AGB unter der Geltung des UN-Kaufrechts

Im Folgenden soll untersucht werden, wie das Problem der kollidierenden AGB unter UN-Kaufrecht sachgerecht zu lösen ist. Zu diesem Thema ist bereits vielfach Stellung genommen worden, doch besteht noch immer keine abschließende Einigkeit. Einerseits wird darauf verwiesen, daß eine Vielzahl von Lösungsvorschlägen existiert und ein Meinungsstreit besteht.[731] Andererseits wird davon ausgegangen, daß die „Theorie des letzten Wortes" für das UN-Kaufrecht herrschend ist.[732] In neueren Stellungnahmen wird aber eine Einschätzung ersichtlich, wonach sich eine Lösung i.S.d. „knock-out-rule" (die „Restgültigkeitstheorie") herrschend durchgesetzt haben soll.[733] Aus diesen teils widersprüchlichen Bekundungen geht die noch immer bestehende Unsicherheit hervor, wobei insbesondere die Entscheidung des BGH vom 09.01.2002[734] die letztgenannte Einschätzung bestärkt. Im Zusammenhang mit den Lösungen zur „Battle of Forms" bestehen auch teils unterschiedliche dogmatische Begründungen ähnlicher Ergebnisse, auf die in der Besprechung der verschiedenen Lösungsvörschläge eingegangen wird. Ausgangspunkt aller Lösungsansätze ist der Umstand, daß in der CISG keine spezielle Regelung für die „Battle of Forms" enthalten ist.
In den anschließenden Untersuchungen werden zunächst die im wesentlichen vertretenen Lösungen erörtert und sodann die hier favorisierte Vorgehensweise dargestellt und begründet.

Verschiedene Lösungsmodelle der „Battle of Forms" nach dem UN-Kaufrecht

I) „Battle of Forms" als externe Regelungslücke im UN-Kaufrecht

Eine kaum vertretene Lösung geht davon aus, daß das Problem der widerstreitenden AGB eine externe Regelungslücke im UN-Kaufrecht darstellt. Dieser auf *Huber* zurückgehende Lösungsansatz sieht daher vor, im Falle sich kreuzender Geschäftsbedingungen die Lösung des Problems über die Regeln des, vom IPR berufenen, unvereinheitlichten nationalen Rechts zu suchen.[735] Zur Begründung wird angeführt, daß bei einer Verwendung widersprechender AGB durch den Offerenten und den Annehmenden ein „offener Dissens"

[731] So z.B. *Schlechtriem/Schlechtriem*, CISG, Art.19 Rn.20; *Sieg*, RIW 1997, 814.

[732] *Kröll/Hennecke*, RIW 2001, 739

[733] So geht *Magnus*, ZEuP 2002, 533 davon aus, daß die „ Restgültigkeitstheorie " im deutschen Schrifttum inzwischen herrschend ist; der BGH, 09.01.2002, ZIP 2002, 673 formuliert etwas vorsichtiger und geht von der „ wohl herrschenden Meinung " bezüglich der „Restgültigkeitstheorie" aus.

[734] BGH, 09.01.2002, ZIP 2002, 672-675; in dieser Entscheidung ist der BGH im Ergebnis der „Restgültigkeitstheorie" gefolgt.

[735] *Huber*, RabelsZ 43 (1979), 444 f

vorliege, der ein im Einheitsrecht nicht geregeltes Gültigkeitsproblem i.S.d. Art.4 S.2 lit.a darstelle.[736] Infolgedessen sei dann in Anwendung des Art.7 II auf unvereinheitlichtes nationales Recht zurückzugreifen.[737] Unter Zugrundelegung dieser Ansicht müßte man zur Lösung einer AGB-Kollision je nach kollisionsrechtlicher Verweisung z.B. auf die oben[738] dargestellten nationalen Grundsätze zurückgreifen.

Zu Recht wird das soeben beschriebene Vorgehen weitestgehend abgelehnt.[739] Die Begründung der ablehnenden Haltung läßt sich im wesentlichen auf einen Punkt zurückführen. Das zuvor beschriebene Lösungsmodell geht davon aus, daß es sich bei der Problematik kollidierender AGB um ein einheitsrechtlich nicht geregeltes Gültigkeitsproblem handelt. Diese Prämisse ist zwar insofern richtig, als die inhaltliche Gültigkeit eines Vertrages nicht von der CISG erfaßt ist, doch stellt die „Battle of Forms" keine Thematik dar, die unter Art.4 S.2 lit.a fällt. Vielmehr ist sie ein Problem der wirksamen Einbeziehung von Vertragsbedingungen, welches als Frage des äußeren Konsenses den Regelungen der Wiener Konvention unterfällt. Von daher ist einer, i.S. von *Huber* initiierten, Lösung einer AGB-Kollision über unvereinheitlichtes Recht schon im Ansatz jegliche Berechtigung entzogen.

II) „Battle of Forms" als interne Regelungslücke im UN-Kaufrecht

Ein zweiter Lösungsansatz zur AGB-Kollision geht ebenfalls von einer Lücke in diesem Zusammenhang aus. Hiernach soll es sich aber um eine interne Lücke handeln, die über Art.7 II nach den allgemeinen Grundsätzen des Konventionsrechts auszufüllen sei.[740] Innerhalb dieses Lösungsmodelles werden verschiedene Varianten vertreten, wie die bestehende interne Lücke zu schließen ist. Beispielhaft sei nur auf den Ansatz von *Burkart* hingewiesen, der vorschlägt zur Lückenfüllung auf Art.2.22 der UNIDROIT Principles

---

[736] *Huber*, RabelsZ 43 (1979), 445; sofern lediglich eine Partei AGB verwendet, soll nach dieser Ansicht aber das Einheitsrecht für deren Gültigkeit maßgeblich sein, wobei dann aber keine „Battle of Forms" vorliegt.

[737] *Huber*, aaO.

[738] Vgl. in diesem Kapitel unter B)I) für Deutschland, unter B)II) für Österreich, unter B)III) für die Schweiz, unter B)IV) für Frankreich und unter B)V) für die USA.

[739] Siehe u.a. bei *Staudinger/Magnus*, CISG, Art.19 Rn.20; *Schlechtriem/Schlechtriem*, CISG, Art.19 Rn.20; *Teklote*, Die einheitlichen Kaufgesetze und das deutsche AGB-Gesetz, Seite 149; *Hennemann*, AGB - Kontrolle, Seite 88; *Del Pilar Perales Viscasillas*, 10 Pace International Law Review (1998), 97-155 unter Punkt VI)A), dieser Artikel ist im Internet unter *www.cisg.law.pace.edu/cisg/biblio/pperales.html* abrufbar.

[740] I.d.S. z.B. *Van Der Velden*, Uniform International Sales Law and the Battle of Forms; Seite 241 ff; auch *Witz/Salger/Lorenz/Witz*, CISG, Art.19 Rn.3 hält dieses Vorgehen zumindest für denkbar, kommt im Ergebnis aber doch zur Anwendung der Grundsätze des Art.19.

zurückzugreifen.[741] Dieser Artikel enthält eine Regelung, die zu einer Lösung der „Battle of Forms" i.S.d. „knock-out-rule" führt.[742] Eine detaillierte Auseinandersetzung mit den verschiedenen Theorien, die zur Lückenfüllung gemäß Art.7 II nach den allgemeinen Prinzipien des UN-Kaufrechts denkbar sind und verschiedentlich auch vertreten werden, ist jedoch entbehrlich. All diesen Varianten liegt nämlich zugrunde, daß die CISG hinsichtlich der Handhabung kollidierender Geschäftsbedingungen eine auszufüllende interne Lücke aufweist. Diese Annahme ist aber falsch. Das UN-Kaufrecht enthält mit der Regelung des Art.19 sehr wohl eine Vorschrift, die die „Battle of Forms" erfaßt, so daß es schon an einer Regelungslücke fehlt. Damit ist all jenen Theorien, die eine auszufüllende interne Lücke voraussetzen, die Grundlage entzogen.

Die Annahme, daß Art.19 das Problem der widerstreitenden AGB erfaßt, läßt sich im Wesentlichen auf drei Argumente stützen. Der erste Punkt setzt an dem Argument der die Lücke bejahenden Ansicht an, daß Art.19 vorrangig für individuell ausgehandelte Verträge konzipiert worden sei.[743] Der daraus resultierende Schluß der Unanwendbarkeit des Art.19 auf die „Battle of Forms" ist aber nicht zwingend. Eine vorrangige Konzeption des Art.19 für individualvertragliche Vereinbarungen bedeutet nämlich keine abschließende Anwendbarkeit für diesen Bereich. Für die Annahme, daß Art.19 auch auf kollidierende Standardbedingungen anwendbar ist, spricht schon dessen Wortlaut. Dieser ist nicht auf Individualvereinbarungen beschränkt, so daß eine Erfassung der „Battle of Forms" von dem Wortlaut der Regelung gedeckt ist.[744] Das zweite Argument für die Anwendbarkeit des Art.19 auf das Problem der kollidierenden AGB ergibt sich aus der Entstehungsgeschichte des Art.19.[745] Belgien machte den Vorschlag, der Regelung des heutigen Art.19 einen weiteren Absatz anzufügen, wonach die „Battle of Forms" ausdrücklich geregelt

[741] *Burkart*, Interpretatives Zusammenwirken von CISG und UNIDROIT Principles, Seite 225 f; zu weiteren Vertretern und deren Ausgestaltungen des beschriebenen Lösungsansatzes vgl. die Hinweise bei *Del Pilar Perales Viscasillas*, 10 Pace International Law Review (1998), 97 - 155 in Fn. 97, dieser Artikel ist im Internet unter *www.cisg.law.pace.edu/cisg/biblio/pperales.html* abrufbar.

[742] Vgl. Näheres zu Art.2.22 der UNIDROIT-Principles unten in diesem Kapitel unter C)V)2).

[743] *Burkart*, Interpretatives Zusammenwirken von CISG und UNIDROIT Principles, Seite 224

[744] Ähnlich *Kröll/Hennecke*, RIW 2001, 740, die davon ausgehen, daß der Wortlaut des Art.19 „weit genug" ist, um die „Battle of Forms" zu erfassen.

[745] *Del Pilar Perales Viscasillas*, vgl. Fn.741, unter Punkt VI)B); vgl. allgemein zur Entstehungsgeschichte des Art.19 bei *Van Alstine*, Fehlender Konsens beim Vertragsabschluß nach einheitlichem UN-Kaufrecht, Seite 208 f.

werden sollte.[746] Dieser Vorschlag wurde jedoch abgelehnt.[747] Hieraus geht aber keinesfalls die Unanwendbarkeit des Art.19 auf das Problem der widerstreitenden AGB hervor. Betrachtet man nämlich die Stellungnahmen der einzelnen Ländervertreter, so wird ersichtlich, daß die Ablehnung aus inhaltlichen bzw. zeitlichen Gründen erfolgte. So kritisierte beispielsweise der griechische Vertreter *Krispis*, daß die Verwendung des Begriffs „general conditions" ohne gesetzliche Definition zu unterschiedlichen Interpretationen führen könnte und durch eine zu spezifische Regelung nichts zu gewinnen sei.[748] Aus der Ablehnung einer „zu spezifischen Lösung" folgt aber, daß eine „allgemeine Regelung" (Art.19) als bestehend angesehen wurde. Der deutsche Vertreter *Landfermann* wies darauf hin, daß der belgische Vorschlag eine zu komplizierte Thematik betreffe, die nicht ohne vorbereitende Aufarbeitung durch die UNCITRAL Working Group entschieden werden könne.[749] Aus diesen und sonstigen Stellungnahmen[750] wird ersichtlich, daß trotz der Ablehnung einer ausdrücklichen Regelung der „Battle of Forms" davon ausgegangen wurde, daß der heutige Art.19 dieses Problem mitumfaßt. Demnach spricht auch die historische Entwicklung des Art.19 gegen das Vorliegen einer internen Lücke im Bezug auf die „Battle of Forms".
Das dritte Argument setzt an der Frage nach der Zweckmäßigkeit der Lösung über eine auszufüllende interne Lücke an. Sollte sich die beschriebene Vorgehensweise als äußerst zweckmäßig erweisen, so wäre es denkbar, entgegen dem textualen und historischen Argument doch die beschriebene Lösung zu favorisieren. Meines Erachtens ist der in Rede stehende Lösungsansatz aber gerade nicht zweckmäßig. Folgt man der Theorie von einer internen Lücke, so stellt sich nämlich die Frage, welches die maßgebenden allgemeinen Grundsätze des Konventionsrechts zur Lückenfüllung sind und wie diese für die „Battle of Forms" zu konkretisieren sind. Es würde ein Raum für eine Vielzahl von unterschiedlichen Ansichten entstehen, die die ohnehin komplizierte Handhabung kollidierender AGB noch erschweren würde. Letztlich wäre die Gefahr einer Beeinträchtigung der Rechtssicherheit gegeben.

Nach alledem ist das Vorliegen einer internen Lücke im Bezug auf widerstreitende Geschäftsbedingungen zu verneinen. Vielmehr ist Art.19 die zutreffende Regelung. Daher ist eine Lösung der „Battle of Forms" über die Anwendung allgemeiner Grundsätze gemäß Art.7 II abzulehnen.

---

[746] Official Records, Doc. A/CONF.97/C.1/L.87, Seite 96. Der vorgeschlagene Text lautete: „ (4) When the offeror and the offeree have expressly (or implicitly) referred in the course of negotiations to general conditions the terms of which are mutually exclusive the conflict clauses should be considered not to form an integral part of the contract."
[747] Official Records, Seite 289 Nr.102
[748] Official Records, Seite 288 Nr.91
[749] Official Records, Seite 288 Nr.93
[750] Vgl. Official Records, Seite 288 f Nr.88-100.

III) „Theorie des letzten Wortes“ („last-shot-rule“) als Lösung der „Battle of Forms“

Eine weit verbreitete Meinung geht davon aus, daß im UN-Kaufrecht die „last-shot-rule“ die zutreffende Lösung für das Problem widerstreitender AGB darstellt.[751] Zur Begründung wird auf die strikte Anwendung des Art.19 verwiesen.[752] Nach dessen Absatz 1 ist eine Annahme, welche vom Angebot abweichende Regelungen enthält, als Ablehnung unter gleichzeitiger Abgabe eines Gegenangebots zu verstehen.[753] Im Falle sich widersprechender AGB führt eine strikte Anwendung dieser Regel dazu, daß die kollidierenden Geschäftsbedingungen in der vermeintlichen Annahme den Vertragsschluß hindern und Teil eines neuen Angebots werden. Sollte dann das Geschäft ohne einen Widerspruch bezüglich der kollidierenden AGB seitens des ursprünglich Anbietenden vollzogen werden, so wird in der Geschäftsdurchführung regelmäßig eine stillschweigende Annahme des Gegenangebots inklusive der dort enthaltenen AGB gesehen.[754] Bis zur Geschäftsdurchführung (bzw. einer sonstigen Annahme) fehlt es nach dieser Ansicht an einem wirksamen Vertragsschluß. Es kommt also zur Anwendung der „Theorie des letzten Wortes“, da stets die letztbezogenen AGB das aktuellste Angebot darstellen, welches dann mit Geschäftsdurchführung zur Vertragsgrundlage wird.

Von der Regel des Absatz 1 macht Art.19 II eine Ausnahme. Hiernach hindern unwesentliche Änderungen in der Annahme den Vertragsschluß nicht. Mangels Widerspruch durch den Anbietenden auf die kollidierenden Bestimmungen kommt bei unwesentlichen Modifikationen ein Vertrag mit den übereinstimmend vereinbarten Bedingungen und den Modifikationen der Annahme zustande.[755] Für widerstreitende Geschäftsbedingungen bedeutet dies, daß trotz deren Kollision mangels Widerspruch ein Vertrag mit den unwesentlich modifizierten Standardbedingungen zustand kommt, ohne daß es einer gesonderten Annahme (z.B. durch Geschäftsdurchführung) bedarf. Art.19 II modifiziert die Regelung des Absatz 1 insoweit, daß grundsätzlich von einem wirksamen Vertrag auszugehen ist und ordnet dann bezüglich des Inhalts ausdrücklich eine der „Theorie des letzten Wortes“ entsprechende Lösung an. Vertragsinhalt werden nämlich die letztgenannten, in der Annahme enthaltenen, Standardbedingungen. Eine Anwendung des Art. 19 II ist in diesem

---

751 *Enderlein/Maskow/Strohbach*, CISG, Art.19 Anm.10; *Herber/Czerwenka*, CISG, Art.19 Rn.18; *Hennemann*, AGB-Kontrolle, Seite 91 f; *Del Pilar Perales Viscasillas*, vgl. Fn.741, unter Punkt VI)E); *Koch*, NJW 2000, 910 f; *Tiedemann*, IPRax 1991, 427; vgl. auch die weiteren Nachweise aus der internationalen Literatur bei *Schlechtriem/Schlechtriem*, CISG, Art.19 Rn.20 in Fn.62.

752 Vgl. stellvertretend *Herber/Czerwenka*, CISG, Art.19 Rn.20.

753 *Vergne*, Am.J.Comp.L. 33 (1985), 253

754 *Herber/Czerwenka*, CISG, Art.19 Rn.20

755 *Staudinger/Magnus*, CISG, Art.19 Rn.12

Zusammenhang[756] der „Battle of Forms“ aber mehr theoretischer als praktischer Natur. Zumeist stellen die in den Annahme-AGB enthaltenen Modifikationen nämlich wesentliche Änderungen dar. Insofern ist ein wirksamer Vertragsschluß trotz eines Partialdissenses aufgrund der widersprechenden Standardbedingungen kaum denkbar. Diese Annahme läßt sich begründen, wenn man die Regelung des Art.19 III genauer untersucht. In dieser Auslegungsregel[757] sind Beispiele enthalten, die als wesentliche Änderungen des Angebots i.S.d. Art.19 II, III anzusehen sind. Soweit der Annahme abweichende AGB zugrunde gelegt werden, wird sogar vertreten, daß alleine die Verweisung auf jene Standardbedingungen ohne Rücksicht auf ihren Inhalt regelmäßig zu einer wesentlichen Modifikation führt.[758] Nach anderer Auffassung führt die Verweisung alleine nicht zu einer wesentlichen Abweichung i.S.d. Art.19 II, III, vielmehr sei der Inhalt der Standardbedingungen ausschlaggebend.[759] Meines Erachtens ist der letztgenannten Meinung zuzustimmen, da die Beispiele aus Art.19 III die Wesentlichkeit anhand bestimmter Vertragsinhalte festmachen. Hierdurch wird deutlich, daß zunächst nur der Inhalt einer Abweichung ausschlaggebend für deren Beurteilung als wesentlich ist. Ohne den angesprochenen Meinungsstreit vertiefen zu wollen, kann aber auch bei der hier vertretenen Auffassung die Annahme aufrecht erhalten werden, daß Art.19 II in diesem Zusammenhang[760] der „Battle of Forms“ nahezu ohne Bedeutung ist. Typischerweise sind in den Allgemeinen Geschäftsbedingungen nämlich die in Art.19 III enthaltenen Beispiele betroffen.[761] Unwesentliche Änderungen sind v.a. dann anzunehmen, wenn ein redlicher Offerent im konkreten Fall die Abweichungen vom Angebot hinnehmen würde, was z.B. im Falle gesetzeswiederholender oder den Offerenten begünstigenden Klauseln zu bejahen ist.[762] Einen solchen Charakter haben Allgemeine Geschäftsbedingungen, die zu großem Teil der Verbesserung der rechtlichen Situation des Verwenders dienen, aber nur selten. Es kann daher festgehalten werden, daß die Ausnahmeregelung des Art.19 II infolge der Sperrwirkung des Absatz 3 im Rahmen der „Battle of Forms“ in der Praxis eine untergeordnete Rolle spielt. Daher führt die, von den Vertretern der „last-shot-rule“ bevorzugte, strikte Anwendung des Art.19 infolge des Absatz 1 grundsätzlich zu den eben skizzierten Konsequenzen.

---

[756] Im Rahmen der hier vertretenen Lösung zur „Battle of Forms“ ist erneut auf Art.19 II zurückzukommen, vgl. unten in diesem Kapitel unter C)V)2)a).

[757] *Soergel/Lüderitz/Fenge*, CISG, Art.19 Rn.3

[758] I. d. S. *Teklote*, Die einheitlichen Kaufgesetze und das deutsche AGB-Gesetz, Seite 146; *Schlechtriem/Schlechtriem*, CISG, Art.19 Rn.9.

[759] *Staudinger/Magnus*, CISG, Art.19 Rn.21; *Herber/Czerwenka*, CISG, Art.19 Rn.18

[760] Vgl. Fn.756.

[761] *Herber/Czerwenka*, CISG, Art.19 Rn.18

[762] *Staudinger/Magnus*, CISG, Art.19 Rn.19

Kritik

Der auf Art.19 I basierenden „Theorie des letzten Wortes" steht jedoch eine erhebliche Kritik gegenüber. Ein erster Kritikpunkt wird darin gesehen, daß nach der „last-shot-rule" bis zur Geschäftsdurchführung regelmäßig kein Vertrag zustande gekommen ist. Diese Einschätzung sei mit dem wirklichen Parteiwillen nicht vereinbar. Es werde nämlich nicht berücksichtigt, ob die Parteien selbst den Vertrag als geschlossen ansehen oder nicht.[763] Meines Erachtens ist dieser Kritikpunkt berechtigt, doch muß klargestellt werden, für welche Fälle er zutrifft. An dieser Stelle ist auf die bereits oben[764] angesprochene Differenzierung zurückzukommen, wonach solche Fälle zu unterscheiden sind, in denen die Bezugnahme auf die modifizierenden AGB formularmäßig erfolgt und solche, in denen den gegnerischen Geschäftsbedingungen bewußt unter Hinweis auf die modifizierenden, eigenen AGB widersprochen wurde. Für die zweite Fallkonstellation ist die Kritik nicht berechtigt. Hat nämlich der Angebotsempfänger seine AGB seiner „Annahme" im Sinne einer bewußten Einzelentscheidung zugrundegelegt und den Angebotsbedingungen widersprochen, so ist ein Vorgehen nach der „Theorie des letzten Wortes" angezeigt. Hier stellt die modifizierte Annahme tatsächlich eine Ablehnung und ein Gegenangebot dar. Allerdings muß der individuelle Widerspruch bezüglich der Angebots-AGB deutlich zum Ausdruck gebracht werden. Hier ist meiner Einschätzung nach eine ausdrückliche, nicht standardisierte Erklärung notwendig. Der allgemeine Hinweis auf die eigenen AGB reicht gerade nicht aus, selbst wenn diese eine Abwehrklausel enthalten. Der Grund für dieses Erfordernis ist darin zu sehen, daß nur so ermittelt werden kann, ob ein Fall der 2. Alternative vorliegt. Weiterhin kann auch nur so der ursprünglich Anbietende die Intention des Gegenübers, nämlich die Ablehnung des Angebots verbunden mit einem Gegenangebot, erkennen. Ist das der Fall, dann rechtfertigt sich auch ein Vorgehen i.S.d. „Theorie des letzten Wortes", da nun beide Parteien davon ausgehen, daß kein Vertrag zustande gekommen ist. Diese Einschätzung stellt eigentlich eine Selbstverständlichkeit dar, da ansonsten die Privatautonomie in Form der Kontrahierungsfreiheit in nicht zu rechtfertigender Weise beeinträchtigt würde. Für Fälle der beschriebenen Art ist demnach die aufgeworfene Kritik nicht passend und ein Vorgehen nach der „last-shot-rule" geboten.

Sofern aber eine standardisierte Einbeziehung der eigenen AGB durch den Angebotsempfänger in seiner Erklärung vorliegt,[765] trifft die Kritik zu. Diese Fallalternative dürfte auch den Regelfall im internationalen Wirtschaftsverkehr darstellen, denn es ist davon auszugehen, daß die meisten Unternehmen die eigenen Geschäftsbedingungen ihrer Erklärung standardmäßig zugrundelegen. Inhaltlich ist der Kritik zuzustimmen, da die Parteien bei einer Übereinkunft

[763] *Kröll/Hennecke*, RIW 2001, 739

[764] Vgl. oben in diesem Kapitel unter A).

[765] Auf diese Fälle beziehen sich die weiteren Untersuchungen.

über die essentialia negotii oft davon ausgehen, daß ein Vertrag zustande gekommen ist. Ihnen kommt es in erster Linie gerade auf den Kernvertrag an. Nur so lassen sich die Sachverhalte sinnvoll erklären, in denen die Parteien das Geschäft trotz des Partialdissenses durchführen. Hiergegen wird zum Teil aber angeführt, daß das Scheitern des Vertrages dem Parteiwillen entspricht, da infolge der AGB-Kollision ein Dissens zum Vorschein kommt, der den Vertragsschluß hindert.[766] Dieses Gegenargument kann nicht überzeugen. Bedenkt man nur, daß gerade im internationalen Wirtschaftsverkehr die AGB standardmäßig einbezogen werden und sehr umfänglich sind, so wird schnell ersichtlich, daß den Parteien der konkrete Dissens oft gar nicht bewußt ist.[767] Es kann also festgehalten werden, daß die grundsätzliche Negierung eines wirksamen Vertragsschlusses im Rahmen der „Battle of Forms“ bei der Anwendung der „Theorie des letzten Wortes“ den parteilichen Willen nicht ausreichend berücksichtigt.

Ein weiterer Kritikpunkt der oft gegen die „last-shot-rule“ vorgebracht wird, ist die Zufälligkeit der vertraglichen Inhalte, sofern ein Vertrag bejaht wird.[768] Zufällig insofern, als sich nach der „last-shot-rule“ die AGB derjenigen Partei durchsetzen, die zuletzt vor der Geschäftsdurchführung auf ihre Geschäftsbedingungen verwiesen hat. In der Tat erscheint das Ergebnis der „Theorie des letzten Wortes“ nicht frei von dieser Kritik. Gerade bei Vertragsverhandlungen, die über einen längeren Zeitraum erfolgten, was im internationalen Wirtschaftsverkehr nicht unüblich ist, entscheidet oft der Zufall, wer am Ende formal als Anbietender anzusehen ist und seine (letztmalig) in Bezug genommenen Geschäftsbedingungen durchsetzt.[769] Im Übrigen wäre es meines Erachtens auch falsch zu glauben, daß die Parteien nach (längeren Verhandlungen) der Auffassung sind, der Klauselkatalog einer Partei setze sich vorrangig durch. Auch hier kollidiert das Ergebnis der „Theorie des letzten Wortes“ erneut mit den parteilichen Vorstellungen. Die Zufälligkeit des Vertragsinhaltes führt auch zu der mißlichen Konsequenz, daß ähnlich gelagerte Sachverhalte zu unterschiedlichen Ergebnissen führen können, je nachdem welche Standardbedingungen sich gerade durchsetzen.

Der nächste Kritikpunkt besteht in dem für die Parteien hohen Risiko während der vertragslosen Zeit. Zuvor wurde dargestellt, daß bei einer Anwendung der „Theorie des letzten Wortes“ ein Vertrag grundsätzlich nicht zustande kommt, bis das Gegenangebot angenommen wird, was regelmäßig durch die Geschäftsdurchführung erfolgen soll. Diese Situation führt dazu, daß sich beide Parteien während des „Hin und Her“ der wechselseitigen Angebote bzw.

---

[766] I.d.S. *Hennemann*, AGB-Kontrolle, Seite 92.

[767] Ähnlich *Kröll/Hennecke*, RIW 2001, 740.

[768] So z.B. *Sieg*, RIW 1997, 814.

[769] Vgl. auch *Soergel/Lüderitz/Fenge*, CISG, Art. 19 Rn. 20, der auf die Zufälligkeit der Charakterisierung einer Partei als „Annehmender“ hinweist.

Gegenangebote jederzeit vom Vertrag lösen können. Sofern aber schon Einigkeit über die essentialia negotii besteht, erscheint die Lösungsmöglichkeit aufgrund divergierender Regelungen über Nebenpunkte in den AGB nicht sachgerecht.[770] Die Kritik kann anhand von einem Beispiel verdeutlicht werden. Man stelle sich nur Fälle vor, in denen eine Partei nach längeren Verhandlungen und einer bereits bestehenden Einigung über die wesentlichen Vertragsinhalte aufgrund bestehender Differenzen in den wechselseitig verwiesenen AGB Abstand vom Vertrag nimmt. Der Käufer beispielsweise, weil er ein günstigeres Angebot hat, oder der Verkäufer, weil er die Ware gewinnbringender verkaufen kann. Hier würde trotz eines bereits im Kern bestehenden Vertrages die Möglichkeit eröffnet werden, sich nachträglich unter Berufung auf unwichtige Nebensächlichkeiten vom Geschäft zu lösen. Diese Konsequenz entspricht nicht dem fortgeschrittenen Stadium der parteilichen Übereinkunft und steht im Widerspruch zu der Vertragswirklichkeit im internationalen Geschäftsverkehr.
Aus der bis zur Geschäftsdurchführung bestehenden Vertragslosigkeit entsteht ein weiterer Kritikpunkt. Die Parteien werden gezwungen, der die AGB enthaltenen Erklärung der Gegenpartei stets unter Bezugnahme auf die eigenen Geschäftsbedingungen zu erwidern, wenn sie nicht Gefahr laufen wollen, sich den gegnerischen Standardklauseln zu unterwerfen. Diese den Parteien auferlegte Wiederholung erscheint sinnlos, da die jeweils in Bezug genommenen Klauselkataloge bereits bekannt sind.[771] Das mit der „last-shot-rule" oft entstehende Wechselspiel der Verweisung auf die jeweiligen AGB steht auch im Widerspruch zur Intention der Wiener Konvention. Nach Absatz 3 der Präambel des UN-Kaufrechts sollen die einheitsrechtlichen Regelungen der Vereinfachung des internationalen Kaufrechts dienen.[772] Diese Zielsetzung wird aber bei einer Anwendung der „Theorie des letzten Wortes" durch die Notwendigkeit wiederholter Verweisungen auf die jeweiligen AGB konterkariert.[773] Zum einen steht, wie soeben gezeigt, der Sinn der Wiederholungen in Frage, zum anderen verzögert sich das Geschäftsgeschehen bis zum Abschluß eines Vertrages. In beiden Aspekten kann vielmehr eine Erschwerung denn eine Förderung des internationalen Warenverkehrs gesehen werden.

Ein weiteres Argument gegen die „last-shot-rule" setzt daran an, daß diese Theorie davon ausgeht, daß in der Geschäftsdurchführung durch den Empfänger der modifizierten Annahme regelmäßig eine Zustimmung bzw. Unterwerfung hinsichtlich der AGB des Gegenangebots zu sehen sei. Vielfach wird dies

[770] I.d.S. auch *Schlechtriem/Schlechtriem*, CISG, Art.19 Rn.20, der dafür eintritt, daß ein nachträgliches „ Aussteigen " aus einem wirtschaftlich unvorteilhaften Geschäft unterbunden werden muß.
[771] *Soergel/Lüderitz/Fenge*, CISG, Art.19 Rn.5
[772] *Schlechtriem/Ferrari*, CISG, Präambel Rn.7
[773] Ähnlich *Kröll/Hennecke*, RIW 2001, 740

verneint.[774] Zum Teil wird zur Begründung darauf verwiesen, daß Allgemeine Geschäftsbedingungen häufig nicht oder nur oberflächlich gelesen werden. Infolgedessen sei die Zustimmung zu den modifizierten AGB durch die Geschäftsdurchführung nur eine Fiktion.[775] Gegen diese Begründung wehren sich die Vertreter der „Theorie des letzten Wortes" zu Recht. Das einheitliche Kaufrecht hat nämlich nicht die Aufgabe, die Achtlosigkeit im Umgang mit Standardbedingungen zu schützen.[776] Dennoch stellt die Gleichsetzung der Geschäftsdurchführung mit einer Zustimmung zu den AGB des Gegenangebots eine Fiktion dar. Bei realitätsnaher Betrachtung der Situation ist die Geschäftsdurchführung als Bestätigung des als bestehend erachteten Vertrages anzusehen. Den Parteien kommt es in erster Linie nicht auf die Nebenpunkte an, sondern sie konzentrieren sich regelmäßig auf die essentialia negotii. Dem Willen der Parteien nach (vgl. schon oben) wird oft davon auszugehen sein, daß diese den Vertrag bereits als wirksam ansehen, so daß eine Unterwerfung einer Seite unter die gegnerischen AGB infolge der Geschäftsdurchführung mit dem tatsächlichen Willen der Parteien nicht übereinstimmt. Gegen eine solche Auslegung der Geschäftsdurchführung vermag auch der Verweis auf Art.18 I nichts auszurichten.[777] Nach dieser Regelung kann schlüssiges Verhalten („sonstiges Verhalten") zwar eine Zustimmung darstellen, doch muß die Zustimmung unzweideutig zum Ausdruck kommen.[778] Unter Berücksichtigung des soeben dargelegten Hintergrundes kann die Geschäftsdurchführung aber gerade nicht eindeutig als Zustimmung gewertet werden. Vielmehr hat sie nur einen, den Vertrag, bestätigenden Charakter.

In einem letzten Schritt soll noch auf ein rechtfertigendes Argument der Vertreter der „last-shot-rule" eingegangen werden. Es wird vorgetragen, daß die „Theorie des letzten Wortes" eine klare Lösung darstelle, die die Rechtssicherheit fördere. Hierdurch könnten die Unternehmen ihre standardisierten Transaktionen auch besser planen.[779] Diesem Argument ist zuzugeben, daß die „last-shot-rule" insoweit der Rechtssicherheit dient, als sie dem Wortlaut des Art.19 entspricht. Allerdings ist auch die hier vertretene Lösung[780] mit Art.19 in Einklang zu bringen, so daß die „Theorie des letzten Wortes" keinen Alleingültigkeitsanspruch innehat. Im Übrigen erfährt die angedeutete Rechtssicherheit dort Einschränkungen, wo der Vertragsinhalt infolge der „last-shot-rule" vom Zufall abhängt. Gerade die Zufallskomponente,

---

[774] Vgl. z.B. *Schlechtriem/Schlechtriem*, CISG, Art.19 Rn.20; *Soergel/Lüderitz/Fenge*, CISG, Art.19 Rn.5; *Bonell*, An International Restatement of Contract Law, Seite 125.

[775] *Kröll/Hennecke*, RIW 2001, 739

[776] *Del Pilar Perales Viscasillas*, vgl. Fn.741, unter Punkt VI)E).

[777] So aber *Del Pilar Perales Viscasillas*, aaO, die davon ausgeht, daß ein „ act of performance " eine Zustimmung i.S.d. Art. 18 I zu den Bedingungen des Gegenangebots darstellt.

[778] *Witz/Salger/Lorenz/Witz*, CISG, Art.18 Rn.8

[779] *Del Pilar Perales Viscasillas*, vgl. Fn.741, unter Punkt VI)E)3).

[780] Vgl. hierzu unten in diesem Kapitel unter C)V)2).

deren sich die Vertragsparteien oft nicht bewußt sind, führt zu einer schwer vorhersehbaren Situation. Anders ist dies nur, wenn die Parteien um die Bedeutung der „letzten AGB“ wissen, denn dann kann geplant und bewußt zum eigenen Vorteil auf diese verwiesen werden. Allerdings entsteht dann wieder ein Wettlauf, der den Vertrag verzögert oder verhindert und den Parteien letztlich nicht dienlich ist. Daher vermögen die angesprochenen Argumente nicht zu überzeugen.

Zusammenfassend kann festgehalten werden, daß die „Theorie des letzten Wortes“ zur Lösung der „Battle of Forms“ nicht überzeugen kann. Dies gilt auch bzw. gerade unter Berücksichtigung der Verhältnisse im internationalen Kaufrecht. Mit der Ablehnung der „last-shot-rule“ ist aber noch nicht darüber befunden, wie die „Battle of Forms“ im UN-Kaufrecht zu lösen ist. Von daher verbleibt es, im Weiteren zu untersuchen, welches der richtige Lösungsansatz ist.

IV) Scheitern einer vertraglichen Übereinkunft

Der vollständigkeitshalber soll auch auf einen weiteren, bei weitem nicht so bedeutenden Lösungsansatz hingewiesen werden. Dieser geht einfach von dem Scheitern einer vertraglichen Übereinkunft bei einer „Battle of Forms“ aus.[781] Im Falle widerstreitender Geschäftsbedingungen soll es demnach infolge des Dissenses regelmäßig überhaupt nicht zu einem wirksamen Vertrag kommen. Die Begründung dafür, daß diese Ansicht abzulehnen ist, wurde schon im Zusammenhang mit den Untersuchungen zur „last-shot-rule“ mitgeliefert.[782] Unter Zugrundelegung des parteilichen Willens kann nämlich, sofern eine Einigung über die essentialia negotii erfolgte, nicht davon ausgegangen werden, daß der Vertrag gänzlich gescheitert ist. Vielmehr führt die Berücksichtigung des Parteiwillens zur Annahme eines Kernvertrages.

V) „Knock-out-rule“ als Lösung der „Battle of Forms“

Als letzter Lösungsansatz zur „Battle of Forms“ ist die „knock-out-rule“ (oder „Restgültigkeitstheorie“) zu nennen. Im Ergebnis führt eine Lösung i.S.dieser Theorie zur Annahme eines wirksam geschlossenen Vertrages, der die übereinstimmend vereinbarten essentialia negotii und die sonstigen Übereinstimmungen beinhaltet.[783] An die Stelle der kollidierenden

---

781 *Neumayer/Ming*, CISG, Art.19 Anm.6; vgl. auch die weiteren Hinweise bei *Schlechtriem / Schlechtriem*, CISG, Art.19 Rn.20 in Fn.64.
782 Vgl. oben in diesem Kapitel unter C)III).
783 *Soergel/Lüderitz/Fenge*, CISG, Art.19 Rn.5

Geschäftsbedingungen tritt das dispositive Recht.[784] Die „knock-out-rule" führt meines Erachtens zu Ergebnissen, die der Situation der „Battle of Forms" gerecht werden. Bei einer Einigung über die wesentlichen Inhalte geht sie von einem wirksam geschlossenen Kernvertrag aus, was dem tatsächlichen Willen der Parteien regelmäßig entspricht.[785] Gerade im internationalen Wirtschaftsverkehr sind die Parteien meist vorrangig daran interessiert, das Geschäft abzuwickeln, um den erhofften Profit einstreichen zu können. Die formularmäßig einbezogenen AGB spielen dabei regelmäßig eine untergeordnete Rolle. Die Konsequenz der Unwirksamkeit der kollidierenden AGB stellt ebenfalls eine sinnvolle Lösung dar. Beide Parteien haben mit dem Verweis auf die eigenen Geschäftsbedingungen deutlich gemacht, daß sie sich den gegnerischen Standardbedingungen grundsätzlich nicht unterwerfen wollen. Die den jeweiligen Interessen naheliegenste Lösung, welche nicht zu zufälligen Ergebnissen führt, ist die Ersetzung der widerstreitenden Regelungen durch das dispositive Recht. Ohne bereits auf Einzelfragen[786] im Rahmen der „knock-out-rule" einzugehen, kann festgehalten werden, daß dieser Lösungsansatz vom Ergebnis her allen anderen Theorien überlegen ist.

Ein wiederholt vorgebrachter Einwand gegen das Ergebnis der „knock-out-rule" im UN-Kaufrecht bezieht sich auf die historische Entstehung des Art.19. So wird unter Bezugnahme auf die Ablehnung des belgischen Vorschlags,[787] der die „Battle of Forms" i.S.d. „knock-out-rule" lösen sollte, darauf hingewiesen, daß eine solche Lösung dem gesetzgeberischen Willen widerspreche.[788] Diese Kritik ist jedoch zu pauschal gehalten. Betrachtet man die einzelnen Stellungnahmen der Ländervertreter, so relativiert sich die geübte Kritik. Einerseits lehnten etliche Vertreter den belgischen Vorschlag im Hinblick auf die „knock-out-rule" ab.[789] Insofern ist die Kritik nachvollziehbar. Andere Vertreter jedoch lehnten den Vorschlag zwar ab, waren aber grundsätzlich nicht gegen die „knock-out-rule".[790] Die ablehnende Haltung dieser Vertreter gegenüber dem belgischen Vorschlag resultierte aus Einzelheiten in dem Vorschlag und zeitlichen Gründen.[791] Daher kann den Ergebnissen der „knock-out-rule" nicht pauschal die gesetzgebende Intention zu Art.19 entgegengehalten werden. Die Ablehnung kann zum Teil auch als Abkehr von

---

784 *Schlechtriem/Schlechtriem*, CISG, Art.19 Rn.20

785 Vgl. schon oben in diesem Kapitel unter C)III).

786 Siehe hierzu unten in diesem Kapitel unter C)V)2)c).

787 Vgl. hierzu auch oben in diesem Kapitel unter C)II).

788 I.d.S. *Ludwig*, Der Vertragsschluß nach UN - Kaufrecht im Spannungsverhältnis von Common Law und Civil Law, Seite 414.

789 So z.B. der irländische Vertreter *Plunkett* (Nr.90), der jugoslawische Vertreter *Goldstajn* (Nr.98) und der griechische Vertreter *Krispis* (Nr.91), vgl. Official Records, Seite 288 f.

790 So der ägyptische Vertreter *Shafik* (Nr.89), der deutsche Vertreter *Landferman* (Nr.93) und der argentinische Vertreter *Boggiano* (Nr.99), vgl. Official Records, Seite 288 f.

791 Vgl. Fn. zuvor.

einer expliziten Regelung der „Battle of Forms“ gesehen werden.[792] Dieser Annahme steht der Umstand beiseite, daß eine explizite gesetzliche Fassung des Problems der widerstreitenden AGB ein schwieriges Unterfangen darstellt.[793] Im Übrigen ist die historische Betrachtungsweise zwar ein gewichtiges, aber nicht das allein maßgebliche Argument. Bei einer zweckorientierten Analyse der „Battle of Forms“ zeigt sich, wie zuvor dargelegt, die Vorzugswürdigkeit der durch die „knock-out-rule“ erreichten Ergebnisse. Letztlich kann die geübte Kritik nicht überzeugen. Um aber nicht dem Vorwurf, eine rein zielgerichtete Lösung anzubieten, zu unterfallen, bedarf es auch einer dogmatisch vertretbaren Begründung für die Anwendung der „knock-out-rule“ im UN-Kaufrecht.
Innerhalb der dieses Ergebnis letztlich befürwortenden Vertreter[794] und Rechtsprechung[795] gibt es jedoch unterschiedliche dogmatische Begründungen, sofern solche überhaupt geliefert werden. Diese gilt es nun zu untersuchen.

1) Anwendung der „knock-out-rule“ über Art.6

Etliche Autoren sind der Ansicht, daß eine Anwendung der „knock-out-rule“ dogmatisch über Art.6 herzuleiten ist.[796] In der Geschäftsdurchführung wird, sofern die essentialia negotii übereinstimmend vereinbart wurden, eine stillschweigende Derogierung des Art.19 gesehen.[797] Durch die Geschäftsdurchführung käme nämlich der Wille zum Ausdruck, daß die Parteien den Vertrag als geschlossen ansehen.[798] Hierdurch wiederum würden sie implizit verdeutlichen, daß keine der Parteien das Zustandekommen des Vertrages von der Durchsetzung seiner Standardbedingungen abhängig macht, was letztlich eine Ausschlußvereinbarung hinsichtlich des Art.19 darstelle.[799] Wenn dieses Vorgehen auch nachvollziehbar ist und zu den meines Erachtens richtigen Ergebnissen führt, so bleibt die rechtstechnische Begründung doch

[792] So *Kröll/Hennecke*, RIW 2001, 743, die jedoch zu einseitig auf diesen Punkt abstellen, um dem historischen Argument gegen die „knock-out-rule“ zu begegnen.
[793] Vgl. nur die Probleme und Kritik im Rahmen des § 2-207 UCC, oben in diesem Kapitel unter B)V)4); i.d.S. auch *Schlechtriem/Schlechtriem*, CISG, Art.19 Rn.20.
[794] *Sieg*, RIW 1997, 814; *Soergel/Lüderitz/Fenge*, CISG, Art.19 Rn.5; *Audit*, La vente internationale de marchandises, Anm. 71; *Holthausen*, RIW 1989, 518; *Staudinger/Magnus*, CISG, Art.19 Rn.24; *Mehren*, Am.J.Comp.L. 38 (1990), 275 ff, der sich aber nicht abschließend festlegt; *Detzer/Thamm*, BB 1992, 2378; *Niggemann*, RIW 1991, 377; *Achilles*, CISG, Art. 19 Rn. 5; *Heuzé*, La vente internationale de marchandises, Anm. 187; *Schlechtriem/Schlechtriem*, CISG, Art.19 Rn.20 m.w.N. aus der internationalen Literatur.
[795] AG *Kehl*, 06.10.1995, NJW-RR 1996, 565 f; BGH, 09.01.2002, ZIP 2002,673
[796] *Schlechtriem/Schlechtriem*, CISG, Art.19 Rn.20; *Staudinger/Magnus*, CISG, Art.19 Rn.25; *Witz/Salger/Lorenz/Witz*, CISG, Art.19 Rn.17; vgl. aus der Rechtsprechung AG *Kehl*, 06.10.1995, NJW-RR 1996, 565 f.
[797] Vgl. stellvertretend *Witz/Salger/Lorenz/Witz*, CISG, Art.19 Rn.17.
[798] *Schlechtriem/Schlechtriem*, CISG, Art.19 Rn.20
[799] *Witz/Salger/Lorenz/Witz*, CISG, Art.19 Rn.17

nicht frei von Kritik. Die Annahme einer stillschweigenden Abbedingung der Anwendbarkeit des Art.19 auf die „Battle of Forms“ kann nicht voll überzeugen. Für die Annahme einer stillschweigenden Abbedingungsvereinbarung bedarf es eines hinreichend deutlichen Parteiwillens, aus dem der Ausschlußwille klar hervorgeht.[800] Ob ein solcher durch die Geschäftsdurchführung im Falle widerstreitender Standardbedingungen aber grundsätzlich hervortritt, erscheint fraglich. Gerade in den Fällen, in denen sich die Parteien über den Partialdissens nicht bewußt sind oder sie ihn nicht beachten, fällt es schwierig, einen deutlich hervortretenden Ausschlußwillen anzunehmen. Für die Parteien stellen sich die Abweichungen in den AGB dann zwar nicht als besonders wichtig dar, doch kann dies nicht ohne weiteres mit einer Ausschlußvereinbarung gleichgesetzt werden. Hierfür fehlt es oft an einem greifbaren Abbedingungswillen. Daher steht die Befürwortung einer Ausschlußvereinbarung nicht im Einklang mit den strengen Anforderungen[801] an eine stillschweigende Abbedingung. Letztlich ist der Weg über Art.6 zur „knock-out-rule“ nicht ohne Bedenken gangbar und meines Erachtens abzulehnen.

2) Anwendung der „knock-out-rule“ über Art.8

a) Herleitung

Der hier vertretene Lösungsweg zur Anwendung der „knock-out-rule“ im Wiener Kaufrecht führt über Art.8. Ausgangspunkt der Überlegungen ist, daß ein Vertragsschluß im Falle sich widersprechender Standardbedingungen nach Art.19 I nur dann scheitert, wenn die AGB wesentlich voneinander abweichen. Liegt dagegen nur eine unwesentliche Abweichung vor, so kommt ein Vertrag zustande. Zuvor wurde angedeutet, daß sich die Beurteilung der Wesentlichkeit einer Abweichung i.S.d. Art.19 II, III zunächst nach dem Inhalt der Standardklauseln richtet und daß bei der „Battle of Forms“ regelmäßig keine unwesentlichen Abweichungen auftreten.[802] Allerdings kann sich die Unwesentlichkeit der Divergenz der AGB auch aus dem parteilichen Willen ergeben. Weisen die Parteien auf ihre eigenen AGB hin, so kommt es nur dann nicht zum Vertrag, wenn die Parteien ihrer Erklärung den Gehalt beimessen wollten, daß ihre abweichenden AGB so wesentlich sind, daß ein Vertragsschluß dahinter zurückzustehen hat. Läßt sich aber über den wirklichen Parteiwillen (Art.8 I) bzw. über eine objektive Auslegung der Umstände aus Empfängersicht (insbesondere aufgrund des Verhaltens der Parteien in Form der Geschäftsdurchführung, Art.8 II, III) ermitteln, daß die AGB nur zweitrangig sind und der wirksame Vertragsschluß im Vordergrund steht, so

[800] *Staudinger/Magnus*, CISG, Art.6 Rn.20; vgl. auch oben in Kapitel 4 unter B)II)1)b).
[801] Vgl. die obigen Ausführungen in Kapitel 4 unter B)II)1)b).
[802] Vgl. oben in diesem Kapitel unter C)III).

stellen sich die Abweichungen durch die in Bezug genommenen AGB als unwesentlich dar.[803] Berücksichtigt man nun, daß die Parteien im internationalen Wirtschaftsverkehr trotz eines Partialdissenses in erster Linie an einem wirksamen Vertragsschluß[804] interessiert sind, so wird ersichtlich, daß die zuvor skizzierte Lösung die meisten Fälle der „Battle of Forms“ erfaßt. Der hier favorisierte Weg über Art.8 hat gegenüber demjenigen über Art.6 den Vorteil, daß er an dem Wortlaut des Art.19 ansetzt. Ausgangspunkt ist nämlich die Differenzierung zwischen wesentlichen und unwesentlichen Abweichungen. Besonders ist nur, daß die Qualifizierung einer AGB-bedingten Abweichung über den parteilichen Willen beeinflußt wird. Dies ist jedoch unter dem im UN-Kaufrecht ausgeprägten Schutz der Privatautonomie möglich und geboten.[805] Interessant ist in diesem Zusammenhang, daß auch der BGH in seiner Entscheidung vom 09.01.2002[806] dem Lösungsansatz über Art.8 Rechnung trägt. Es mag infolge der Kürze der gerichtlichen Ausführungen dahingestellt sein, ob dies der BGH bewußt mit Blick auf die beschriebene Lösung tat. Nichts desto trotz führt der BGH aus: „Seine (die des Berufungsgerichts) tatrichterliche Würdigung, die Parteien hätten auf Grund der Durchführung des Vertrages zu erkennen gegeben, daß sie die fehlende Übereinstimmung zwischen den beiderseitigen Vertragsbedingungen nicht als im Sinne von Art.19 CISG wesentlich erachtet hätten, ist aus Rechtsgründen nicht zu beanstanden und wird von der Revision ausdrücklich hingenommen.“ Hieraus wird ersichtlich, daß auch der BGH es für richtig erachtet, aufgrund des durch Auslegung ermittelten parteilichen Willens die Wesentlichkeit der AGB-bedingten Abweichung zu verneinen. Er beschreitet insoweit, wenn auch nicht ausführlich begründend, den gleichen Weg, der der hier favorisierten Lösung zugrunde liegt.

Faßt man die bisherigen Untersuchungsergebnisse zusammen, so läßt sich festhalten, daß im Falle der „Battle of Forms“ trotz des teilweisen Dissenses ein Vertrag zustande kommt, sofern die Parteien durch ihr Verhalten zum Ausdruck gebracht haben, daß die in den AGB enthaltenen Abweichungen für sie nicht wesentlich sind. Damit ist aber nur die Frage beantwortet, ob ein Vertrag zustandekommen kann, nicht aber die Frage, welchen Inhalt er hat. Nach der hier vertretenen „knock-out-rule“ kommt der Vertrag mit den übereinstimmend vereinbarten essentialia negotii und den sonstigen vertraglichen

---

[803] Ebenso *Kröll / Hennecke*, RIW 2001, 742; diese Lösung lediglich andeutend *Soergel / Lüderitz/Fenge*, CISG, Art.19 Rn.5, der in der Geschäftsabwicklung ein Indiz für die Unwesentlichkeit der Abweichungen sieht.

[804] Zu der Frage, in welchem Zeitpunkt ein Vertrag entsteht und was im Einzelnen zu dessen Annahme nötig ist, vgl. unten in diesem Kapitel unter C)V)2)c)aa).

[805] Ähnlich *Kröll/Hennecke*, RIW 2001, 742, die in diesem Zusammenhang vom „ Primat der Parteiautonomie“ sprechen.

[806] BGH, 09.01.2002, ZIP 2002, 672-676; vgl. auch den Kurzkommentar zu dieser Entscheidung von *Theis*, EWiR 2002, 429-430.

Übereinstimmungen, unter Ausschluß der kollidierenden AGB, zustande.[807] Die Zweckmäßigkeit dieses Ergebnisses wurde bereits festgestellt.[808] Es verbleibt also noch die Darstellung der Herleitung, wie man zu diesem Ergebnis gelangt. Zunächst könnte man an eine entsprechende Anwendung des Art.19 II denken. Diese Regelung liegt auf den ersten Blick nahe, da von einer unwesentlichen Abweichung ausgegangen wird. Eine entsprechende Anwendung deshalb, weil sich die Unwesentlichkeit der Abweichung nicht aus dem Inhalt der kollidierenden Standardbedingungen i.S.d. Art.19 II, III ergeben hat, sondern aus der Berücksichtigung des parteilichen Willens. Die analoge Anwendung des Art.19 II setzt aber voraus, daß die Situation, in der von einer unwesentlichen Abweichung infolge des Inhalts auszugehen ist, mit derjenigen gleichzusetzen ist, in der sich die Unwesentlichkeit der Abweichung aufgrund des parteilichen Willens ergibt. Dem ist aber nicht so. In letzterer Konstellation sind sich die Parteien nämlich über einen Kernvertrag einig geworden, ohne sich dabei gleichzeitig den AGB der Gegenseite zu unterwerfen (z.B. durch die widerspruchslose Geschäftsdurchführung).[809] Genau dieses Ergebnis hätte aber Art.19 II, der vorsieht, daß der Vertrag mit den Änderungen der Annahme (d.h. den dort in Bezug genommenen abweichenden AGB) zustande kommt.[810] Daher ist die Regelung des Art.19 II nicht die passende Vorschrift für die vertragliche Inhaltsbestimmung bei der „Battle of Forms".
Als Lösungshilfe zu Art.19 im Rahmen der Kollision von Allgemeinen Geschäftsbedingungen bietet sich nun Art.2.22 der UNIDROIT Principles[811] an.[812] Diese Regelung sieht im Falle einer „Battle of Forms" vor, daß nur die

[807] Vgl. oben in diesem Kapitel unter C)V); so im Ergebnis auch der BGH, 09.01.2002, ZIP 2002, 673 f, wobei der BGH dieses Ergebnis im konkreten Fall alternativ auch aus der „Theorie des letzten Wortes" ableitet. Die Verkäuferin des deutsch-niederländischen Kaufvertrages über Milchpulver, welche ihre AGB zuletzt übersandt hat, habe nämlich nach Treu und Glauben nicht damit rechnen dürfen, daß sich ihre Bedingungen durchsetzen.

[808] Vgl. oben in diesem Kapitel unter C)V).

[809] Vgl. die obigen Ausführungen hierzu in diesem Kapitel unter C)III).

[810] Siehe Fn. zuvor.

[811] Diese Regelung lautet: „Where both parties use standart terms and reach agreement except on those terms, a contract is concluded on the basis of the agreed terms and of any standart terms which are common in substance unless one party clearly indicates in advance, or later and without undue delay informs the other party, that it does not intend to be bound by such a contract.";
die UNIDROIT Principles stellen Regeln dar, die zwar keine gesetzliche Verbindlichkeit innehaben, aber u.a. als Interpretationshilfen bei der Auslegung internationaler Konventionen dienen können. Sie wurden unter der Führung des Römischen Instituts für die Vereinheitlichung des Privatrechts entwickelt und enthalten Grundsätze, die für das internationale Vertragsrecht als besonders geeignet angesehen werden, vgl. *Boele - Woelki*, IPRax 1997, 161 ff.

[812] Ähnlich *Kröl /Hennecke*, RIW 2001, 742. Letztlich kommt das hier vertretene Lösungsmodell unter Zuhilfenahme des Art. 2. 22 der UNIDROIT Principles der Lösung von *Burkart*, vgl. oben in diesem Kapitel unter C)II), nahe, nur daß dieser mit der Annahme einer „internen Lücke" den falschen Ausgangspunkt wählt.

übereinstimmend vereinbarten Vertragsbedingungen zur Geltung gelangen. Die kollidierenden Standardbedingungen sind hiernach unwirksam. Diese Lösung entspricht einer sachgerechten Handhabung des Problems widerstreitender Geschäftsbedingungen im UN-Kaufrecht.[813] Zudem bietet sich der Rückgriff auf Art.2.22 der UNIDROIT Principles auch deswegen an, da so das hier favorisierte Vorgehen nicht der Kritik des „homevard trend“[814] unterfällt. Die UNIDROIT Principles beinhalten nämlich Grundsätze, die für das internationale Vertragsrecht als geeignet angesehen werden können und ihren Ursprung nicht in einer nationalen Rechtsordnung haben. Außerdem berücksichtigt Art.2.22 der UNIDROIT Principles den Umstand, daß die „knock-out-rule“ nicht sachgerecht ist, wenn eine der Parteien ausdrücklich (im Vorfeld oder nachträglich) darauf hinweist, daß sie den Vertrag nur unter Geltung der eigenen AGB zustande kommen lassen will. So soll nämlich ein entsprechender Widerspruch einen Vertragsschluß verhindern. Demnach wird diese Regelung der bereits zuvor getroffenen Differenzierung gerecht, wonach die Fälle, in denen den gegnerischen Geschäftsbedingungen ausdrücklich (unter Hinweis auf die eigenen AGB) widersprochen wurde, nach der „Theorie des letzten Wortes“ zu behandeln sind.[815] Art.2.22 der UNIDROIT Principles stellt somit eine insgesamt gelungene Regel für die „Battle of Forms“ dar, so daß auf sie zurückzugreifen ist bei der Frage, welches die Konsequenzen für die kollidierenden AGB sind, wenn man die AGB-bedingten Abweichungen aufgrund des parteilichen Willens als unwesentlich qualifiziert.
Unterstützend für den in Rede stehenden Lösungsweg kann auch auf Art.2:209 der Lando-Principles[816] verwiesen werden. Dieser sieht ebenfalls eine Lösung der „Battle of Forms“ i.S.d. Obigen vor.

---

[813] Vgl. auch die obigen Ausführungen in diesem Kapitel unter C)V).

[814] Siehe hierzu Fn. 728; „homevard trend“ insofern, als eine dem deutschen Recht ähnliche Lösung vorgeschlagen wird.

[815] Vgl. oben in diesem Kapitel unter C)III).

[816] Diese Regel lautet: „(1) If the parties have reached agreement except that the offer and acceptance refer to conflicting general conditions of contract, a contract is nonetheless formed. The general conditions form part of the contract to the extent that they are common in substance.

(2) However, no contract is formed if one party:

(a) has indicated in advance, explicitly, and not by way of general conditions, that it does not intend to be bound by a contract on the basis of paragraph (1); or

(b) without delay, informs the other party that it does not intend to be bound by such contract.

(3) General conditions of contract are terms which have been formulated in advance for an indefinite number of contracts of a certain nature, and which have not been individually negotiated by the parties;

die Lando-Principles wurden von der Commission on European Contract Law unter der Leitung von *Ole Lando* entwickelt und sollen für die europäische Rechtsentwicklung Vorbild sein, vgl. *Berger*, Formalisierte oder „schleichende“ Kodifizierung des transnationalen Wirtschaftsrechts, Seite 185 f.

b) Zusammenfassung

Zusammenfassend kann festgehalten werden, daß im UN-Kaufrecht bei einer „Battle of Forms“ ein Vertrag mit den übereinstimmend vereinbarten Bedingungen zustandekommt, sofern eine Einigung über die essentialia negotii vorliegt. Ferner setzt der Vertrag voraus, daß die Parteien zum Ausdruck bringen, daß sie trotz des AGB-bedingten Partialdissenses an der vertraglichen Übereinkunft festhalten wollen. Hierdurch sind die Abweichungen als unwesentlich zu qualifizieren. Korrespondierend hierzu darf auch keine Partei durch ausdrückliche Erklärung (im Vorfeld oder unverzüglich im Nachhinein) den Vertragsschluß an die Geltung ihrer AGB knüpfen. Die kollidierenden Geschäftsbedingungen gelangen nicht zur Geltung.
Dogmatisch knüpft die hier vertretene Lösung i.S.d. „knock-out-rule“ an der Differenzierung zwischen wesentlichen und unwesentlichen Abweichungen an, deren Qualifizierung über Art.8 durch den parteilichen Willen beeinflußt wird. Zur Bestimmung des Vertragsinhaltes wird sodann hilfsweise auf Art.2.22 der UNIDROIT Principles bzw. auf Art.2:209 der Lando-Principles zurückgegriffen. Diese Lösung erfährt eine Bestätigung durch die Entscheidung des BGH vom 09.01.2002.
Im Übrigen bleibt abzuwarten, wie die verschiedenen nationalen Gerichte in Zukunft mit dem Problem widerstreitender AGB umgehen. Zugunsten einer einheitlichen Rechtsanwendung und der Erreichung sachgerechter Ergebnisse bleibt zu hoffen, daß sich die Gerichte der „knock-out-rule“ anschließen. Vorschub in diese Richtung hat sicherlich die Entscheidung des BGH gebracht, doch verbleiben Zweifel, ob sich auch die nationalen Gerichte der „Restgültigkeitstheorie“ anschließen, deren nationales Verständnis im Gegensatz zu der vorgeschlagenen Lösung steht.

c) Einzelfragen

Auf der Basis der zuvor entwickelten grundsätzlichen Lösung der „Battle of Forms“ gilt es im Folgenden noch einige Einzelfragen zu beantworten. So soll untersucht werden, wie und wann genau von einem Vertragsschluß auszugehen ist. Weiterhin wird darauf Bezug genommen, welche Bedeutung Abwehrklauseln haben. Sodann wird erörtert, welches die dispositiven Regelungen sind, die an die Stelle der kollidierenden AGB treten. Interessant und von praktischer Bedeutung ist auch die Frage, was mit lediglich einseitig geregelten Geschäftsbedingungen geschieht. Anschließend wird dazu Stellung genommen, wie zu verfahren ist, wenn die Standardbedingungen zwar voneinander abweichen, letztlich jedoch zum selben Ergebnis führen.

aa) Vertragsschluß

Unter der Prämisse, daß im Falle widerstreitender AGB trotz des teilweisen Dissenses ein Kernvertrag entstehen kann, stellt sich die Frage, unter welchen Voraussetzungen dies der Fall ist und wann der Vertrag zustande kommt.
Hinsichtlich der vertragskonstitutiven Voraussetzungen wurde bereits festgestellt, daß es einer Einigung über die essentialia negotii bedarf. Weiterhin muß sich aus den Umständen ergeben, daß die Abweichungen in den Geschäftsbedingungen für die Parteien unwesentlich sind, d.h. der Vertragsschluß vorrangige Bedeutung hat. Gemäß Art.8 III kann zur Beurteilung des den parteilichen Erklärungen zugrundeliegenden Willens insbesondere das spätere Parteiverhalten herangezogen werden. Hierauf wird sich bei der „Battle of Forms" auch regelmäßig die Beurteilung des parteilichen Willens stützen. Es wird nämlich nur selten zu Sachverhalten kommen, in denen die Parteien eine ausdrückliche Erklärung abgeben, wonach der Vertrag trotz des teilweisen Dissenses gelten soll. Vielmehr ist die Geschäftsdurchführung das Paradebeispiel für den parteilichen Willensausdruck, daß die in den Erklärungen enthaltenen Abweichungen nur als unwesentlich zu beurteilen sind und der Vertrag zur Geltung kommen soll.[817] Damit die Geschäftsdurchführung tatsächlich den beiderseits bestehenden parteilichen Willen im soeben beschriebenen Sinne ausdrückt, bedarf es aber einer Teilnahme beider Parteien an der Ausführung.[818] Dieses Erfordernis erklärt sich damit, daß nur bei beiderseitiger Beteiligung von einem gemeinsamen Vertragswillen ausgegangen werden kann. Es ist aber darauf hinzuweisen, daß nicht unbedingt ein aktives Tun notwendig ist. So reicht es auch aus, wenn eine Partei beispielsweise die Vertragserfüllung widerspruchslos annimmt oder einfach geschehen läßt.[819] Als Beispiel kann der Fall genannt werden, daß der Käufer die Lieferung der Ware und deren Aufstellen an einem ihm zuzuordnenden Stellplatz in Kenntnis der Vorgänge ohne jegliches Zutun geschehen läßt. Auch hier wird deutlich, daß die Parteien von der Unwesentlichkeit der Abweichungen in den Standardbedingungen und der Wirksamkeit des Vertrages ausgehen.
Neben der Geschäftsdurchführung können aber auch andere Umstände zur Annahme führen, daß die Differenzen in den AGB nur als unwesentlich anzusehen sind, so daß von einem wirksamen Kernvertrag auszugehen ist. Abgesehen von etwaig denkbaren Einzelfällen, die in der Praxis zu einer entsprechenden Annahme führen, kann beispielhaft auf parteiliche

[817] I.d.S. können all die Einschätzungen verstanden werden, wonach in der Geschäftsdurchführung eine Bekundung der Parteien zur Wirksamkeit eines Kernvertrages zu sehen ist, vgl. u.a. *Staudinger/Magnus*, CISG, Art.19 Rn.24; *Witz/Salger/Lorenz/Witz*, CISG, Art.19 Rn.16; *Sieg*, RIW 1997, 814; *Soergel/Lüderitz/Fenge*, CISG, Art. 19 Rn. 5; vgl. aus der Rechtsprechung AG *Kehl*, 06.10.1995, NJW-RR 1996, 565; BGH, 09.01.2002, ZIP 2002, 673.

[818] So ausdrücklich auch *Schlechtriem/Schlechtriem*, CISG, Art.19 Rn.20; *Witz/Salger/Lorenz/Witz*, CISG, Art.19 Rn.16.

[819] Ähnlich *Witz/Salger/Lorenz/Witz*, CISG, Art.19 Rn.16.

Vorbereitungshandlungen verwiesen werden.[820] So ist es durchaus denkbar, daß in der Situation einer „Battle of Forms“ und einer Einigkeit über die essentialia negotii der Verkäufer Liefervorbereitungen trifft und der Käufer sich auf die Entgegennahme der Ware einrichtet. Dies ist immer dann vorstellbar, wenn es um große Waren geht (z.B. Maschinen), deren Transport und Entgegennahme eine eigene Organisation erfordert. Gerade im internationalen Kaufrecht kann diese Fallvariante vermehrt auftreten, da hier oft Geschäfte großer logistischer Ordnungen Inhalt der vertraglichen Vereinbarung sind. In der mehr oder weniger aufwendigen Vorbereitung wird schon vor der eigentlichen Geschäftsdurchführung deutlich, daß die Parteien den Abweichungen infolge der jeweiligen AGB nur unwesentliche Bedeutung zumessen bzw. den Vertrag als gültig ansehen.

Nachdem die Voraussetzungen dargestellt wurden, unter denen von einem wirksamen Vertragsschluß auszugehen ist, gilt es noch die Frage zu beantworten, in welchem Zeitpunkt der Vertrag zustande gekommen ist. Zwei verschiedene Zeitpunkte sind denkbar. Einerseits derjenige, in dem durch die Umstände (z.B. die Geschäftsdurchführung) ersichtlich wird, daß die Parteien von einer unwesentlichen Abweichung in den AGB und einem wirksamen Vertrag ausgehen. Andererseits kann auf den Zeitpunkt abgestellt werden, in dem die Erklärung zugeht, die trotz des Partialdissenses erstmalig eine übereinstimmende Vereinbarung der essentialia negotii bewirkt. Die Beantwortung dieser Frage muß so ausfallen, wie sie zuvor schon für das deutsche Recht angedeutet wurde.[821] Maßgeblich ist demnach der Zeitpunkt der erstmalig bewirkten Einigung über die essentialia negotii.[822] Dieser Ansicht könnte entgegengehalten werden, daß zu diesem Zeitpunkt nach außen hin noch gar nicht erkennbar ist, ob die Parteien tatsächlich einen Bindungswillen hatten. Dem ist insoweit zuzustimmen, als ein Wille, die Einordnung der AGB-bedingten Abweichung als unwesentlich anzusehen, bzw. ein vertraglicher Bindungswille noch nicht greifbar ist. Dies ändert aber nichts daran, daß wenn die Parteien einen entsprechenden Willen haben, dieser bereits im Zeitpunkt der erstmaligen Einigung besteht. Von daher ist ein Vertrag als zu diesem Zeitpunkt geschlossen anzusehen.[823] Inwieweit der Bindungswille bereits vor Durchführung oder sonstiger bestätigender Umstände greifbar ist, stellt eine andere Frage dar. Betroffen ist hiervon die Nachweisbarkeit des Vertragsschlußwillens, aber nicht die konstitutive Wirkung der parteilichen

[820] I.d.S. auch *Schlechtriem/Schlechtriem*, CISG, Art.19 Rn.20.

[821] Vgl. oben in diesem Kapitel unter B)I) insbesondere in Fn.667.

[822] Für deutsches Recht ebenso *Ulmer/Brandner/Hensen/Ulmer*, AGBG, § 2 Rn.98.

[823] So wohl auch *Staudinger/Magnus*, CISG, Art.19 Rn.24, der von einer „Bestätigung“ des Vertragsschlußwillens durch die Durchführungsakte ausgeht. Ein Vertragsschlußwille kann nur bestätigt werden, wenn er bereits vor Geschäftsdurchführung bestand. Sofern ein entsprechender Wille vorher bestand, führt dies letztlich zur Konsequenz eines Vertrages im Zeitpunkt der erstmaligen Einigung über die essentialia negotii.

Erklärung. Den äußerlich greifbaren Umständen wie der Geschäftsdurchführung kommt daher ein rückwirkend bestätigender Charakter zu.

bb) Abwehrklauseln

Zum Teil wird der Existenz einer Abwehrklausel gegenüber den gegnerischen AGB für die Anwendung der „knock-out-rule“ Bedeutung zugemessen.[824] Die damit verbundene Annahme, daß die Geschäftsdurchführung in Ermangelung einer Abwehrklausel als Unterwerfung unter die gegnerischen Standardbedingungen angesehen werden kann, geht jedoch fehl. Meines Erachtens ist die Existenz einer Abwehrklausel für die Anwendung der „knock-out-rule“ nicht ausschlaggebend.[825] Dies ergibt sich daraus, daß z.B. mit der Geschäftsdurchführung auch beim Fehlen einer Abwehrklausel nicht die Akzeptanz der gegnerischen AGB angenommen werden kann. Vielmehr ist die oben skizzierte Lösung zu beschreiten. Andernfalls würde man den tatsächlichen Willen der Parteien (insbesondere derjenigen, die das Geschäft ohne Existenz einer eigenen Abwehrklausel ausführt) realitätsfern auslegen.[826] Den Parteien kommt es nämlich in erster Linie auf die Durchführung des (Kern-) Vertrages an, ohne sich dabei im Einzelnen mit den kollidierenden AGB auseinanderzusetzen, wenn ihnen der Teildissens überhaupt bewußt ist . Es wäre daher falsch anzunehmen, eine Partei wolle die gegnerischen AGB vorrangig akzeptieren.
Abgesehen davon stellt die Geschäftsdurchführung oder ein sonstiges Verhalten in Ermangelung einer Abwehrklausel schon deshalb keine Unterwerfung unter die AGB des Gegenübers dar, weil der Vertrag schon im Zeitpunkt der erstmaligen Einigkeit über die essentialia negotii entsteht.[827] Zu diesem Zeitpunkt, d.h. vor Geschäftsdurchführung, ist der Vertrag bereits entstanden, mit dem Inhalt der übereinstimmend vereinbarten Bedingungen und unter Ausschluß der kollidierenden AGB. Eine spätere Unterwerfung unter die gegnerischen AGB ist demnach gar nicht mehr möglich, es sei denn der Vertrag wird abgeändert oder neu geschlossen. Dies ist aber sicherlich nicht in der Geschäftsdurchführung zu erblicken.

Wenn der Abwehrklausel aber keine Bedeutung bei der Unterwerfung unter die gegnerischen AGB im Rahmen des Vertragsschlusses zukommt, so ist deren

---

[824] Vgl. so z.B. für deutsches Recht die Nachweise bei *Ulmer / Brandner / Hensen / Ulmer*, AGBG, § 2 in Fn.287.

[825] So auch *Ulmer/Brandner/Hensen/Ulmer*, AGBG, § 2 Rn.98 m.w.N. für deutsches Recht; i.d.S. auch *Witz/Salger/Lorenz/Witz*, CISG, Art.19 Rn.17, für das einheitliche Kaufrecht.

[826] Vgl. schon die obige Argumentation in diesem Kapitel unter C)III).

[827] Vgl. oben in diesem Kapitel unter C)V)2)c)aa).

Existenz belanglos.[828] Letztlich ist die „knock-out-rule“ i.S.d. hier vertretenen Auffassung unabhängig von der Existenz einer Abwehrklausel anzuwenden. Der vollständigkeitshalber sei noch einmal darauf hingewiesen, daß eine standardisierte Abwehrklausel auch nicht ausreichend ist, um eine Erklärung im Vorfeld derart auszugestalten, daß ein Vertrag nur bei vollständiger Geltung der eigenen AGB zustandekommen soll.[829]

cc) Kollidierende AGB - Anwendung dispositiver Regelungen

Es wurde festgestellt, daß an die Stelle der kollidierenden Standardbedingungen das dispositive Recht treten soll.[830] Was aber noch nicht beantwortet wurde, ist die Frage, welches Recht damit gemeint ist. Die Antwort ist jedoch unproblematisch. So wird, sofern eine Lösung i.S.d. „knock-out-rule“ verfolgt wird, einhellig davon ausgegangen, daß die Regeln der CISG inklusive seiner Ergänzungen nach Art.7 II maßgeblich sind.[831] Diese Situation ähnelt derjenigen, die entsteht, wenn eine Standardklausel infolge einer Inhaltskontrolle unwirksam ist und die entstandene Lücke über die Regeln des UN-Kaufrechts zu schließen sind.[832] Jeweils ist ein Rückgriff auf die einheitsrechtlichen Vorschriften geboten, um der grundlegenden Geltung der Wiener Konvention für den betroffenen Vertrag gerecht zu werden. Diese Annahme stellt eine Selbstverständlichkeit dar, da ansonsten die Geltung des Einheitsrechts umgangen werden würde.

In dem Kontext kollidierender Geschäftsbedingungen ist auch interessant, daß sich nach französischem Recht nur diejenigen widersprechenden AGB aufheben und zur Anwendung dispositiven Rechts führen, die äußerlich gleichrangig sind.[833] Vor der Prüfung einer inhaltlichen Differenz zwischen Standardbedingungen ist demnach festzustellen, ob sich die potentiell kollidierenden AGB ihrer Klarheit und Deutlichkeit nach einander entsprechen. Ist das nicht der Fall, so fehlt es der klaren Standardklausel an einem Widerpart und sie setzt sich durch. Dieses Vorgehen stellt meines Erachtens keine nachzuvollziehende Anregung für das UN-Kaufrecht dar. Für die Prüfung der Klarheit und Deutlichkeit einer Klausel stehen nämlich die allgemeinen Einbeziehungsvoraussetzungen[834] zur Verfügung, die unzureichenden Geschäftsbedingungen schon von vornherein die vertragliche Einbeziehung

[828] Eine Bedeutung kann der Abwehrklausel jedoch im Zusammenhang mit der Geltung von einseitig geregelten AGB zukommen, vgl. unten in diesem Kapitel unter C)V)2)c)dd).
[829] Vgl. oben in diesem Kapitel unter C)III).
[830] Vgl. oben in diesem Kapitel unter C)V).
[831] Siehe die Nachweise in Fn.794.
[832] Vgl. hierzu die Ausführungen in Kapitel 3 unter C)I)6) im Zusammenhang mit der AGB-Inhaltskontrolle nach unvereinheitlichtem deutschem Recht.
[833] *Hennemann*, AGB-Kontrolle, Seite 58 m.w.N.
[834] Vgl. oben in Kapitel 2 unter B).

versagen. Einerseits sind diese Grundsätze spezieller als eine Abwägung der äußeren Gestaltung im Rahmen der „Battle of Forms“, andererseits ist nicht ersichtlich, warum man äußerlich unklare Bedingungen überhaupt über die Hürde der allgemeinen Einbeziehungsvoraussetzungen kommen lassen soll. Haben die AGB die allgemeinen Einbeziehungsvoraussetzungen jedoch überwunden, so ist nicht ersichtlich , warum sie erneut in diese Richtung überprüft werden sollten. Demnach ist für die Frage einer Kollision von Geschäftsbedingungen unter UN-Kaufrecht alleine der Inhalt der Standardbedingungen maßgeblich, wobei nicht nur der Wortlaut ausschlaggebend ist, sondern eine Gesamtwürdigung aller betroffenen Regelungen vorzunehmen ist.[835]

dd) Einseitig geregelte AGB

Ein weiteres Sonderproblem, welches sich in der Geschäftspraxis häufig stellen kann, ist darin zu sehen, wie man mit Standardbedingungen verfährt, die lediglich eine Vertragspartei verwendet. Gemeint sind solche AGB, die eine vom dispositiven Recht abweichende Regelung beinhalten, zu denen es aber keine korrespondierende Klausel in den Geschäftsbedingungen des Vertragspartners gibt. Eine solche Situation kann entstehen, wenn entweder nur eine Seite Regelungen zu bestimmten Inhalten trifft oder wenn die AGB einer Seite schon an den allgemeinen Einbeziehungsvoraussetzungen scheitern. Diese Problematik wird in den verschiedenen Nationen unterschiedlich behandelt. Zum Teil wird grundlegend danach unterschieden, ob die zusätzlichen Bedingungen im Angebot oder in der Annahme auftauchen, um dann weiter entscheiden zu können,[836] teilweise gereichen die zusätzlichen Bedingungen nur zur Wirksamkeit, wenn die Auslegung des Willens der anderen Partei ein Einverständnis ergibt[837] und letztlich wird grundsätzlich von der Wirksamkeit zusätzlicher Standardklauseln ausgegangen.[838] Für das UN-Kaufrecht wird, soweit ersichtlich, ein Vorgehen i.S.d. ersten Lösung favorisiert. So soll eine zusätzliche Bedingung nur Vertragsinhalt werden, wenn sie abweichend von der gesetzlichen Regel den zwischen den Parteien bestehenden Gepflogenheiten oder Gebräuchen entspricht oder die Auslegung des Parteiwillens der anderen Seite eine Zustimmung erkennen läßt.[839] Als Begründung könnte man anführen, daß auch bei einseitig geregelten AGB regelmäßig ein Widerspruch besteht. Dieser läßt sich so herleiten, daß einseitig geregelte Punkte fast immer mit dem dispositiven Recht kollidieren. Das dispositive Recht wiederum muß aber als

[835] BGH, 09.01.2002, ZIP 2002, 673

[836] So z.B. in den USA, vgl. Näheres oben in diesem Kapitel unter B)V)1)b) und B)V)2).

[837] So z.B. in Deutschland, vgl. Fn.664.

[838] So z.B. in der Schweiz, vgl. Fn.678 und in Frankreich, vgl. Fn.685.

[839] *Witz/Salger/Lorenz/Witz*, CISG, Art.19 Rn.18; *Schlechtriem/Schlechtriem*, CISG, Art.19 Rn.20

Ergänzung zu der Vertragserklärung derjenigen Partei gerechnet werden, deren AGB zu einem bestimmten Punkt schweigen.[840] Diese Argumentationskette und der Ausschluß zusätzlicher Klauseln, abgesehen von den zuvor erwähnten Ausnahmefällen, vermag jedoch nicht zu überzeugen. Meines Erachtens sind einseitig geregelte Geschäftsbedingungen grundsätzlich zum Vertragsinhalt hinzuzuziehen. Es sollen nämlich nur kollidierende AGB nicht zur Geltung kommen. Der Weg über einen Widerspruch zwischen dem dispositiven Recht (als Teil der Vertragserklärungen) und den einseitig geregelten AGB erscheint aber sehr konstruiert. Eine echte zwischen den Parteien bestehende Kollision kann nur angenommen werden, wenn jeweils in Bezug genommene Regelungen tatsächlich aufeinander treffen.
Im Übrigen würde die Unwirksamkeit zusätzlicher Klauseln zu unerwünschten Konsequenzen für den Wirtschaftsverkehr führen. Fallen nämlich alle einseitig geregelten AGB im Falle einer „Battle of Forms" aus dem Vertrag heraus, so könnten die Parteien durch die Verwendung einer einzigen widersprechenden Bedingung den gesamten Klauselkatalog des Geschäftspartners soweit entkräften, daß nur dispositives Recht gilt. Natürlich gilt dies nicht für übereinstimmende AGB, doch entsprechen solche Klauseln ohnehin den beiderseitigen Interessen. Die mit der Verwendung von AGB verbundene Rationalisierung und Verbesserung der eigenen rechtlichen Position könnte sehr einfach unterlaufen werden, was mit der wettbewerbsorientierten Situation im internationalen Geschäftsverkehr nicht vereinbar ist.

Daher sollten meines Erachtens zusätzliche, einseitig geregelte AGB grundsätzlich Teil des Vertrages werden im Falle einer „Battle of Forms". Selbstverständlich verbleibt derjenigen Partei, deren AGB zu einem bestimmten Punkt schweigen, die Möglichkeit eines Widerspruchs, so daß ein Vertrag unter Einbeziehung der zusätzlichen Bedingungen nicht angenommen werden kann. Dieser Widerspruch kann im Vorfeld (z.B. durch eine Abwehrklausel[841]) oder zeitnah im Nachhinein erfolgen.

ee) Sonderkonstellation bei widerstreitenden AGB

In diesem letzten Abschnitt zur „Battle of Forms" soll noch zu einer Sonderkonstellation Stellung genommen werden, die bei einer AGB-Kollision auftreten kann. Gemeint sind damit die Fälle, in denen die Standardbedingungen zwar voneinander abweichen, letztlich jedoch zum selben Ergebnis führen. Die Situation wird an folgendem Beispiel verdeutlicht:

---

840 *Schlechtriem/Schlechtriem*, CISG, Art.19 Rn.20

841 I.d.S. kann die Entscheidung des BGH, 24.10.2000, NJW-RR 2001, 484 f herangezogen werden. Diese betrifft zwar keinen CISG-Fall, doch wird deutlich, daß eine Abwehrklausel als Widerspruch zu einseitig geregelten AGB anzusehen ist.

In einem der CISG unterfallenden internationalen Kaufvertrag hat ein Verkäufer in seinen AGB eine Regelung aufgenommen, welche die Zinshöhe im Falle eines Zahlungsverzuges von temporären Umständen abhängig macht. Er legt seiner Erklärung also ein variables Modell zu Grunde, wie es z.B. in § 288 BGB existiert. Der Käufer dagegen sieht in seinen AGB für Zahlungsverzug einen bestimmten Zinssatz vor. Nun tritt Zahlungsverzug ein und die Situation stellt sich derart dar, daß die Zinshöhe nach den jeweiligen AGB im konkreten Fall zufällig identisch ist.
Geht man von dem bisher Gesagten zur „Battle of Forms" aus, so wären die Zinsregelungen an sich unwirksam und kämen nicht zur Anwendung. Die Zinshöhe müßte dann über die dispositiven Vorschriften des UN-Kaufrechts (Art.78) ermittelt werden, wonach die Zinshöhe nach überwiegender Auffassung dem internationalprivatrechtlich anwendbaren nationalen Recht zu entnehmen ist.[842] Der so ermittelte Zinssatz kann aber ungleich zu demjenigen sein, der im konkreten Fall nach den AGB beider Parteien identisch ist. Hier fragt sich, ob ein Ausschluß der widersprechenden AGB trotz des zufällig gleichen Ergebnisses, welches aber von dem der CISG abweicht, sinnvoll ist. Meines Erachtens sollten in Einzelfällen dieser Art ausnahmsweise die widersprechenden, aber ergebnisgleichen, AGB zugrunde gelegt werden.[843] Dagegen könnte zwar angeführt werden, daß ein solches Vorgehen in der Praxis unpraktikabel ist, da erst beide Alternativen überprüft werden müssen, doch stellt dieses Erfordernis lediglich einen erhöhten Arbeitsaufwand dar. Auf der anderen Seite kann man mit der hier vorgeschlagenen Vorgehensweise dem Interesse beider Parteien vollkommen gerecht werden, trotz der Kollision der Standardklauseln. Diese Lösung steht auch im Einklang mit der im Rahmen der „Battle of Forms" hier stets vorrangigen Berücksichtigung des parteilichen Willens. Im Übrigen ist auch kein Argument ersichtlich, warum dem letztlich übereinstimmenden Parteiwillen nicht stattgegeben werden sollte, wenn auch der Zufall zur Ergebnisgleichheit führt.

[842] *Staudinger/Magnus*, CISG, Art.78 Rn.12

[843] I.d.S. auch *Honsell/Vogt/Wiegand/Bucher*, OR I, Art.1 Rn.68, jedoch ohne speziellen Bezug zum UN-Kaufrecht.

Abschlußbemerkungen

Nachdem die Untersuchungen abgeschlossen sind, kann festgehalten werden, daß Allgemeine Geschäftsbedingungen in der Vertragspraxis insbesondere auch unter Geltung des UN-Kaufrechts eine wichtige Funktion einnehmen. Die mit der Verwendung von Allgemeinen Geschäftsbedingungen zusammenhängenden Fragen sind teilweise noch nicht (abschließend) geklärt. Hieraus und aus dem nicht immer einfachen Zusammenspiel von Einheitsrecht und unvereinheitlichtem nationalem Recht ergibt sich ein Gestaltungsspielraum bei der Ausgestaltung von AGB. Dieser bietet für den kundigen Verwender von Standardbedingungen die Möglichkeit, seine Interessen verstärkt durchzusetzen. Auf der anderen Seite besteht aber für den nicht kundigen Handelnden die Gefahr, daß infolge der Anwendung des UN-Kaufrechts Ergebnisse auftreten, die nicht vorhergesehen waren. Diese Umstände machen die Frage nach der Behandlung von vorformulierten Vertragsbedingungen im UN-Kaufrecht zu einer lebendigen und spannenden Thematik, wodurch ihre besondere Bedeutung zum Ausdruck kommt.

Angesichts der zunehmenden Verbreitung der Wiener Konvention und den mit deren Anwendung verbundenen Chancen für eine vereinfachte Geschäftsabwicklung sollten sich alle potentiell im UN-Kaufrecht agierenden Parteien mit den einheitsrechtlichen Regelungen vertraut machen. Meines Erachtens ist es aufgrund der über die Anwendung des Einheitsrechts zu erreichenden Rationalisierung internationaler Geschäfte auch sinnvoll, auf die Vorschriften der CISG zurückzugreifen und die Wiener Konvention nicht abzubedingen. Vielmehr noch kann es durchaus zweckmäßig sein, die Kaufrechtskonvention ausdrücklich anzuwählen, sofern deren Anwendungsvoraussetzungen nicht erfüllt sind. Auf diesem Weg kann der international Handelnde einen weitgehend einheitlichen rechtlichen Rahmen für all seine Geschäfte schaffen, ohne dabei die jeweiligen in Betracht kommenden nationalen Vorschriften zu berücksichtigen. Eine Einschränkung erfährt die Schaffung eines einheitlichen Rahmens aber immer dann, wenn eine externe Lücke der CISG betroffen ist.

Peter Lang · Europäischer Verlag der Wissenschaften

Hans Markus Wulf

UN-Kaufrecht und eCommerce

Problembereiche bei der Anwendung des Wiener Übereinkommens auf Internet-Verträge

Frankfurt am Main, Berlin, Bern, Bruxelles, New York, Oxford, Wien, 2003.
193 S.
Internationalrechtliche Studien. Beiträge zum Internationalen Privatrecht, zum Einheitsrecht und zur Rechtsvergleichung.
Herausgegeben von Ulrich Magnus. Bd. 27
ISBN 3-631-51480-8 · br. € 39.00*

Das Wiener UN-Kaufrechtsübereinkommen (CISG) ist heute über zweiundzwanzig Jahre alt. Zum Zeitpunkt der Verabschiedung war ein Datenaustausch über das Internet undenkbar. Der heutige internationale Geschäftsverkehr führt jedoch an dem Internet nicht vorbei. Hierbei stellt sich die Frage nach einer Anpassungsbedürftigkeit veralteter Vorschriften. Diese Arbeit untersucht die einzelnen Vorschriften der CISG auf ihre Tauglichkeit im Umgang mit Internetverträgen und stellt insbesondere praxisrelevante Problemstellungen in den Vordergrund. Schwerpunktmäßig werden Anwendbarkeit des UN-Kaufrechts sowie Wirksamkeit elektronischer Willenserklärungen im internationalen Geschäftsverkehr behandelt. Bezug genommen wird auch auf die Voraussetzungen der Schriftform und diesbezügliche Probleme der digitalen Signatur. Darüber hinaus geht es um die Erfüllung von Vertragspflichten via Internet und Auswirkungen des eCommerce auf Leistungsstörungen.

Aus dem Inhalt: Anwendbarkeit des UN-Kaufrechts · Angebotseigenschaft von Websites · Probleme mit vollautomatischen Bestellsystemen · Wirksamkeit und Zugang elektronischer Willenserklärungen · Schriftformäquivalenz elektronischer Verträge · Erfordernis der eigenhändigen Unterschrift · Online-Erfüllung von Sachleistungs- und Zahlungspflichten · Leistungsstörungen beim internationalen Kaufvertrag

Frankfurt am Main · Berlin · Bern · Bruxelles · New York · Oxford · Wien
Auslieferung: Verlag Peter Lang AG
Moosstr. 1, CH-2542 Pieterlen
Telefax 00 41 (0) 32 / 376 17 27

*inklusive der in Deutschland gültigen Mehrwertsteuer
Preisänderungen vorbehalten

Homepage http://www.peterlang.de

FSC
www.fsc.org
MIX
Papier | Fördert gute Waldnutzung
FSC® C083411

Kolibri 360 GmbH
Ferdinand-Jühlke-Straße 7
99095 Erfurt, Deutschland
produktsicherheit@kolibri360.de